# 天书之谜
## ——对万物一理的东方探索

陈安临 ◎ 著

华夏出版社

## 图书在版编目（CIP）数据

天书之谜：对万物一理的东方探索/陈安临著.--北京：华夏出版社，2018.4（2023.4 重印）

ISBN 978-7-5080-9456-4

Ⅰ.①天… Ⅱ.①陈… Ⅲ.①《河图》—研究 ②《洛书》—研究 Ⅳ.①B221.5

中国版本图书馆 CIP 数据核字（2018）第 054789 号

**天书之谜：对万物一理的东方探索**

| 著　　者 | 陈安临 |
|---|---|
| 责任编辑 | 梅　子　阿　修 |
| 责任印制 | 顾瑞清 |
| 封面设计 | 李媛格 |
| 出版发行 | 华夏出版社有限公司 |
| 经　　销 | 新华书店 |
| 印　　刷 | 三河市少明印务有限公司 |
| 装　　订 | 三河市少明印务有限公司 |
| 版　　次 | 2018 年 4 月北京第 1 版<br>2023 年 4 月北京第 3 次印刷 |
| 开　　本 | 710×1000　1/16 开 |
| 印　　张 | 17.5 |
| 字　　数 | 278 千字 |
| 定　　价 | 56.00 元 |

**华夏出版社有限公司**　地址：北京市东直门外香河园北里 4 号　邮编：100028
网址：www.hxph.com.cn　电话：(010)64663331（转）
若发现本版图书有印装质量问题，请与我社营销中心联系调换。

数学是上帝书写宇宙的文字。
——伽利略

天书是苍天描绘宇宙的工具。
——陈安临

古河图

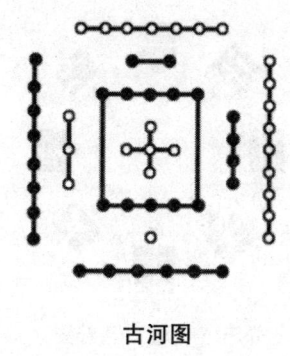

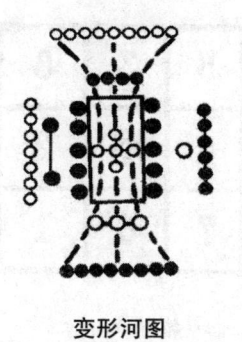

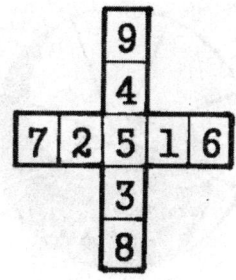

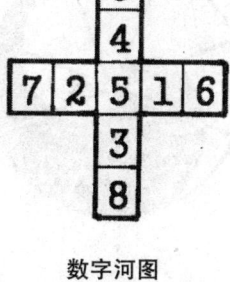

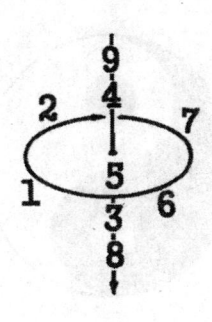

变形河图

数字河图

立体河图

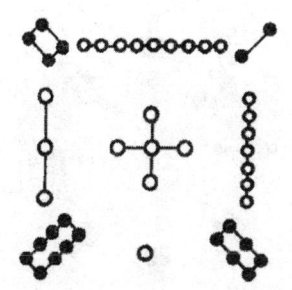

古洛书

洛书

梅花八卦数

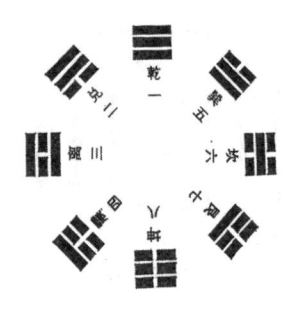

先天（伏羲）八卦图

太极图

八卦太极图

来之德太极图

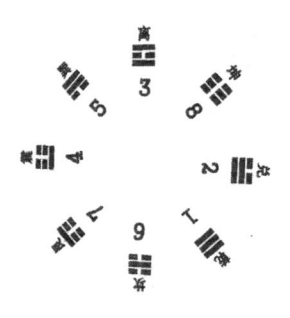

后天（文王）八卦图

柯伊伯带

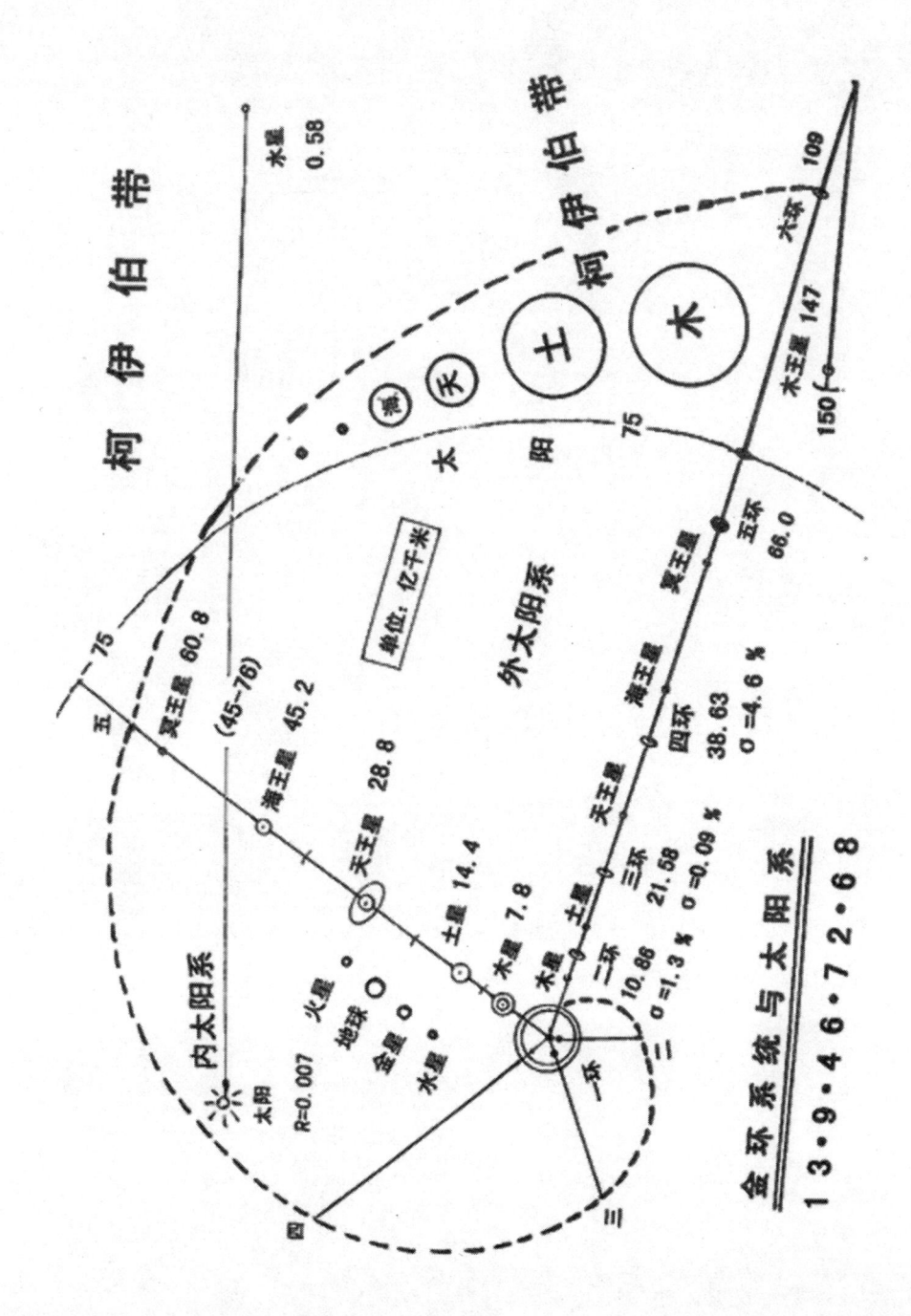

柯伊伯带

冥王星 0.58

六环 109
冥王星 147
150

五环 66.0

外太阳系

冥王星
四环 38.63
σ=4.6%

海王星
三环 21.58
σ=0.09%

天王星
二环 10.86
σ=1.3%

土星
木星
一环

单位：亿千米

75 太 阳 75

冥王星 60.8
(45〜76)
海王星 45.2
天王星 28.8
土星 14.4
木星 7.8

五

四

三

内太阳系

太阳 R=0.007
水星
金星
地球
火星

金环系统与太阳系
1 3・9・4 6・7 2・6 8

# 目 录

序1(肖军) / 1

序2(王锡宁) / 3

前言 / 1

## 第一篇 话说《龙图》

引子 / 1

一、《龙图》史 / 1

二、河洛破译前后 / 6

三、河图何来？ / 9

四、踏着古人江永的足迹 / 10

五、《天书》何来？ / 11

六、太极图 / 15

七、三生万物 / 19

八、五环之外 / 20

九、黄金分割 / 21

十、河图翻转 / 25

十一、文王八卦的方位来源 / 26

十二、《龙图》总汇 / 28

## 第二篇 天体的乐章

一、神通广大圆周率 / 33

二、大自然的儿女——Q 和 Ψ / 38

三、神秘的 e / 48

四、理想收缩率 /58

　　五、天河之恋 /64

　　六、行星圆舞曲 /67

　　七、河图文化 /74

　　八、宇宙本源 /80

**第三篇　失落的文明**

　　一、文明的断裂 /86

　　二、河图洛书与自然科学 /92

　　三、洛书——地球灾变的航标 /98

　　四、诞生于世界各地的学说 /104

　　五、世界诞生的真正动力 /106

　　六、阴阳八卦 /112

　　七、八卦的变迁 /122

　　八、地球的偏向力 /124

　　九、《龙图》演绎 /126

**第四篇　万物一理**

　　一、密度一统天下 /141

　　二、旋转的世界 /149

　　三、在密度的光环下 /160

　　四、光辉的顶点 /185

　　五、破解太阳系 /197

**第五篇　人类的家园**

　　一、大地沧桑 /216

　　二、我们的祖国 /236

　　三、东方文化 /245

　　四、宇宙之道 /254

后　记 /256

# 序 1

近代，在牛顿之前，有人就研究过漩涡问题，试图用漩涡模型解释行星在太阳系中的运动，他就是笛卡尔。牛顿力学功成之后，就再没有人沿着笛卡尔的思路研究宇宙了。

三年前，中医周益大夫介绍我认识了陈先生，他是一位潜心研究漩涡问题的人，这让我有点好奇。之后，我和他之间进行了多次交流，是一种学与问的交流过程，我的意见陈先生未必接受，他的说法我也未必言是。但在交流的过程中，我们共同学习探讨了很多东西，中国的、西方的，宇宙的、人文的。从现代天文学的角度，如果陈先生是对的，那么获得了诺贝尔奖的脉冲星的物理模型就是错的，他讲恒星演化到老年，高密度的致密天体不会有那么快的自转。他从万物一理的角度来看社会和宇宙，有很多另类的奇思妙想。他敢想，为什么我就不敢听呢？也许是我受的思维训练太过局限，如果放大思考的视角，天上与地下，河图洛书中的几组数字也许真的就如陈先生所揭示的那样，蕴含了上一期文明的智慧结晶，把它（宇宙常数）凝聚到几组数字编码之中，谁知道呢？

我们可以从陈先生对太阳系的研究，了解一下他是如何从漩涡的角度研究问题的。他认为，一个漩涡，离中心越远的天体自转速度越快，包括卫星在内的整体密度也逐渐变小，与传统所言的清升浊降相吻合，是天体的密度状态决定了他的轨道位置。所谓整体密度，比如地球的密度 5.52 大于金星的密度 5.26，但是如果把月亮包含进去，地球系统的整体密度就小于金星，所以地球的公转轨道就大于金星。他是在寻找一些规律性的东西，在提丢斯—波得定则的基础上，他还建立了太阳系行星运行的金环理论，把黄金分割率与三生万物蕴含其中。他的这种发散式的思维，给人以

耳目一新的感觉，独特、有趣。

从另一个角度看，陈先生是用中国传统的易学思想来看现代的宇宙，也就是用理、数、象、器的思维模式来研究现在所观测到的更大的宇宙范围。在这个过程中，由于是两个文化系统之间的对话，所以虽然是面对同样的现象界，但所用的思维方法不同，于是就会出现种种的问题。这也许就是陈先生这本书的价值所在，我们传统的思维方式是否能在现代观测宇宙学中获得某种验证，借用周益大夫的话，就如中医的思维模式或许能够对西医的研究选题提供某些指导性的帮助。因为中国传统文化的核心是要研究事物的变化规律与事物之间的相互关联，这实际上就是所谓"阴阳五行"的原义，阴阳讲的是变化，五行指的是关联。

所以我以为陈先生独立思考几十年的学问，是一家之言，值得我们学习思考，不要因为是非对错遮蔽了我们探索的勇气。通过研究宇宙问题，开启人的心智。

肖军

2018 年 1 月 26 日于古观象台

# 序2

中国有许多人在研究《周易》，但是《周易》的根在"河图洛书"里。所以，每当遇见用毕生心血钻研"河图洛书"并试图破解其中玄机的学者，我就会格外关注。

2017年的初春，在北京古天文台一个小型研讨会上，我第一次遇见陈安临先生。他中等身材，衣着简朴，皱纹深刻，精神矍铄，逻辑缜密，语言精致，开口直奔主题。别具匠心的演讲竟然是从"黄金分割数(Ψ)·1.618""自然数(e)·2.718"和"圆周率(π)·3.142"这三个神秘的科学数字开始，这三个神秘的数字有一个共同特征：都是无限不循环小数（超越数）。在科学研究中，这三个数字的作用被认为代表"大自然的意志"。

陈安临先生对河图洛书的研究工作关键创新点是：运用时空数字化演绎思维方式，揭示河图洛书太极图的可操作性，研究揭示宇宙总规律。首先与数学对接，首次揭示"π与河图"、"Ψ与洛书"、"e与洛书"微妙的形式逻辑关系；其次与天体物理学对接，揭示"天体物质世界在不同层次上密度不同，相邻的层次理想密度梯度是1.618"，形成"万物一理——基于密度洋规律研究的漩涡理论简称《密度洋涡论》"。关于"经天纬地的河图"解读是陈安临先生留给这个世界永垂不朽的文化符合。在陈安临先生的带引下，当我从"经天纬地的河图"中十分肯定地看到一个类似现代物理学中"螺线管"的远古数学构造时，我确认陈安临先生的"时空思辨力"超凡脱俗。

陈安临先生的著作，准确地讲不是一本大众科普读物，而是一本颇具闪光点的学术著作。读陈安临先生的书，需要读者已经具备深厚的知识储备和判断力,像所有学术著作一样,书中也有许多值得探讨和商榷的观点和思想;与一般学术著作不同的是,陈安临先生的书稿在出版前就引发了一场"科学突破",书中深刻思想的启迪意外促成"芳草极限"数学定理的问世。为铭刻陈安临先生的杰出贡献,我们用《备忘录》形式将"芳草极限"数学定理在本《序》中记录备案。

**备忘录**:2017年8月,国家973选题《生命空间自组织系统研究(编号:SQ2013CB081578)》课题组受陈安临先生著作手稿的启示,专题立项攻关研究"黄金分割数·1.618""自然数·2.718"和"圆周率·3.142"三个神秘数字与生命空间自组织规则的内在逻辑关系并有所突破。课题组从斐波那契数列研究找到突破口(见图:芳草极限)。

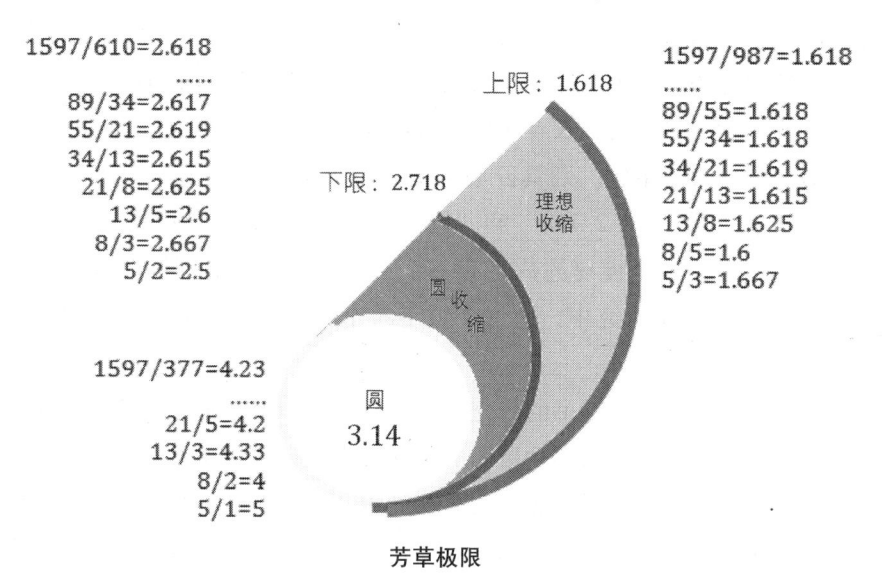

```
1597/610=2.618              上限:1.618      1597/987=1.618
……                                          ……
89/34=2.617                                 89/55=1.618
55/21=2.619                                 55/34=1.618
34/13=2.615     下限:2.718    理想           34/21=1.619
21/8=2.625                    收缩           21/13=1.615
13/5=2.6                                    13/8=1.625
8/3=2.667              圆                   8/5=1.6
5/2=2.5                收                   5/3=1.667
                       缩

1597/377=4.23
……                    圆
21/5=4.2              3.14
13/3=4.33
8/2=4
5/1=5
```

**芳草极限**

**芳草极限**:生命自组织的内驱力来自空间的螺旋渐进整充满即"斐波那契螺旋线"也称"黄金螺旋"。我们发现斐波那契数列组成的"黄金螺旋"有一种鲜为人知的数学规律是:后一项与向前数第1项比值逼近黄金分割数1.618,代表"生命空间"理想收缩密度上限;后一项与向前数第2项比值逼近自然数2.718(2.618),代表"生命空间"理想收缩密度下限;后一项与向前数第3项比值逼近圆周率3.142(4.236),代表"生命空间"理想收缩密度底限;三者统称为"生命空间"理想收缩密度极限,简称:芳草极限(2017.10.2)。

在本书出版之前，我特邀陈安临先生深谈，希望通过面对面的方式，对本书思想精华有更直接的把握。他受太极图的漩涡启示，发现经天纬地的河图，演绎了天体运行普遍的漩涡结构，并探究其背后的"天体密度梯度"和"场密度梯度"提出宇宙就是一个"密度洋"。他发现所有力的区别，在很大程度上是物质间距离的区别，因为距离的不同，它们的表现不同，它们的名称也不尽相同，但从整体上看，就是密度的不同！"密度"是客观宇宙万物一理的规划者。他用"漩涡"贯穿太极图、河图洛书与宇宙天体螺旋结构，确认宇宙是一个"密度洋"，深刻推动了东西方文化融合，形成万物一理——基于密度洋规律研究的漩涡理论，简称"密度洋涡论"。

探索万物一理，这种大气磅礴的世界观是陈安临先生留给后人的一份"文化重礼"！

国家 973 计划选题《生命空间自组织系统研究（编号：SQ2013CB081578）》首席科学家
北京大学"医院诊疗流程研究"（编号：98-1-272）课题组 副组长
中国中医科学院"中医独特技术规范与评价研究"（编号：201307001）课题组 特约研究员
中国民间疗法研究专业委员会 副主任委员
2018 年 2 月 16 日于苏州

# 前　言

在地球亿万年的历史当中，最珍贵的一是生命，二是文明。文明是人类历史的结晶，我们每个人都在有意无意地传递着文明。不管有没有文化，我们向后代、向晚辈所传达的种种信息、说教都是文明的一部分。代代相传的，就是历史。相比之下，朝代的更替比起民族文化的传承倒显得不那么重要了。

文明传承的基础是语言，是文字，当这两样都丧失时，文明就断裂了。哪一个民族的语言、文字变化小，哪一个民族就会传承到最古老的文化，就会有一个完整的文明。地球亿万年的历史证明，人类的文明曾经断裂多次，我们人类已经无法理解上一届文明了。但即便如此，还是有一些蛛丝马迹传承下来，典型的就是中华民族文化中称为"龙图"的无字天书。

中华民族历史文化的源头竖立着一部无字天书，这就是由《河图》、《洛书》、《太极图》组成的《龙图》（简称河洛）。河洛被中华民族的祖先研究了几千年，琢磨了几千年。由河洛发展成的以阴阳八卦为核心的《易经》，影响了中国封建社会几乎所有的读书人。正是这样一个延绵几千年的文化大军（包括三圣、伏羲、文王、孔子），世世代代钻研着、攻坚着这部无字的天书，才使中华民族独特的河洛文化发展起来。

历代学者把"龙图"奉为"神旨"，这是大大高于"圣旨"的宝贝。但可惜的是他们并没有从"神旨"中挖掘出更深的宝物，而只是在浅层挖掘。即便如此，中华民族的文明却因受此福荫而一直领先于世界民族之林。一个远古的文明，并没有因其久远而粗砺、幼稚得不值一提。相反的，还成为当代文明的领导者。一些受西方丛林规则影响多年的文化，正

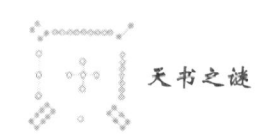

在醒悟，向东方和谐的古老文明精髓靠拢。

文明是要传递的，历史的文献是传递，民间的传说也是传递。这都是十分必要的，亿万人的行动就是证明。但这都还是小范围的事情，真正大范围的，比如扩展到宇宙，真正贯穿于遥远的过去和未来的文明传递，那才是最大的文明传承。

千万年来人类一直不断探求的最具魅力的课题之一就是我们头上的星空。是谁创造了宇宙？我们周围的世界为什么会是这个样子？对这些问题西方大多数人都会说："是上帝创造了世界。"但当今西方最著名的物理学家霍金说："上帝会选择让宇宙如何开始并要服从什么定律，但是一旦开始之后，他将不再干涉宇宙。"《时间简史》这是一种信仰，一种矢志不渝的，但并无任何具体东西的信念。中国不是这样，中华民族认为是道指挥了宇宙的运转。因为老子说过："人法地、地法天、天法道、道法自然。""天法道"就是说道指挥宇宙。其实老子之言就是万物都要遵从宇宙自身的规律。这里没有大自然，没有神仙，有的只是凌驾于所有生命和文明之上的浩瀚宇宙。我们祖先认为的宇宙规律，具体说就是银河系内的规律，更近地说是太阳系和地球的运行规律。地球是世界万物生长的家园，一切宇宙的规律都要通过地球来影响我们人类。何为通过地球？其实就是首先影响地球，地球看似种种微小的变化都会以刻骨铭心的记忆留在世上万物的心中。厄尔尼诺现象就是一个典型事例。

道指挥宇宙，听起来好像痴人说梦。道说月亮几天绕地球转一圈，月亮就几天绕地球转一圈，多一天不行，少一天也不行。可证据何在呢？有史料记载吗？有谁听说过太上老君在天宫向月亮发号施令呢？没有文字，没有传说，那如何证明呢？只有数据，只有《龙图》传递出来的数据信息证明这一点。我们找到了这个途经，我们认为这应该成为我们破译《龙图》的一种方法。至于是不是主要方法，那倒在其次了。

我们的祖先是伟大的，上一届文明是我们绝不能轻视的。我们不应该骄傲，因为天地之大，各届、各处文明的高度，并不是我们已了解的。"山外有山，天外有天"，《龙图》的整个破译过程告诫我们：人类应向四方、向三界的文明叩拜！我们所能干的、我们的天职，也许只不过是在传递文明。

《龙图》的精髓是河图洛书，难点也在河图洛书。因为河图洛书是黑

# 前言

白分阴阳,连珠以成数,数再合成图。它是形与数最巧妙的结合。没有这种结合,根本无法反映天体的规律和数据。形与位,是河图洛书把规律数字化的手段。因为只有数字化的系统才能更精确地描述宇宙,才具有可操作性。相比之下,虽然太极图反映着宇宙更本质的东西,但它的数字化却困难许多。

河洛反映的是什么?我们人类自然科学中放在首位的又应该是什么?是安全,是我们人类永久的安全性。"安全第一"这不仅是我们生产建设中最重要的口号,也是人类生存的家园——地球在宇宙间漫长的航行中最值得重视的信息。河洛主要反映的正是这点,我们二十多年来所做的研究,一直就是在解释河洛。

人类应该不断地前进,河洛的全部奥秘也必然会在这不断前进中得到更彻底的解读。

中华民族源远流长灿烂辉煌的文化,是河洛的伟大功绩。《易经》虽然抓住了河洛的"神韵",立为中华古代文化的群经之首。但河洛的核心,这个千古之谜至今未得到实质性的破译。河洛是上苍交给炎黄子孙的一个宝贝,它包含了天地之规律和太多太多的信息。

世界上自然科学的第三次浪潮正明显地向《周易》靠拢,向河洛靠拢。西方的科学家中有识之士均认为现代自然科学、社会科学的出路在东方。

河图洛书是我们中华文化的源泉,河洛光芒将使整个人类受益无穷!本书作者将逐步展开现代科学成果与河图洛书之间的联系,希望它能抛砖引玉,掀起破译学习研究河图洛书的高潮。

# 第一篇　话说《龙图》

## 引　子

　　《龙图》是《易经》中河图、洛书、太极图的统称。因《龙图》在中华民族五千年的文明史中占有极为重要的地位，而且由于历史的尘埃，在传播中历经艰难，致使历代文人虽感兴趣，但因史料甚少，所以猜测颇多，反对者也不少，所以传至今日之信息，异常宝贵。由此我们可推出其来龙去脉，其中并无一句废话。但因历史上各代文人观点所限，只能管中窥豹，见之个别片段，得不出整体之观。作者且略加假设，使其前后贯通，成就其一个完整历史。

河　图　　　　　洛　书　　　　　太极图

## 一、《龙图》史

　　相传在华夏大地氏族公社初期，文化落后，没有文字；生产落后，只知刀耕火种。玉帝派神仙太白金星（又名太上老君）下凡帮助人间。老君骑龙驾云下到人间，找到氏族头领伏羲，并交给他三幅图。老君说："这是玉帝宝库中最重要的三件宝贝。这幅有五十五点的图叫河图，那幅有四十五点的图叫洛书，还有一幅像两条互相咬尾巴的鱼的图叫太极图。你好生收好。人间要问起此事，只说河图是白龙马从黄河中驮出，洛书是乌龟自洛水中浮出而得即可。不可露我们真名。"老君又对伏羲附耳传授一番，伏羲只是点头称是，想是领悟了一些东西。

老君走后，伏羲日夜思之，加上仰观天文、俯查地理、近取诸身、远取诸物，终于发明了八卦，以供后人使用。三个宝贝秘密收之，好生保护，并不示人。三个宝贝因是老君骑龙驾云下凡送之，所以统称"龙图"。

至此，《龙图》开始了在五千年历史长河中极其艰难的旅行。在其旅行中知其名，不见实物者有之；把河图错认为八卦者有之；把河图洛书认为是经典书籍者有之；河洛与实物辨认相反者有之。真个是百花齐放，百家争鸣，绚丽多彩，把各代的历史文人弄得迷迷糊糊。坚信者，也推不出河洛与八卦的关系，只坚信传之几千年而不灭，必是真经。反对者，大骂河洛无用，早应抛于荒郊野外，否则乱其朝纲、误人子弟、遗臭万年。

据说当初老君给伏羲的《龙图》是画在纸上的。伏羲怕《龙图》存不长久，就派人用玉石刻之存放。古河图洛书刻录在碧玉、龟甲之上，原称"録图"，只有天子才能拥有，故又称"皇图"。古之天子禅位时要举行一个"河出图、洛出书"的交接仪式。这是后世帝王举行禅让仪式时将人为地刻出的玉版"图书"沉于河中的，又称"沉璧礼"。《宋书·符瑞志》、《竹书纪年》、《水经注》、《论语·比考》、《帝王世纪》等记载了这个仪式。

以上神话般的记载，清楚地告诉我们"河出图、洛出书"皆人所为。所谓"出图书"，皆是事先将《龙图》、禅位之"天意"等刻于玉璧之上，沉于河中，系以青绳，然后将其慢慢拖出，以愚弄旁观的百姓，也表示天之授政。

到了先秦时期，取消了禅让之法，《龙图》也就不知藏于何处了。先秦时期的一些著作，如《管子》、《墨子》等书也提到过"河图"、"洛书"，但都没有绘出图形。可以肯定，它们的作者是没有见过真《龙图》的。

由于有古人对天子禅让仪式的记载，所以河洛一直被当作祥瑞之象。春秋时期的孔子出于对世风衰败的感慨，曾悲叹曰："河不出图，洛不出书，吾已矣夫。"《史记·孔子世家》虽并不懂河洛，但都知道那是天赐之

## 第一篇 话说《龙图》

神物，是宝贝。就像西方耶稣的圣杯，谁能得到它，谁就是基督教的最高统治者。《龙图》，谁得到它，谁就是真龙天子。那时中华民族更看重的是《龙图》所具有的天赐神物的意义。

孔子直至老年才看到《易经》。他非常感兴趣，爱不释手，"韦编三绝"连接竹简的牛皮绳，都被磨断三次。孔子对《易经》感受颇深，于是写出了《易经·系辞》。这是孔子一生唯一自己撰写的著作，即《易经》读后的论文报告。

到了西汉时期，孔安国注解《论语》中"河不出图"时说："河图，八卦是也。"杨雄《霞灵赋》也说："大易之始，河序龙马，洛贡龟书。"刘歆《洪范五行传》以《周易》八卦解释河图，以《洪范九畴》解释洛书，并且明确提出河图就是八卦，洛书就是九畴。

这一段历史正反映了《龙图》由于丧失了天子宝物的意义，而流落民间。那时也正是中华民族由没有文字走向有方块字的阶段。《龙图》传入民间，大家都只是抄录原物，并不敢妄加文字，所以上千年的传承还是只有图而无名称，因此才造成了一些认知方面的偏差与误解。但即使如此，千年传承"河序龙马，洛贡龟书"还是被准确无误地传承下来。形式呢？肯定是传说。人们虽不解其意，但千年的传承，这些主要信息是绝对不能丢失的，因为那是神的语言！

东汉时期，班固在《汉书·五行志》中说："《易》曰：'河出图，则而画之，八卦是也。禹治洪水，赐洛书，出图，洛出书，圣人则之。'刘歆认为：伏羲氏继天为王，受法而陈之，洪范是也。圣人行其道，而保其真，河图、洛书相为经纬；八卦、九畴，互为表里。"

唐代孔颖达说："若八卦不则《河图》，余复何所则也？"这是唐代文人对河洛可推导出八卦的一种认可，但没有实际行动和推导过程，所以也谈不上有破译之功能。可见，先秦、两汉时期形成的观点一直延续到唐代，但是在这长达千年之久的时间里，历代思想家在谈论河洛时并未讲明其真实内容，因此是典型的只闻其声，不见其形的"有名无实"之说。而这自然又为原本神秘的《龙图》蒙上了一层更加神秘莫测的色彩。

最早揭示《河图》真实内容的是《尚书》。《尚书·洪范》中最早论述了五行学说，其中曰：五行"一曰水，二曰火，三曰木，四曰金，五曰土"，这当中的一、二、三、四、五之数并非按五行生克关系排列的。如果按五行相生关系应是：一水、二木、三火、四土、五金；如果按五行相克关系排列则是：一水、二火、三金、四木、五土。所以《尚书·洪范》中的五行之数另有所出。五行之数出自何处？《尚书·洪范》中未有说明。这种无来头且坚信者，必是天赐也！有一个出处，虽与《尚书·洪范》中不同，但也可导出一个河图，而且这个河图更容易表明其与洛书的关系。它就是一金、二木、三水、四火、五土。现代人只要知道五行的会张口说出"一二三四五，金木水火土"，这是民谣，是传说，是口口相传而又未上书的东西。那么它由何代传出？不知。排序为何如此？不知。这种东西必是神授才可说得通，因为它没有道理。

在唐代的几百年中，儒家道家都研易，也写出过不少文章，虽标以各种名称，但实质上都是文人们的读后感。那时儒家有一个习惯，对于有文字的文献，传于后人，后人起码可以心记，于是传播较广，历史也较长。但对于《龙图》之类，因无文字，又不好形容描述，亦不好记忆，况且又加上文人对之理解不深，认为无用，所以造成儒家传文不传图的习惯，其结果使《龙图》消失了。虽然道家有个别人还是把《龙图》保留了下来，但是在绝大多数文人中间，却只剩下了空名而已。

《龙图》再现世时已是北宋。大家并不知《龙图》模样，所以《龙图》一出，争论激烈，各种观点均现于市，不信者也大有人在。因为此时《周易》已经成形，文人在使用《周易》时已经形成一整套较完整的观点与方法。所以对于《龙图》的作用，很不以为然。而且事过千年，《龙图》还没有得到实质性的破译，难免有人对此大加怀疑，这也是情有可原的事情。

北宋道士陈抟传出龙图和八卦图。陈抟，字图南，生于五代，年轻时仕儒，并考过科举未中，后退隐修炼，成就甚大，曾被宋廷邀请为官，但被其所拒，其在北宋时期的学术影响极大，因此，后来的学人多以其学术思想出自陈抟为凭。

陈抟传出《龙图》，但却未对《龙图》进行深入研究，大概只起了保管作用。因此陈抟未言出自何处，何者为图，何者为书。传至刘牧，倡导其说，方以四十五点为河图、五十五点为洛书。这段历史，正反映了只传宝、不研究、不使用的现象，所以才导致河洛反认、张冠李戴的事情发生。河洛到了北宋邵雍手中也未被认真研究，他以圆者为河图、方者为洛书，并不言四十五或五十五数，也还是一盆糊涂糨子。

北宋大文学家欧阳修首先激烈反对河洛。他认为，《易传·系辞》中伏羲则《河图》、《洛书》始创八卦，与伏羲"俯仰于天地，观取于人物，然后画八卦"之说相互矛盾，用此不必用彼，用彼不必用此。"其失于妄以《系辞》为圣人言而不敢非，故不得不曲之说也。"但苏轼、王安石是认可河洛的。苏轼认为：夫《河图》《洛书》其详不可得而闻矣。然著于《易》，见于《论语》，不可诬也。这恐怕是名人效应、名牌效应的典范。既然是名人所说，必有其理！王安石更是在《河图洛书义》中对河洛来源做过中肯的分析。其书云："孔子曰：'河出图，洛出书，圣人则之。'图必出于河，而洛不谓之图。书必出于洛，而河不谓之书者，我们知之矣。图以示天道，书以示人道故也。盖通于天者，河而图者以象言也，成象之谓天，故龙负之，而出在于河。龙善变，而善变者天道也。中于地者，以法言也，效法之谓人故使龟负之，而其出于洛。龟善占，而善占者人道也。此天地自然之意，而圣人于《易》所以则之者也。"善变者龙天也，善占者龟地也。这似乎是抓住了一点河洛的本质。图以象言，书以法言，也是如此。但这些都是在河洛的名称和出处上做文章，是在外围下功夫，对河图洛书本身还未展开研究。（张冠李戴后的河洛也可以这样解释。）

到南宋，儒学之圣朱熹的思想在宋明以后产生了巨大的影响。但此时《河图》、《洛书》等早已传出多年而又失传，因此朱熹派自己的弟子蔡元定四处访寻，最后终于在四川民间用重金购得。朱熹得之如获至宝，将其置于自己所著的《周易本义》之前，以示其为"天地自然之易"，乃"易学之源"。

朱熹在《周易本义》中纠正了河洛张冠李戴的错误。他说："夫以《河图》、《洛书》为不足信，自欧阳公以来，已有此说。然终无奈《顾命》、《系辞》、《论语》皆有是言，而诸儒所传二图之数，虽有交互，而无乖戾，顺数递推，纵横曲直皆有明法，不可得而破除也。疑古派的学说疑《河图》、《洛书》是后人伪作，熹窃谓生于世，读古人之书所以能辨其真伪者，一则以其义理之所当否而知之，二则以其左验之异同而质之未有，舍其两途而能以臆断之者也。熹于世传《河图》、《洛书》之旧，所以不敢不信者，正以其义理不悖，而证验不差尔。"然而朱熹只是坚信，并无真凭实据，自己并未在河洛上做出更多的贡献。朱熹故此叹道："《河

图》、《洛书》于八卦九章不相著，未知如何？则固自疑卦与数不相比附，虽强为扭合，终不安于心也。"

据南宋易学家朱震说："陈抟创先天易图传给种放，种放以后分三支，一是传河图到刘牧，一是传先天图到邵雍，一是传太极图到周敦颐。"

到元明清之时，河洛一路争论下去，不分胜负。但因《周易本义》已成官定读本，所以认可河洛者略胜一筹。尤其在清代，江永的《河洛精蕴》成为对河洛十分重要的一个研究成果。他离揭开《河图》与八卦关系之谜只差一步。民国期间，"易学巨擘"杭辛斋先生指出："先天之图可驳，先天之象数终无以易也。河洛之名义可改，而天地之定数无可更也。"坚信之心可见。

但是，作为清朝官方言论的《四库提要》却评论说："宋人以数言《易》，已不甚近于人事，又欲务究数之所以然，于是画卦推奇偶，由奇偶推河图、洛书，由河图、洛书演为黑白方圆、纵横顺逆、至于汗漫而不可记。曰：此作《易》之本也。及解其经，则彖义爻象又绝不本图书之说。岂画卦者一数，系辞者又别一数耶？夫圣人垂训，实教人用《易》，非教人作《易》也。"

清朝胡渭也说："《河图》、《洛书》乃仰观俯案中之一事，后世专以图书为作《易》之由，非也。""今欲明《易》，八卦俱在，焉用《河图》？欲明《范》，九章俱在，焉用《洛书》？"

时至今日，争论仍未停止。其根本原因就是千年河洛之谜还未得到实质性的破解。自己尚未自圆其说，何以说服他人？今人不努力，谜还是谜，又怎能怨天尤人呢？

## 二、河洛破译前后

我们渴望河洛之谜得到破译，因为这是千古之谜。中华民族的历代学者们渴望河洛的破译，因为这毕竟对他们的研《易》工作有着极大的启迪和帮助。反对者也渴望河洛的破译，因为他们想看看河洛与八卦到底有没有关系。他们是一群务实的学者，不见真佛是不会上香的。

河洛已是千古之谜，历代的大学者都对它做了认真的思考和探求。因为这是神物，是天赐的宝贝。纵观世界，除中华民族外，还未发现有这样的神物。这真是一个奇迹，一个顶级的奇迹！能与神物勾连上关系，那是天大的福分。所以谁破译了这个千古之谜，谁必然就为全人类做出了巨大贡献。河洛的破译必然为中华民族立于世界之林争得一席之地。

河洛的破译就像一扇亟待开启的宝库之门，不同的人希望从宝库中找出不同的宝贝。首先，易学界的学者们希望找出的宝贝能证明河洛与八卦的关系，以不辜负千百年来大家把河洛放在《易经》首位的待遇；其次，科学界希望从中找出宝贝，以证明河洛的科学性，去掉河洛的迷信色彩。

科学界对《易经》是从来不感冒的。他们认为中国的民族文化倒霉就倒霉在易经文化上，它还是什么六经之首，要不是因为它，中国封建社会还不至于这么顽固、落后。《易经》不就是古人的一本卦书吗？人们如此推崇它，不正说明世人封建迷信到了无可救药的地步吗？如果我们从这个神秘宝库中拿出过硬的证据，证明河洛在天文上的科学性、在宇宙总规律反映上的科学性，全世界又会如何看待我们？中国的易学文化是建立在非常严谨、科学的基础上的一门学问，那么由它繁衍出来的几千年的中华民族文化，必将是立于世界文明之林的优秀文化。

科学界也有人在研究《易经》、研究河洛，但他们缺乏易学的丰厚文化基础，以他们西方文化的思维方式，研究起来格外费力。他们也在等待，等待着云开雾散的那一天。

世人也在等待。因为普通民众对《易经》感兴趣的越来越多，但他们没有明显地看到《易经》科学的一面，而是把圈圈点点几幅无字天书当作宝贝、神物，着实有点让人想不通。几千年来我们想拉住大众，但在龙图上说来说去，总还是不能理直气壮。历史上那么多文献，但说不清前因后果，又怎能说服世人？

假如我们破译了这个千古之谜，找出了一整套宇宙规律和天文数据，那么我们就能告诉世人：不要小看易学，它是中华民族文化中最精彩的一部分，它是建立在坚实的天文学基础上的科学。中国几千年间的圣人、文人花费在它身上的心血是绝对值得的！它是宇宙基本原理中最精彩的描述，是由宇宙的存在向人类思维和行动转化的最好桥梁。

如果河洛被破译了，也就是说我们最终读懂了龙图，我们就可以告慰上苍：几千年来我们一刻也没有停止过对此一神物的研究，人类终于走到了这一天！读懂了神物，龙图将在我们眼前大放光彩。我们将发现几千年

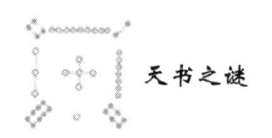

来上苍交于中华民族的宝贝，也是全人类的宝贝，是地球文明的宝贝，是我们未来与地外文明交流的宝贝。河洛在呼唤文明，向远古、向未来、向浩瀚的宇宙太空呼唤文明！

破译了《龙图》，神物变成了真正的宝贝。世人都希望它能为自己所用。但这一宝贝如何使用？它能为每个人带来什么幸福和财富呢？首先，《龙图》是阴阳八卦的生身父母，子能解决的问题，母是不会再干预的。所以，想用它得到天上掉下的馅饼是不可能的。如果我们用《龙图》推导出人类再过两千年将全部灭亡，这个结论谁会相信？

所以，《龙图》能解决的问题必然是人类必须面对的最基本的理论问题、基础问题。第一，《龙图》向人类展示的是其科学性，从此把《易经》放在了一个坚实的基础之上，而为全人类去学习、研究、使用，因此《易经》不仅是中华民族的宝贝，也是全人类的宝贝；第二，《龙图》所统揽的宇宙规律、天文数据、基本参数，将成为科学界最基本的东西，为大家所掌握；第三，《龙图》所具有的最高的普适性，使其成为一部放之宇宙四方，流传于过去、现在和未来三界均可读懂的无字天书。它由远古而来，由上苍交于我们，也必将由我们交于未来文明和地外文明。

《龙图》的破译是有方向性的，也许动用大家的心智能找到《龙图》所蕴含的更多方面的内容和意义，但那毕竟是它的支流。辩证唯物主义是当代最先进的世界观，其基本观点就是物质是第一性的，精神是第二性的，物质决定精神，存在决定意识。因此我们必须重视物质，重视由物质和物质的运动所产生的存在对人类的影响。我们的祖先在《易经》思想的指导下，一直在探索着宇宙的规律。这规律主要是指地球运行的规律。因为人类诞生在地球上，至今没有脱离地球，万物也是如此，所以自然界的规律、人类社会发展的规律，无疑都从根本上受到地球运行规律的影响。所以，抓住地球、抓住天体对地球的各种影响，就是抓住了根本。我们的祖先正是这样做的，而且取得了举世无双的成就，现代科学的发展都还在受益着祖先的福荫。

我们是唯物主义者，因此我们必须重视存在，研究存在。一个在山区生活的民族和一个在大河边生活的民族，其民族文化、生活习惯和歌曲舞蹈尚有着很大区别，更何况对我们地球的运动状态有着重大影响的主要天体了。重视这些天体，也就是重视这些天体的运行规律，具体说就是重视这些天体的运行周期。

我们的祖先早就说过，"易惟谈天"（《周易参同契》）、"易与天地准"（《周易·系辞》），其意义是很明确的。"易惟谈天"就是说，《易经》只是谈天，不谈别的，而我们后人却多谈其他，唯独不愿谈天。因为他们实在说不清楚天的具体运行规律，说不清天与万物的具体关系。"易与天地准"呢？更是不容置疑地下了定论。但什么叫与天地"准"？这是《易经》中的话？是《易经》的思想吗？都不是，也不够。"准"就是要准到天地如何运行我们这里就有相应的数据，否则何谈"准"，只不过是一般说说罢了。

古人为我们对《龙图》的研究指明了方向，唯物辩证法的世界观也为我们指出了同一个方向，那就是找出《龙图》与宇宙总规律、与主要天体的运行周期是否有着具体、准确的联系与对应。如果都对应不上，就说明不是宇宙的规律错了，而是我们的理论错了。其结果是由《龙图》导出的阴阳八卦、导出的易经理论、导出的推衍方法，都将是错误的。《易经》就不再有它的应用天地了。但实际上并非如此。所以，《易经·系辞》大声宣布："易与天地准，故能弥纶天地之道。"

## 三、河图何来？

我们的祖先生活在中原大地上，脚下是黄土，头上是蓝天，要生存，首先要辨明东南西北四方。于是他们把太阳升起的方向定为东方，太阳落山的方向定为西方。祖先见到树木的影子，经过仔细地、长期地观察发现，有一方始终没有影子，于是他们把没有影子的方向定为南方，而把影子最长的方向定为北方。后来又发现了北极星，夜晚行路也能辨明方向了。

祖先俯察地理，发现华夏大地是西高东低的走势，南北地势倒差不多。这样，当我们用一把大刀水平切下去时，就会发现南北切下去的是地表土层。南方土层是红色的，北方土层是黑色的，而中原土层是黄色的。由于西高东低，西方切下去的是山中的矿产，而东方切下去的是地表的植物。根据中国的地形，祖先用植物的绿色代表东方，用矿产的白色代表西方，用中原大地的土黄代表中，也就是东绿、西白、南红、北黑、中黄。

祖先由中原大地往南走，南方是红日高照，赤日炎炎，于是定为火；往北走，北方是北风呼啸，滴水成冰，于是定为水；东方因绿色的植物而定为木；西方因白色的矿产而定为金；中原因黄色的土地而定为土。这样因中华大地的地形、气候的特征而定出五行：东木、南火、西金、北水、中土。

有了四方、五色、五行的产生，这才有了河洛在中原大地产生的地理条件。接下来一个重要的条件是民谣、传说。

一提起中国的五行，天下人无论口中念着之乎者也的文人，还是具有超现代意识的青年，都会异口同声说出："一二三四五，金木水火土。"这就是传说的力量。只要人类存在，还未绝迹，传说就不会丢！这是比写在竹简上的古文字更可信的信息。于是"一"在西、"二"在东、"三"在北、"四"在南、"五"在中。

既然五行为五数定了位，河图的河心部分——生数位置就有了固定的摆放地点。有了河心，两组科学数据就展现出来了。一个是用之已久，大名鼎鼎却又极少被颂扬的圆周率，另一个是天文上的太阳系绕银河系中心公转一周的周期。

河图么，已经呼之欲出了。四个生数各加上中心值"五"，就可得到四方外的四个成数和中心数"十"。到这一步，河图已经完成了。

有人会说，没有啊！河图都是"七"在上，你这河图为何"九"在上呢？我们常见的河洛天书是以最小数"一"来对齐的天书，但它们之间有机的联系展现不出来。我们这个河图，它与洛书是以最大数"九"对齐的天书，这样一来，它们之间的有机联系就可展现出来了。

在中华大地上，五行什么时候给数定的位？对此我们并不知晓，因为传说中没有指明年代，但天下人的认同，不是没有一点道理的吧？

## 四、踏着古人江永的足迹

清代大易学家江永将河洛视为万物物理之根源。他写的《河洛精蕴》代表了古代易学家对河洛研究的最高水平。江永在书的《自序》中谈到，周子曰："圣人之精，画卦以示；圣人之蕴，因卦以发，《易》不止五经之源，实天地鬼神之奥。""卦之蕴皆图书之蕴，卦其子孙，而图书其祖宗也。"

江永在书中说："《河图》为体，《洛书》为用，此确论也。然用不离乎体，用数之成，由体数之立析。图之九四、三八横列者，居书之左分。图之二七、六一纵列者，居书之右。则八方之位成而八卦之位亦定，自然之理，非人所能安排，此意古今诸儒皆未发也。"

江永是易学大家，他已经叩响了龙图宝库的大门，他的研究确实距河洛的最终破译只差一步，他已经从河洛的相互转化中看出了一些端倪。江永认为，河图的阴阳两仪既不以奇偶为准，又不以生成数为准，而是以纵横排列为准。这就抓住了问题的关键。他在分析洛书右侧结构时说采用河图纵列之数二七、六一。在这里，江永并没有真正按照河图纵列之数说话。如真按照河图纵列取数，应是七二、一六。这里江永轻视了这一小小的区别。

站在巨人的肩头，应该比巨人看得更远一些。正是从这点小小的区别出发，我们走出了最终破译的第一步。

## 五、《天书》何来？

古人认为，"河洛之数"并不完全指精确的数字，而被称为"理数"、"气数"。也正因为如此，古人今人均不认为河洛之数有何重要，其方位、结构倒是更重要一些。这与其说是河洛的应用，还不如说是阴阳五行的应用。河洛之数、之位，完全成为一种摆设，连正反涡旋也不必从河洛中导出，阴阳太极图就完全能满足需要了。实际上，他们对河洛的态度从根本上说是一种摸不透、钻不进、惹不起，很无奈的心态。于是有些古人就根据古籍而盘龙附会，其实并无新意，还扰乱了视听。另一种则是多图相配，以求相互启发、印证，进而希望能显现出新的规律来。他们据此立说，又是一堆不知所云的说教。

一些易理派的大师们从河洛的历史、古物、古籍中考证多年，著作甚丰，流传也远。但他们恐怕连自己也觉得不能自圆其说，各种联想、断言并不理直气壮，他们把宋代陈抟推出的河洛太极图疑为伪作。其实他们是大大地错了！陈抟若真是自己创造出此无字天书，他的名气肯定要比现在高出千百倍，因为那是宇宙之母啊！

又有人批判一些人，"把自己的思想强说成是《河洛》本身就具备的思想"，其实河洛本身是无字天书，连名称也只是有音无字，任何我们现在能感受到的河洛文化，均是后人强加于河洛的，是后人对河洛的读后感。重要的是现代人把古人的读后感崇拜成"经典"了。

说河洛是八卦之母，古人的证明太牵强附会。八卦分先天八卦和后天八卦两种，而这两者的区别其实只是在方位上。一个八卦有四个因素：卦象、卦数、卦位、卦名，其中象与数均由横列八卦给出，也就是"太极生两仪，两仪生四象，四象生八卦"。

明朝末年，赵仲全作《道学正宗》，书中载有"古太极图"。与一般图比较，在阴阳鱼上加四条线，划为八个区域；图中鱼眼也比较长，并向圆心倾斜。正是这幅图定为正宗太极图，它分为八个区域后，正可显出先天八卦来。这里包括卦象与方位，但无数，更无卦名。

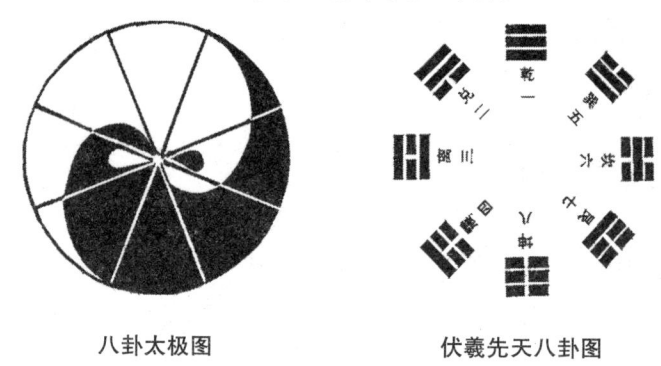

八卦太极图　　　　　　　伏羲先天八卦图

横列八卦加上正宗太极图，才导出先天八卦来，而卦名则是圣人后加上去的。同时形成之过程也导出 CD 曲线来，它表明阴阳的反向和不同域。此曲线法则在洛书和后天八卦中又有着多次的应用。有人说这是 S 曲线。大家可以在实践中感觉一下这条 S 曲线是横卧在那里的，而用 CD 曲线去描述它，才更准确些。而且 CD 曲线明显地分成两条曲线，即 C 曲线（后面还表示 C 列数）和 D 曲线（后面还表示 D 列数）。

破译河洛，我们研究了十几年，其中河洛的产生是最近几年才完善起来的。河图是由河心四面加五定的数。但是河心是如何确定的呢？说什么"天一生水，地六承之；天二生火，地七承之……"那是在描述河图，且有硬译之嫌。近来我们才发现，书中无答案，民谣可解决，此民谣就是"一二三四五，金木水火土"。

## 第一篇　话说《龙图》

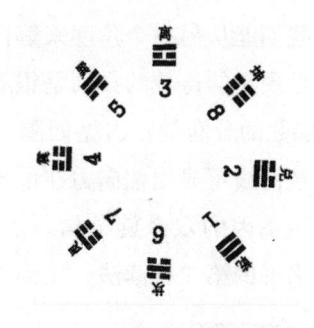

来之德太极图　　　　　　文王后天八卦图

民谣，在历来的河洛文化探索中都没有被重视过。古书中不提，权威者不提，跟随者也不会提。对于"神话传说"，我们历来认为是古人为孩子们闲说、胡侃的玩意儿，是既不可信也不必传的东西。其实，"神话"就是人们暂时不理解的东西和事物；"传说"是人们世世代代口口相传的东西。这些是登不了大雅之堂的，而不能上书就几乎丧失了其可信度。其实这是一个误区！

神话传说与文字记载，哪一个更可信呢？绝大部分的人都会说上书的更可信。可是书能有多少册呢？要知道古时候是用竹简写书的，多出几本就要多抄几卷竹简，谈何容易。要是遇上天灾，如大洪水；遇上人祸，如秦始皇，它们还会存在吗？可传说不会这样，口口相传，代代相传，那是多么巨大的信息工程啊！只要人类还在，还死不绝，还有一口气，传说就不会丢。

什么是五行？天下人都会说："一二三四五，金木水火土。"这是多大的力量！但此话却不上书。而事实上其中的内涵早就深入中华民众的心中。五行方位：金西、木东、水北、火南、土中，这是早就存于华夏大地的共识，其年代之久远，也许是我们任何人也推想不出来的。因此五行的结构，包括一西、二东、三北、四南、五中，就成为河图形成前的河心结构，而河图的构成不外乎河心外翻加五而得河图外围的五个成数而已。中华文化的瑰宝《河图》就这样产生了，而且是唯一的一种。《河图》的产生大简如此，是不是让人不可思议呢？

洛书的产生是河图二分法的结果。洛书有三种读法，最通行的一种是书中所说，"戴九履一，左三右七，四二为肩，八六为足"。其实这种死记硬背是最笨的一种记忆方法。

如果我们能从另一个角度来解读洛书，比如说只看其中的奇数排列情况，就会发现它的奇数的排列是很有规律的，用曲线连起来，就是一条反S曲线。偶数的分布呢？占据四隅，连起来正好是一条S曲线。而这两条曲线，奇数曲线可显出偏向力在地球全球的分布规律。两条曲线合起来就是人体遗传基因的双螺旋结构。洛书反映出的两条规律就这样显现出来了。这是洛书的第二种读法，比第一种好记得多。

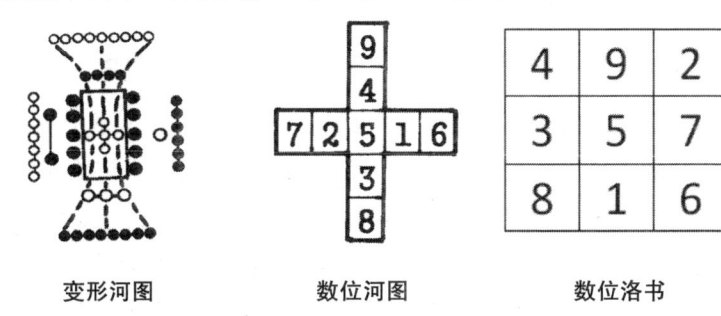

变形河图　　　　　数位河图　　　　　数位洛书

第三种读法是由河洛两图对比起来发现的。古河图中10的构成是由两列黑点构成的，这两列黑点形成一个通道、一个走廊。通道内的数，构成了洛书的C列数；通道外的数构成了洛书的D列数；5居中位；然后，C列数是９４３８，是大小小大；D列数是２７６１，是小大大小。CD的不同，表明经纬的不同、阴阳的不同，其必相对、相反的佐证。这就是洛书的形成过程及方法。

最后提及的是后天八卦的形成，这在中华文化几千年的传承中一直是个谜。古人未能在书中说清楚，现代人则认为那是圣人周文王的杰作，岂是一介凡人所能知晓的。据传说，周文王发现天地起了大变化，于是运用心思发明了后天八卦。周文王看见天地起了什么大变化？这是其一。周文王是如何构思后天八卦的？这是其二。

早在1992年我们就解决了这个问题。应该说这个推理过程在易经界是最能站住脚的一个新发现。由于河图中的通道现象，河图横竖两组数在洛书中的排列有着本质的不同。通道中９４５３８，直来直去，从不打弯。而通道外的一组数７２１６却不能顺排，在洛书D列数中内跳外翻。所以我们设想它们应该是一个圆，是围绕在通道外，围绕在经线外的一个纬线圆。这两组数的构成就像一个陀螺，一个经纬相合的陀螺，一个右手螺旋定律的形象表示。用英文字母表示可简化为IO图，加上CD曲线，英文为cdio

(卡迪欧)，我们起名为立体河图。2761为它的正转，2167为它的反转。

在无字天书中，创办者对阴阳的处理方法有很多种。对立（上下左右）、黑白（圈点）、CD（顺逆时针旋向）、IO（经纬）、通道内外。由于我们后人所能看到的只能是平面的天书，这些方法已是尽其所能了。阴阳就空间来说，应是不同面的，它永远是不能重叠在一起的，这是一个原则。

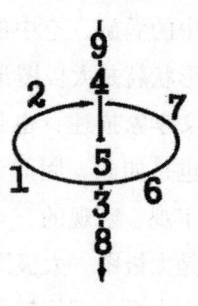

宋代邵康节发明的梅花易数八卦，是以后天八卦的方位、先天八卦的数共同组成的。我们称之为文王八卦。在这里先天八卦的数排列成另一种结构。C列数为8354，D列数为2167，正好是反向的立体河图。C列数为反向的I组数，D列数为逆转的O组数。而这文王八卦的构成，正表明了一个逆转的陀螺，它的运转状态与我们当今的地球是完全符合的。我们想，这正是周文王当时发明新八卦的思路所在。新八卦与天地准了，当然可以弥纶天地之道。这就是现代人进行周易预测时，必然选择新八卦的理论基础。

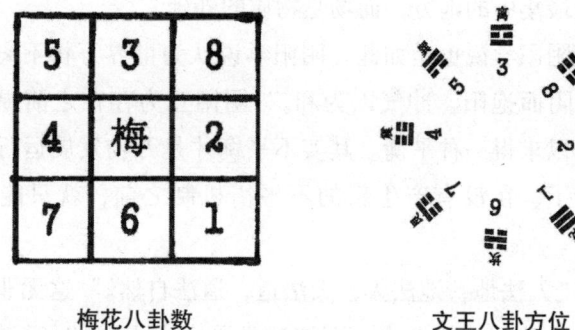

**立体河图**

**梅花八卦数**　　　　　　　　**文王八卦方位**

## 六、太极图

太极图是大众在民间最常见到的一张图，而河图、洛书并不常见，因为那是易经八卦的生身父母，二老已经高龄，不常见外人也是人之常理。况且连易学界的人也没有几个搞清楚二老情况的，均不常见其人，大众就更无缘相见了。大众常见的是太极图，因为道的旗帜是八卦太极图，道长

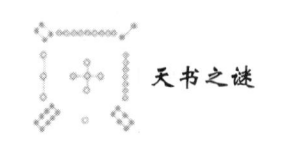

穿的道袍上有八卦太极图，有时连算命测字的也抬出八卦太极图。

其实，太极图是宇宙总规律最形象的模型。水中的涡旋、空中的气旋，这些流体产生的涡旋，其形状就是太极图形；就连我们天上的银河系，据天文学家描述，也是太极图形。微观世界呢？据研究也是如此。因此说，涡旋无处不在，占据了微观、宇观、宏观的三个世界，到处都有其足迹，到处都是太极图。太极图真是宇宙总规律的第一模型。宇宙中没有不旋转的东西，就连那一直被认为是在真空中走直线的光，如中途接近大的天体，也要顺路串一下门，拐一点儿弯呢。

**太极图**

世界是由物质构成的，但物质有两种表现形式：一种是粒子形式，也就是我们通常狭义上说的物质；另一种是波的形式，是我们通常所说的各种场。在自然界中，不但光具有波粒二相性，物质也一样。当物质以个体出现时，它的形态、它的规律就是粒子式的。而当物质以群体出现时，它们又都体现出波的形态和性质。正像创造出伟大相对论的爱因斯坦说过的，物质是能量最集中的地方，而场是物质的外延。

我们祖先的阴阳学说也是如此。阴阳学说认为世界万物不离阴阳。老子说："万物负阴而抱阳，冲气以为和。"阴阳互为存在之前提，互相依存，互相转化，以求得一种平衡。其实不平衡才是万物发展运行的真正动力和源泉。平衡了，在没有产生新的不平衡机制之前，就只能是死水一潭，裹步不前了。

老子又说："人法地，地法天，天法道，道法自然。"这无非是说人要遵循地的规律、地球的规律办事，而地球又受宇宙天体的运行规律影响。其实是近为主、远为辅，日、月、木星是主要的，其他星系的作用则是作为一种宇宙背景来影响地球的。"天法道，道法自然"则是在宣传道家理论的宗旨：天体的运行规律要合乎我们道家之理，而我们道家的宗旨呢，则是合乎大自然原本的规律性。道家所努力的正是在摸索和领悟大自然的根本规律。

阴阳学说的标示就是"阴阳鱼"。这就像西方思想家黑格尔所说的，在一个图中相互咬尾巴的两条鱼。实际上阴阳鱼远不像他所理解的那般肤浅。阴阳鱼是我们祖先试图说明世界的一个图形，它完美地描述了世界发展的根本规律，是中国古代思想的精华！

首先，阴阳鱼表示万物皆分阴阳。比如物质与场、粒子与波、实与虚、灵与肉、雄与雌，还有昼夜、四季等等，它们共存于一个整体之中，这就是阴阳鱼图中的那个大圆。它表示一个统一体，一个被观察的事物，一个太极。

黑白两条鱼则表示事物的阴阳对立的两个方面，也表示太极生两仪。两鱼相互咬尾表示结合、表示相互的依存与转化，也表示此强彼弱的发展规律。

黑鱼有一个白眼，白鱼有一个黑眼，则表示你中有我们，我们中有你，这体现了更深的一个研究层次。这种再生的阴阳也表示了两仪生四象的过程。

所以，从太极到鱼眼，实际上与无极生太极、太极生两仪、两仪生四象、四象生八卦是完全一致的。阴阳鱼的圆外一般配有八卦，不是伏羲八卦便是文王八卦。

于是这里便生出一些故事来。因为阴阳鱼要反映出昼夜、四季、伏羲八卦的变化规律来，便一定要有一个准确的旋向和位置。社会上流传着各种各样的阴阳鱼，比如逆时针的、正立的、倒立的，因为都不能准确地反映出昼夜、四季和伏羲八卦，所以说都不正宗。这也说明各门派对阴阳鱼的认识程度是有很大差别的。

阴阳鱼从现代物理学角度来讲又有一种说法。大圆表示世界万物的粒子性，阴阳鱼之间的正弦曲线，则表示波动性，其特点是宏观为粒子、微观为波。阴阳鱼的眼睛则表示在波动的物质中又存在着更小的粒子。如此下去，永无穷尽。

| 太极图 | 经纬太极图 | 来之德太极图 | 古太极图 |

其实阴阳太极图是一个平面图，那么立体来看是什么形象呢？立体的阴阳太极图应该是一个网球纹络图。一个网球是由两块材料交叉缝制而

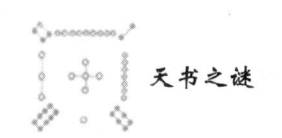

成，球上所有的缝线构成一条闭合的曲线。只要我们角度摆得合适，网球纹络就构成了一个阴阳太极图。这也说明平面的阴阳太极图是立体的阴阳太极图的一个特例。立体的阴阳太极图是由两块材料交叉缝制而成，九十度的立体交叉正是它的关键所在。这表明，相互交叉的两部分是不在同一个空间的，是性质上完全相反的两种物质。

我们把世界看成一个双环结构，这是两个互为直角相交的两个环。这种双环结构原来是我们对物理学中磁电方位关系的一种抽象符号，现在我们认为这个立体的双环结构可以用来解释世界，解释一切。

双环结构分别代表了阴与阳、磁与电等，其中两者是不可通约的，只能在结合点处相互转化，而那个结合点就是立体阴阳太极图。在交叉点内，双方可以相互转化；在交叉点外，它们各自又都有着无限的外延，又可与外部世界发生联系，从而形成新的转化点。

在转化点上，物质有其特殊的性质和函数关系。

比如，物质与场，在物质边缘与场相接的界面上，有一层介于物质与场之间的中性物质，它的变化和特性我们目前尚不清楚，但它形成了一种边界效应！实数与虚数是在坐标原点上转化的；曲线与直线是在切点转化的；灵与肉是在气功态下转化的……它们都有各自的转化点，只是我们尚不很清楚而已。

世界是双环结构的观点，我们在1993年找过北京白云观的老道长谈过此事，他并不以为然。但我们发现老道长的桌子上放着一个双环玉件，每个环都有手镯大小，两环相扣。老道长的两个徒弟对我们说："这是老道长的宝贝，每日把玩儿，是绝对不让我们动的。"我们在想，这双环玉件是干什么用的呢？道长每日把玩儿，不就是为了用它来启发自己的思想吗？这个玉件是祖传下来的，并不是由他打造，这更说明了双环结构的世界观是早已有之，我们只不过是在继承罢了。

太极图的黑白相间、首尾纠合，正是阴阳对待统一、消长流行、互根互动理念的最佳图示，也是否定之否定、阴阳盛衰转化、循环往复、螺旋上升等运动规律的最佳图示。

太极图有多种图形，简单的是一个大圆中沿直径画出两个相反的以大圆半径为直径的半圆曲线，这就是通常说的太极图中的S曲线了。这样的太极图反映微观世界的波粒二相性是较为合适的。第二种是S曲线更长，在现代科学上叫作易旋线的一种结构。这种太极图有着更为准确的涡旋形状（见来之德太极图），其易旋线也会分解出许多科学数据来，它才是宇宙总规律真实的描述模型。第三种就是现在易学界公认的《古太极图》。当它被四条直线均分时，可分割出先天八卦来。所以这种太极图中鱼头要扁，鱼眼要成眼泪状，鱼尾要长，整个曲线要占全圆的八分之七个扇形角度。这样才可以干净利落地、没有疑义地分割出先天八卦来。

太极图是如何产生的？易旋线是如何变成一条数学上可以精确定位的曲线的？我们不知道。但就是这样一条易旋线与《古太极图》中的S曲线惊人地相似，大胆一点说是没有什么区别的。鱼眼呢？大概是作者发现太极图太像两条互相咬尾巴的鱼了，所以就加上了两只鱼眼。当然，有了鱼眼，更反映出符合真实世界的阴中有阳、阳中有阴的规律来。

正宗的太极图是白鱼在上、黑鱼在下的，它不但能准确地分割出先天八卦，也反映着一个旋转的世界。这是一个顺时针旋转的世界，它准确地反映了一天中昼夜的变化，也准确地反映了一年四季的变化。因为古人是坐北朝南，把南比作上、比作天的。我们每天面朝南天所看到的不正是太阳从左方升起，经过中天，然后从右边落下吗？月亮、星辰也是如此。所以古人说："天左旋，地右旋。"其中左旋就是顺时针旋转。

## 七、三生万物

"三生万物"是一个极为有趣的现象。中国道家的鼻祖老子在他的名著《道德经》中说过："道生一，一生二，二生三，三生万物。"其中的"三"，内容是十分丰富多彩的。现代科学说："周期三意味着混沌。"太极图上，三环外是混沌地带。在民间，"三岁看大，七岁看老"、"事不过三"。这些都是"三生万物"的范例。

在这里，"三"表示的不是自然数列之三，它是第三代、第三周期、第三层、第三幂。总之，它是几何级数，不是算术级数的意思，而其中"周期"是它的本质。

三环外不是混沌吗？于是天王星横滚起来。人世间孙子辈们就通婚起来，堂哥、表妹联姻不是常见于民间吗？为什么"三岁看大"呢？因为三岁的孩子所表现出来的性格、品质是会随他长大的。"事不过三"是说某人处理事物时"一而再，再而三"地不变其观点、方法，那么我们就可推之其他了，也可用一古语"江山易改，本性难移"来"盖棺定论"了。

"三生万物"意指在自然界还有着丰富的表现形式。比如，一股水流从一扁口中流出，那水流开始叫层流，也就是比较规矩；之后它开始扭转，在扭转到三个周期后，水流变成了紊流，也就是我们常说的形状不规矩起来。这就是周期三的力量。《易经》中的八卦是"太极生两仪，两仪生四象，四象生八卦"，经过三周期的变化才得以结果的，也是二的三次方的变化。所以，八卦可代表世间万物之情。万物的生成可看成宇宙生银河系，银河系生太阳系，太阳系生地球系，地球生万物。这也是第三周期。

关于"三生万物"，还有很多有趣的解释。比如，"三"就是十的三次方，就是千。"三生万物"就是十的四次方，也就是万之数了。还有民间常说的"三生有幸"也有其意。"三生"是万，我们生而有幸在万数人中与你相遇，当然是缘分非常大了。还有，自然界中的很多自然现象，都是在周期三之后形成的，因为涉及较多的混沌理论，这里不再细说。

## 八、五环之外

五环外就是六环，一是出了"五福"，二是两个三环。三环是混沌，六环就是混沌的混沌了。在这混沌的平方世界里，出现了很多微妙的变化。也许这三维时空的平方，就是阳三维时空和阴三维时空的叠加，万事万物就在这冥冥之中悄悄地勾起手来。

1. 中华民族自古就有"出五服不为亲"的说法，也就是"六亲不认"。出五服的人结婚，那是天经地义，对培养后代绝对是有益无害的。

2. 赌徒们在赌博中也希望达到最大的平等，那么在洗牌中就希望洗得最干净、最彻底，其实也就是最乱、最无秩序。如何达到此目的呢？也就是洗几次牌最合适呢？国外的科学家与赌徒共同进行了研究，其结果是——六次。

3. 在生物界存在着"大鱼吃小鱼，小鱼吃虾米，虾米吃渍泥"的说法，这在科学上叫生物链。科学家曾研究过生物链上链条的数目，其结果三个居多，最多不超过六个。

4. 在现代欧洲有一种游戏，一个人写出十封内容相同的信，然后寄给十个不同的人。收到信的人每人再写十封同样的信，再寄给另外不同的十个人。如此下去，结果呢？每一次都不超过六个周期，第一个人就会收到与自己发出的信内容完全相同的信件。

5. "三五成群"是民间的一句成语。其实它与"六亲不认"一样，是一句科学的论断。在太阳系中，三环外与五环外是二重天和三重天，其性质有着明显的差别。我们原来是用四面体和六面体来解释的。四面体是由四个正三角形组成的，在水利工程上用水泥做成它的模样，用来拦坝堵漏。六面体呢，就是我们常见的正方体了。在这里三个面是组不成立体的，五个面也组不成一个立体物，所以它们是"群"。我们在研究中也必须把它们看作群来研究，才可能更好地把握住它们的性质。而四六就是个"体"，不是群。大概五环系统也有同样的规律吧。

6.《易经》中有六十四卦，这是用于推算世间万物的基础模型，用现代说法叫专家系统。它也是二的六次方。这个六周期贯穿了世间许许多多的事物，所以《易经》说它可类万物之情，可通神明之德。

五环之外勾连着许许多多看来似乎毫无关联的事物，通过五环和易经的原理，我们也许会了解更多的天与地。

## 九、黄金分割

Ψ（音：普西）有几种名称，第一叫黄金分割率，第二叫自然率。记得少年时读中学学习它时，只知道它能把一个线段分成内外比，根本不晓得为什么叫黄金分割率。后来我们还误认为它是用来分割黄金的最好的一种方法，现在想起来真是好笑，不求甚解真是学习上的大敌。其实黄金分割率是人们对它的一个尊称，当然是十分珍贵的一种分割率。用来分割什么呢？还是不知道。又过了好久，才知道我们学习用的书本的长与宽的比例就是黄金分割率，只有按照黄金分割比例做成的书本，看起来才最顺眼、最美。（近年来，我们才逐渐认识到了Ψ，但书本却不太按照黄金分割比例制作了，五花八门，有的很窄，有的见方，弄得我们往书架上都不好放。不知人们为什么不太喜欢过去那种最顺眼、有最美比例的书本了。）

Q和Ψ是非常有趣、意义又异常深远的两个数，它们是大自然哺育出

来的、深刻反映大自然变化规律的两姐弟。没有它们，丰富多彩的大自然会逊色许多，也许会变得完全不是现在这种样子。

生命女神 Q 就是裴波那契级数。因为裴波那契是意大利人，我们了解得并不详细，让我们看一看英国作家伊恩·斯图尔特在《大自然掷骰子吗——混沌之数学》（上海远东出版社，1992 年）一书中对裴波那契的介绍吧。

最早的数学模型可以在 1220 年意大利比萨的莱奥纳多（Leonado of Pisa）的工作中找到，而他素以"裴波那契"（Fibonacci）著称于世。听说他的父亲被人取了一个绰号叫"波那契"（Bonacci，好心人之意），于是他被称为"裴波那契"（FiBonacci，波那契的儿子之意）。

他的模型有几分调侃的味道，是一道谜题而不是生态学上的一个严肃问题，但他预见到了某些重要思想。那是关于野兔的繁殖行为的，不是指生物学意义上，而是指数学意义上的繁殖行为。他把一对兔子作为基本单位进行一个十分自然的假设。假定开始时有一对幼兔，这些幼兔长大，又生育一对幼兔，这样一代一代繁衍下去，所有新的成兔每代都生一对幼兔。假设兔子长生不死，并且它们的生殖能力永不衰竭，那么 n 代将生育出多少对兔子？

这个公式是一个级数，从第三项开始，每一项都是前两项的和。但这个级数的展开是在黄金分割线上下逐渐靠近的，所以 Q 的极限是 Ψ。由这里我们可以感觉到 Ψ 的力量，一种无所不在的、不可抗拒的力量。当 Q 发展到无穷时，Q 就变成了 Ψ。这说明了什么？不正是说明了生命在那些不易统计的、由亿万个细胞才组成的形体上，应该无处不在地显示出黄金分割率的存在吗？裴波那契数列是由动物、植物一代一代地繁衍才展示出来的规律，因为它们是离散的，是可数的，在人类的眼中，它们是易于区分的，所以它们遵循着裴波那契 Q 的规律。而当生命由有限走向无穷、由离散型变为连续型时，就是由个体走向群，走向不可计数的群体，而这正是组成大型生命体的细胞。由种子、胚胎开始发育成长时，由一个受精卵开始向亿万个细胞群体大举进攻时，它们的生长繁殖和之后长成的形体当然是由黄金分割率来控制了。难怪我们在自然界，在我们人类——天之骄子的身上都发现不少黄金分割率的烙印呢。这是天意，是大自然的烙印，是

## 第一篇　话说《龙图》

我们赖以生存的星体（地球）的烙印！

黄金分割率的性质是如此特别，那个分割点竟然神奇到这种地步。

$\Psi = 0.618$　　　　　　　　$1/\Psi = 1.618$

$1/\Psi - \Psi = 1.618 - 0.618 = 1$

$1/\Psi \times \Psi = 1.618 \times 0.618 = 1$

$1/\Psi \times 1/\Psi = 1.618 \times 1.618 = 2.618$

这种差积相同性和多种运算中的尾数不变性，真是独一无二、世间少有的怪事。

$\Psi$——是代代相传生命世界之法则，所以说他是大自然的儿子、大自然的宝贝，也称为自然率。

自然率是大自然中生物的灵魂。$\Psi$的形象处处可见，人体——大自然的精灵就是最好的例子。一个人直立，左右平伸两手时，一肩就是两手指尖距离连线的黄金分割率点，而肚脐就是头顶和脚底间距离连线的黄金分割率点。

天目穴——是人头顶与下巴之间距离连线的黄金分割率点；

人中穴——是人鼻尖与下巴之间距离连线的黄金分割率点；

劳宫穴——是人指尖与手腕之间距离连线的黄金分割率点；

涌泉穴——是人脚尖与脚跟之间距离连线的黄金分割率点。

从手掌看，有四节掌骨，这四节骨长由小到大，也都符合黄金分割率的排列。

除人体之外，大自然中体现出来的黄金分割率更是数不胜数。香港的冯庆辉先生在他的名著《阴阳五行与五饼二鱼》（中国社会出版社，1994年，第50页）中对此有很多论述。

动物界的发展形态存在有很多自然率的讯息。例如鸡蛋的长度与横径之比例及螺壳上旋纹各圈的距差都是。

自然界中的植物也存在着很多的自然率。在树的干和主茎上，新长出来的枝茎都是以自然率的级数，盘旋着树干外围而分布的。植物所生出的周数与枝数的比例有如：

一般的植物，榆树出现1:2、榛树及山毛榉出现1:3、果树与像树出现2:5、玫瑰和小叶杨出现3:8、柳叶、韭葱及扁桃出现5:13等。

向日葵的花盘上有两排旋纹小花，顺时针排列的一条有21朵，逆时针排列的有34朵；大部分雏菊都有13、21或34片花瓣，而13、21和34都是自然率中的级数。

松果树上的针亦有同类型的旋纹结构。逆时针方向的旋纹有5个圈，顺时针的则有8个圈。凤梨表面也有8和13个不同旋向的圈，5、8、13又是自然率的几个级数。

此类例子太多了，但是在《奥秘》1997年第9期上又刊登了从另一角度所发现的一些自然率的应用。

在地月系统中，月球的密度是3.4克/立方厘米，地球的密度是5.5克/立方厘米，两者之比为3.4:5.5 = $\Psi$。

在地球外围的大气层中，从地面算起，从0.618比例处开始，向下形成的臭氧层，是人类生存的保护神。

在地球纬度上，用0.618对地球纬度进行优选，则是34.38°和55.62°，而这两个纬度之间被称为黄金地带，最适合人类居住生活。这个黄金地带大陆占总陆地面积的1/3，全世界较发达的国家大都在这个黄金地带上。非洲比较落后，因为非洲国家几乎不在黄金地带上。我国河南省的郑州市在黄金地带的南端，而我们的祖先正是诞生、繁衍在郑州以北的中原大地上。此绝非偶然。

一年四季中最冷的月份是1月，最热的月份是7月，如对1~7月进行优选，最好的是4.7月；对7~1月进行优选，最好的是9.3月。而4月下旬春暖花开，9月中旬秋高气爽，是最舒服的季节。不但一年是如此，一天也有两段最好的时间。上午2~14点的黄金分割点是9.4时，下午14~2点的黄金分割点是18.6时，这就是上午9时多、下午6时多，正是一天的黄金时刻。

妇女的月经需要5天，干净后至下次月经有24天。这24天的$\Psi$点在14.8天，也就是妇女的排卵期。这与统计结果是一致的。

对于全年12个月来讲，黄金分割点是7.4，即7、8月份，人的抵抗力在这两个月份最强。标志之一是这一时期人体血液中的淋巴细胞量最多，而淋巴细胞可以产生淋巴因子。

就人体结构而言，以肚脐分上下，比例为黄金分割率；以膝盖分上下，肚脐到脚底比例为黄金分割率；以咽喉分上下，头顶到肚脐比例为黄金分割率；肘关节把肩关节到中指尖的比例分为黄金分割率。

人的体温为 36.5°，用黄金分割率求得黄金分割点是 22.5°，这是人体最适的温度，所以现在大饭店、大宾馆等公共场所大都要求保持在这个温度。

在剧院里，报幕员一般不在舞台的中心报幕，而是站在左边一点。而这一点，正是舞台的黄金分割率点。

对于广大学生来讲，很多人是既想考试过关，又想少费力。那么 62 分是最合适的分数。60 分不行，有被老师提分的嫌疑，而这 62 分正是黄金分割率点。但这只是及格，而绝不是优秀。

自然率有着太多太多的表现，也有着太多太多的应用，这并不难理解，因为黄金分割率是自然界的生命之魂。

# 十、河图翻转

河图的奇偶数字分别形成了旋涡模型的两个臂。右旋的河图显示了以银河为代表的宇宙空间中一大类旋涡星系的状态与运行规律。

河图不表明东西南北的方位，但河图的右旋却使它内涵的规律更明显地展示在我们面前。比如 9 上 8 下的河图就是一种更为合理的河图之形。

河图中 9438 是经天、是地轴、是南北极。河图右旋至此，正可看作是地轴的偏转。往古之时，共工怒撞不周山，于是天维绝，天倾西北，地陷东南。这一撞，星辰动、地轴偏，世上万物遭劫难。

**旋涡星系**

如今，展现在我们眼前的是地轴偏转后的地貌新颜，而且从河图上也出现了两个更为近代的变化特点。

1. 五行排列有了改变。原来是"一二三四五，水火木金土"，地轴偏转之后，河图右旋了，9 为上、8 为下，五行排序变成了"一二三四五，金木水火土"，与世间民谣竟完全一致起来。我们不知这是巧合，还是大自然在暗示着什么规律。

2. 河图的右旋竟与书法之变有了某种关联。我们所说的书法，并不

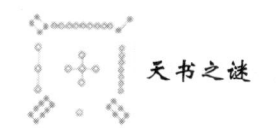

是指单个汉字的书写艺术，而是指文章的排列之法。古人云："易，逆数也。"河图也是如此。比如，流行的河图内圈生数是下1、上2、左3、右4，逆序而行就是4321，43是右至左，21是上至下，这不正是古书文章的书写规矩吗？直到今天，每逢新春佳节，家家户户门前张贴的喜庆对联，哪一幅不是由上到下而念，右为上联，左为下联呢？

河图的右旋，导致河图内圈生数是右1、左2、下3、上4。逆序而行就是4321，43是上到下，21是左到右。这不正是我们今天文章的书写特点吗。竖排版的线装古籍与横排版的现代图书竟与河图的右旋如此古怪地联系在一起，你不觉得这其中有一点神秘的味道吗！

## 十一、文王八卦的方位来源

文王八卦的方位一直是易经界的一个千古之谜。文王八卦，又称后天八卦，但易学界的研究成果又认为"后天"不后，即先有后天八卦，才有先天八卦。后天八卦的方位，《周易·系辞》中已说过，但很少能够服人，认为那不过是一种解释，并不是在谈一种规律。我们经过多年研究，终于有所突破，现将成果公开如下：

1. "文王八卦"何来？

后天八卦图据说由周文王所作，其数用洛书之数，但其卦却不知来自何处。当我们用横列八卦之数为文王八卦定出对应之数排列时，规律却显现出来了。于是，文王八卦的五大规律就紧跟着出来了。

第一要素：定位卦名——坤。因为先天八卦是说系统、说场的，而后天八卦是说方位、说物质的，所以后天八卦以代表综合态的"土"为主，土为坤，则坤为定位卦名。

第二要素：定位点，五行中坤为土，应在土位。而五行四季土，天干地支中土位均在右上角，从方位上讲是西南位。

第三要素：卦序，坤离巽震左旋，兑干坎艮右旋。

第四要素：走向，还是CD走向。

第五要素：卦数排列，仍按横列八卦对应之数排列，8354、2167。我们再看河图，8354是由下而上一顺数来（因无9就不数9了），2167是河图的横列数字，但顺序也很乱，不过好像与洛书右旋的数字相反。

正因为这五个要素，才把后天八卦如此排列出来。这也可以看出为什么说现代预测大法梅花易数使用先天之数，其实是使用横列八卦之数，后天八卦之定位了。

梅花易数是由宋代邵雍字康节所发明的。按一般说法，梅花易数使用的是后天八卦的方位、先天八卦的数。其实不然，卦数不仅仅是数，而且还包括了位和序数的走向。不然所谓先天之数不过是１２３４、８７６５，而横列八卦之数则是１２３４、５６７８，而且还是逆数。如按平常数来，则成８７６５、４３２１了。

2. 《圣人则之》是什么？

《易经·系辞上传》曰："天下之亹亹者，莫大于蓍龟。是故天生神物，圣人则之。天地变化，圣人效之。天垂象见吉凶，圣人象之。河出图，洛出书，圣人则之。"

在这里，圣人表现了四种不同的行为，以应天地。蓍草、龟板是古代最初、也是最灵验的占卜工具。大家认为这是"天生神物"，作为圣人，必然要用其神物，按其规则、程序进行占卜预测了。

"天地变化，圣人效之。"这反映了圣人不但要严格遵守古占卜的规则，而且还密切注视着天地的变化。规则不变，是因为天地不变。"天地变化"，规则当然也应随其而变。所以，"圣人效之"即是指周文王发现天地起了大的变化，于是"法随因缘"，规则跟着起了相应的变化。这变化就是后天八卦方位的诞生，后人称之为"文王八卦"。

"天垂象见吉凶，圣人象之。""天垂象"一方面指天空大气的一些异常变化，主要的还是指蓍草与龟板在占卜操作中的变化结果。既然这些结果已显示出吉凶来，那么圣人就应该如实地告之与人。

"河出图，洛出书，圣人则之。"因为河洛在大众的头脑中过于神秘，几千年来人们一直认为其中的"圣人则之"是指圣人们从河洛中找出规律来制定八卦，这句话也成为几千年来文人一直争论不休的焦点。

几千年来，只有周文王做到了"天地变化，圣人效之"，古来多少人都没有摸到周文王的脉搏。一些人坚信河洛是八卦之母，因此用多种方法进行推导，但证明结果却很难让人明白，所以扼腕长叹：河洛是千古之谜，是永久之谜！另一些人却因此怀疑"圣人则之"，并不是圣人根据河洛而画八卦，而是另有其意。

其中的问题出在对"河出图，洛出书"的理解上。他们把河洛认为是黄河和洛水，是河流，是地点，是名词。所以河洛就变成在不同地点、由不同神物贡献出来的天书了。我们研究的结果不是这样的（这在我们《天书何来》的文章中有较详细论述），我们认为河洛是动词，是合、落的音译。当初河图、洛书并无文字来定义，只不过有其音而无其字，否则谈何"无字天书"呢？河图是经纬相合之图，洛书是落笔书写之书。河洛中的很多奥秘因此展现出来。（当然，我们不可能完全破译出河洛之谜，它不应该，也不可能完全由一两个人来完成，这是一个巨大的信息工程，应由天下人共同努力，才有可能最后破译它。）

用现代语言来说，就是河洛已经摆在那里了，天地间的游戏规则已经明了，"顺天者昌，逆天者亡"，已不是凡人的圣人们当然懂得应该按照一种什么样的游戏规则来游戏人生了！这就是——天人合一，这就是顺其自然，这也就是"圣人则之"的本意。

# 十二、龙图总汇

## 1. 龙图中的阴阳表象

（1）圈 – 点；

（2）黑 – 白；

（3）上 – 下；

（4）左 – 右；

（5）直 – 弯；

（6）里 – 外；

（7）I – O；

（8）C – D；

（9）左旋 – 右旋；

（10）大小小大 – 小大大小。

## 2. 河洛解析

（1）名称：河图、洛书；

（2）时代：伏羲、大禹；

（3）地点：黄河、洛水；

(4) 媒介：白龙马、黑乌龟；

(5) 代表：天、地；

(6) 类别：体、用；

(7) 图形：方、圆；

(8) 用途：对待、流行；

(9) 奇偶：合、分；

(10) 五行：生数、相生；

(11) 拆分：IO、CD；

(12) 特征：通道和15。

### 3. 八卦元素

(1) 卦名；

(2) 卦象；

(3) 定位点；

(4) 卦序；

(5) 走向；

(6) 卦数排列。

### 4. 八卦类型

(1) 先天（伏羲）卦；

(2) 后天（文王）卦；

(3) 梅花（邵雍）卦；

(4) 二进制卦；

(5) 洛书配先天卦；

(6) 河图配后天卦。

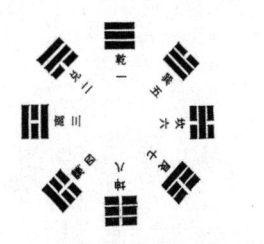

先天（伏羲）卦　　后天（文王）卦　　梅花（邵雍）卦

## 5．涡旋图

（1）河图；

（2）太极图，为天体的视运动，天左旋而为顺时针；其他图均为逆时针，右旋与银河系总旋向相同；

（3）CD 图，洛书、先天卦、后天卦、梅花卦。

| 太极图 | 经纬太极图 | 来之德太极图 | 古太极图 |

## 6．龙图出处

（1）河图＝传说＋五色土＋数五；

（2）洛书＝IO＋CD；

（3）先天图＝太极图八分法、横卦＋CD；

（4）梅花卦＝横卦＋反 IO。

## 7．龙图之数的用途

（1）为五行排序定先后；

（2）多个数为某图（洛书）定走向；

（3）为八卦元素定数、定对应值；

（4）数在平面的位置可为卦定方位；

（5）数在空间的位置成为天体运行的数字模型；

（6）三、四位数为其他物理量作定量描述。

## 8．测图术

竖排：

（1）天之数，远近之象；

（2）立轴，偏离之象；

（3）地之数，极地之象。

横排：

（1）天之数，运行之象，新月为右；

（2）平面，波动之象；

（3）地之数，转折之象，地之用。

斜排：

天地之数，地与天接，斜轴之象。

圆排：

（1）天河之数，圆之象；

（2）圆周之象，天河之数可用。

9. **龙图符号**

（1）河洛：数字符号；

（2）八卦：线条符号；

（3）太极图：图像符号。

10. **破译之法**

（1）基础：五行传说；

（2）密码：白龙马、黑乌龟；

（3）口诀：河图、洛书；

（4）钥匙：饸饹面。

11. **龙图相关**

（1）河洛：与天体有关，单体，动态；

（2）八卦：与时空有关，离散，网；

（3）太极图：与流体有关，连续，形。与五行有关，φ，变。

12. **龙图所示**

（1）天神：太白金星、太上老君；

（2）天将：哼哈二将，"哼"管自转，"哈"管群转；

（3）天使：三位——圆周天使 $\pi$：314、自然天使 $e$：2718、黄金天使 $\varphi$：618；

（4）七仙女：

赤衣仙子 – 241 – 太阳 – 圆周之象；

橙衣仙子 – 753 – 太阳 – 波动之象；

黄衣仙子 – 951 – 地球 – 偏离之象；

绿衣仙子 – 438 – 地球 – 极地之象；

青衣仙子 – 294 – 月球 – 运行之象；

蓝衣仙子 – 276 – 月球 – 远近之象；

紫衣仙子 – 258 – 北斗 – 斜轴之象。

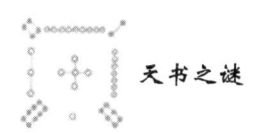

13. 图像法

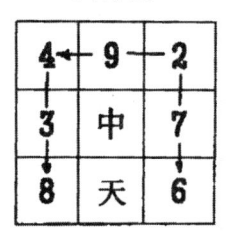

近地之象以天为单位    偏离之象以年为单位    周之象以亿年为单位

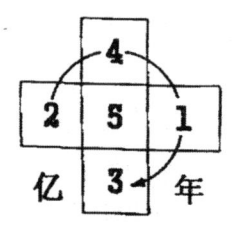

# 第二篇　天体的乐章

在第二篇中我们将讲到关于天体的一些参数，这些都是关于天体的性质或天体运动规律的重要参数，它们都显现在河洛之中，而且是月球、地球、太阳、银河系各一个。这些重要参数包括 $\pi$、$e$、$\varphi$，都有着广泛的应用范围，利用它们我们可以发现，在人类长期赖以生存的星际空间，中心体和绕转体是以何种规律运动的，人类又是生存在一个怎样的大环境中。

## 一、神通广大圆周率

### 1. $\pi$ 的发现

圆周率几乎人人皆知，因为在小学教育阶段我们就学到了 $\pi$ 的知识——一个圆的周长与它的直径的比值。这个比值看似简单，但是人们当初发现它却经历了漫长的岁月。

人类的祖先诞生在地球上已有几百万年的历史了。人类还不会制造陶器时，就已经发现了不少的圆形。放眼望去，大自然中除了直线、圆，就是万千变化的曲线。太阳是圆的，动物的眼睛是圆的，树干的截面是圆的，绝大多数花草的茎截面也是圆的，当池塘中落入一个石子时人们发现那水面荡开的涟漪也是圆的而且是同心圆……圆形是那么奇妙，那么圆满，圆的曲线是最优美的，是无可挑剔的。人们对圆的赞美和向往，一直是人类文化中一个不可缺少的部分。

当人们渴望了解圆或制造圆时，却发现问题并不那么简单。一个圆的

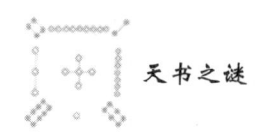

大小是由直径来衡量的，直径就是圆内最长的一条弦。当人们想做一个不必顾及其大小的圆环时，只要用有弹性的植物，比如竹篾弯一个就行了。但要想弯一个已定好直径的圆，换句话说，想要做一个固定尺寸的圆，就绝非易事了。往往要反复多次才能做成，而且未必精确。我们的祖先在社会实践中逐渐发现，各种圆周长与它们的直径的比值都是一个定值，"径一而周三"就是祖先们最早的经验总结。但是随着社会生产的发展，这个"三"显得太粗糙了，满足不了人们的需要。由此人类开始了追求π的真值的研究，直至今日仍未停止。不过，后来精确到小数点后几十位以后的计算，已不是为了科学，而不过是为了刷新纪录而已。

公元前2000年的古巴比伦人认为圆周率的值是3。另外，稍后时代的古埃及人将圆周率的值定为 $P = 4\left(\frac{8}{9}\right)^2$，此公式写成小数就是3.16049。

贡献较大的是古希腊的阿基米德（Archimedes，前287—前212），他是一位研究数学和物理学，并有许多发明的科学家。他发现了杠杆原理，并夸口说："给我一个支点，我可以撬起整个地球。"公元前3世纪，他就求出了π的近似值：

$$\frac{223}{71} < \pi < \frac{22}{7}, \quad \pi \approx \frac{211875}{67441} \approx 3.14163$$

通过使正多边形内接于圆，并将其边数逐渐增加来计算圆周长度的方法，很早就用于圆周率的计算了。阿基米德就是从圆内接6边形算起，然后是正12、24、48边形的周长，最后算到圆内接正96边形的周长才得出上述结论。

**2. 祖冲之的圆周率**

祖冲之（429—500），字文远，范阳郡遒县（今河北省涞水县）人，中国南北朝时期南朝的大科学家，主要成就在数学、天文历法和机械制造三个领域。当时阿拉伯数字还未传入中国，祖冲之使用一种叫作"算畴"的小棍进行推导计算，工作相当浩繁和复杂，但是他还是独立地求出圆周率的值在3.1415926到3.1415927之间，并总结出约率是22/7，密率是355/113。这密率的精确值比西方国家早了1000多年。在中国，后来人们把密率尊称为"祖率"，以纪念祖冲之这位伟大的科学家。祖冲之使用的计算方法也是利用增加圆内接正多边形的边数来逐渐逼近圆周，以求得圆周率。在中国把这种方法叫"割圆术",是刘徽在公元3世纪发明的。

在天文学方面,祖冲之编制的《大明历》首先考虑到岁差问题(后面章节做介绍),对于日月运行周期的计算比当时其他的历法更为准确。他还曾改造指南车,做水推磨、千里船等,都很机巧。

3. π 的命名

目前全世界都用 π 作为圆周率的符号。π 的语源是希腊语"周围"的字头。数学家欧拉在其1748年出版的著名的《解析学》一书中使用 π 作圆周率符号,自此,π 正式成了圆周率的符号。

后来,有人又看出 π = ~ + 11 = S + Ⅱ,它还与阴阳太极图似有什么联系,当然这是后话。

$$\pi \approx \frac{22}{7} = 2 \times \frac{11}{7} \approx 2\Psi 5/7$$

2Ψ5/7 与自然率,与五饼二鱼、七天造世又有了联系,这也是后话。

π 在应用时一般只用 3.14,当使用到 $\frac{22}{7}$ 时,别看数字简单,精度还很不低呢。因为从小数来看,$\frac{22}{7}$ 大约等于 3.142857…,而 π 的实际值大约相当于 3.141592,这样 $\frac{22}{7}$ 只比 π 值高出 0.04%,或 1/2500。对于千百年前的古代手工计算来说,这个值已经相当精确了。

如果使用祖率 355/113,精度又要高出许多。$\frac{355}{113}$ 化为小数是 3.14159292…,仅比 π 的真正值大 0.000008 或 1/12500000。要想了解祖率 $\frac{355}{113}$ 的精度究竟有多高,只要举一个例子。假设地球是一个标准球体,直径为 12700km,我们可以使用两种圆周率计算一下赤道长度。

12700π = 39898.22670059  (1)

$12700 \frac{355}{113}$ = 39898.2300885  (2)

(2) – (1) = 0.00338791(km)≈3.4(m)

祖率算出的赤道长度仅比用 π 算出的赤道长度长了 3.4 米左右。今天,即使是用人造卫星来测量,也未必能给我们提供比这更精确的数值了。

π的用途当然是用于圆的计算。这看似简单，其实不然。圆是我们最常见的形状，它有许多优点。

第一，周长是定值时，圆的面积是所有形状中最大的。

第二，表面积是定值时，球的体积是所有形状中最大的，而球就是圆的空间表现形式。

第三，圆的变形最多，半圆、扇形、弓形、环形、球形、球冠、圆柱、圆锥、圆台、椭圆、各种旋转体等等，都离不开圆。当然，计算时也就离不开π。

第四，圆的半径处处相等，所以圆也是最容易加工的规则形状，像各种容器、餐具、机械零件，大部分都与圆有关。

第五，因为圆的最大面积和球的最大体积的性质，球是自然界最常见的形状。例如，宇宙间几乎所有的天体都是球状，它们的运行轨道几乎都近似圆形（精确地说是椭圆，属于圆的一种变形）。

4．π的发展

其实π能有什么发展呢？不过是人类对π有了一些新的认识。这种认识就是对π的求法有了提高。再就是伴随着π求法和运算工具的提高，π小数点后的位数也得到了迅速增加。

祖冲之使用的是刘徽创造的"割圆术"，但是他割到了多少条边的正多边形才得出355/113的密率，我们却不得而知。阿基米德使用的也是"割圆术"，但他求得的精度 $\pi \approx \frac{211875}{67441} \approx 3.14163$，能精确到3.1416也很不错了，而且比祖冲之早600年。但是，祖冲之的密率比起阿基米德的"繁率"来说，确是简洁优美多了，而且比荷兰人A．安托尼兹（1527—1607）发现355/113早了一千多年。科学在古代的发展总是比较缓慢的，因为那时的研究环境不太好，而且没有先进的计算工具。

天文学家托勒密（87—165）计算的圆周率的值是π=3.1415904…或者π=3.1416015…，印度的帕斯卡尔拉（1114—1185）算出 $\pi \approx \frac{3927}{1250} \approx$ 3.1416。他们这些值比起祖冲之的密率来，都可称为"繁率"了。

此后的一些科学家就不再使用"割圆术"求值了，而用了许多更科学的方法，并用手摇计算机、电子计算机进行快速计算，当然速度突飞猛进，位数也就突飞猛进了。这方面的数学家很多，这里只举几个典型人物。

（1）牛顿，1655 年求值达到 16 位。

$$\pi = 6\left(\frac{1}{2} + \frac{1}{2\cdot 3\cdot 2^3} + \frac{1.3}{2.4.5.2^5} + \frac{1.3.5}{2.4.6.2^7} + \cdots\right)$$

（2）马庭，1706 年求值达到 100 位。

$$\pi = 16\arctan\frac{1}{5} - 4\arctan\frac{1}{239}$$

（3）达泽，1844 年求值达到 205 位。

$$\pi = 4\arctan\frac{1}{2} + 4\arctan\frac{1}{5} + 4\arctan\frac{1}{8}$$

（4）W. 山克斯，利用马庭公式耗费 15 年时间求值达到 707 位，但求到 527 位还是正确的，而以后的一百多位都是错的。

$$\pi = 4\left\{\frac{1}{5} - \frac{1}{3}\left(\frac{1}{5}\right)^3 + \frac{1}{5}\left(\frac{1}{5}\right)^5 - \frac{1}{7}\left(\frac{1}{5}\right)^7 + \cdots\right\} -$$

$$\left\{\frac{1}{239} - \frac{1}{3}\left(\frac{1}{239}\right)^3 + \frac{1}{5}\left(\frac{1}{239}\right)^5 - \frac{1}{7}\left(\frac{1}{239}\right)^7 + \cdots\right\}$$

后来在计算机上使用"马庭公式"最多，有一次竟然求到了 2035 位。最近，π 的位数延伸得很快，已超过 10 亿位。但那已是天文数字，于人间是越来越远了……

### 5. π 与河图

河图是中华的祖先传下来的，起因并不明了。传说从黄河中走出一匹神马，背上现出一图，因从河中得来，故称河图。有说是史前文明传下来的，也有人推测是外星人留给我们祖先的。我们推说此书是大自然所赐，其实大意相近，如无更新的考古发现来印证，无法再做出更明确的断定。

河图的数与位

河图由多个数字组成，数无字符，只由圈点表示，也说明大自然用心之良苦。因为远古时期人类文明相当落后，无数字、无文字，何以显示神意？当然圈点最好。因为考虑到无论后来文化发展到什么程度，圈点总是可以数得出来的。为何又分圈、点？因为数有奇偶，即分阴阳，性质不同，明白可分也。

我们发现，在河图里圈的位置上，由3开始，逆时针旋转而读，不就是3.142吗？这就是π值啊！4位有效数字，而且绝对正确，3.1415，第5位四舍五入，正是3.142。不但如此，这4位数字围绕成一个圆圈，正与所求圆周率是研究圆的图形一样，数相同，形相似，不能不为我们所惊讶！这就是大自然的先见之明。我们的祖先如能早一些悟出这一点，岂不早就使用上4位有效数字的圆周率了！

## 二、大自然的儿女——Q 和 Ψ

Q 和 Ψ 是非常有趣、意义又异常深远的两个数，它们是大自然哺育出来的深刻反映大自然变化规律的两姐弟。没有它们，丰富多彩的大自然会逊色很多，也许会变得完全不是现在这种样子。

### 1. 生命女神——Q

生命女神——Q 就是裴波那契级数，我们在前文做了简单介绍。它的模型可以表示如下：假设兔子长生不死，并且它们的生殖能力永不衰竭，那么n代将生育出多少对兔子？

设第 n 代里有 $Q_n$ 对成兔、$I_n$ 对幼兔。则我们从 $Q_1 = 0$，$I_1 = 1$ 的第一代开始，增长规律是：

$I_{n+1} = Q_n$    $Q_{n+1} = Q_n + I_n$

即在第 n+1 代里，$Q_n$ 对成兔产生 $Q_n$ 对幼兔，后者即是 $I_{n+1}$，来自前一代的 In 对幼兔成长起来，加入已有的全部 Qn 对成兔中，给出 $Q_{n+1}$ 的公式。

| n | Qn | In | 总对数 |
|---|----|----|--------|
| 1 | 0  | 1  | 1      |
| 2 | 1  | 1  | 2      |
| 3 | 2  | 1  | 3      |
| 4 | 3  | 2  | 5      |
| 5 | 5  | 3  | 8      |
| 6 | 8  | 5  | 13     |

这些就是著名的裴波那契级数，每个数是前两个数的和。我们在

## 第二篇 天体的乐章

这里看到的是一个离散型动力系统，时间间隔是代，系统的状态是数对（Qn，In），增长规律是原动力。

这一方程有一精确解。如果我们引入黄金分割率

$$\Psi = \frac{1+\sqrt{5}}{2} = 1.6183034\ldots$$ 则可证明

Qn 是最接近 $\Psi n/\sqrt{5}$ 的整数；

In 是最接近 $\Psi n - 1/\sqrt{5}$ 的整数。

这又是一个指数式增长。假如不遇到什么阻碍，114 代后兔子的总体积连已知的宇宙都容纳不下。在那时之前很久，地球就淹没在膨胀得比光还快的兔球底下了。

大家看，精彩吧，下面让我们看一看中国学者冯精志是怎样说的。他在《实用易经预测方法》(长春出版社，1991 年，第 158 页) 一书中这样写道：

按上述规律写出的无限项数列就是裴波那契数列。

n 次数列应有下面的递推关系：

$Q_{n+2} = Q_{n+1} + Q_n$    （n = 0，1，2，3，…）

事情往后的发展是这位中世纪意大利数学家始料未及的。随着近代数学的发展，这个由养兔问题推导出来的数列的应用范围远远冲出了圈兔子的围墙，从植物叶子在梗上的排列、花朵的瓣数、蜜蜂的繁殖、钢琴音阶排列、人口年龄结构预测、优选法等等，直到方法论，应用涉及面之广，引起了科学界的密切关注和极大兴趣。美国甚至专门出版一份《裴波那契季刊》，登载裴波那契数列在应用上的新发现及有关理论。看来这个数列也多少沾上一点"类万物之情"的味道。

一个问题摆到了我们面前：为什么一个从养兔子问题上推导出来的数列能有那么广泛的应用价值？这个问题看起来很玄奥，实际上又能得出明确的答案。裴波那契所设计的养兔子题目实质上是个两性问题，他相对真实地模拟了自然界中一种生物的正常繁殖现象，从中提炼出来的数列也相对忠实地反映了自然界中一种生物在一个回归年中延续的本来面目。由于自然界的发展变化起源于同一本源，因此诸生命现象中有本质上的共性，其中的共性是不易为人们所觉察的。裴波

那契的题目，实际上是把兔子的繁衍过程放在一个排除外来干扰的特定的环境中加以考查，其结论尽管是针对兔子的繁殖对数而发，但在无意中也反映了其他生命群落的某些带有规律性的共同现象，其应用面在不自觉间被大大地延展了，也同时应用于自然界的其他领域，而在动植物的生命现象领域中，适用性表现得大为明显。

接着作者又把《易经》与裴波那契数列进行比较（冯精志著，《实用易经预测方法》，长春出版社，1991年，第160页）：

  现在可以比较一下了。裴波那契数列由于来源于大自然最基本的两性交合——繁殖，所以应用范围很广泛。而易卦的创制者们则有意识地从人类的繁殖问题入手，并将从中总结出的规律放到整个天地万物间加以考察。从这样一个覆盖天地之间的有生命体无生命体的庞大"矩阵"中提炼出来的易数，必然可"类万物之情"。
  当然，易数目前还无法像裴波那契数列那样用清晰的数学公式表示出来。
  但正如莱布尼兹所说，经验定律有一定适用范围，而逻辑定律则普遍适用。看来易数只是无法用我们所习惯的公式表示，而只要它是符合逻辑的，就必然与裴波那契数列一样呈现出某种非当前科学所解释的神秘的对应性。让我们用一个例子来说明这一点。
  裴波那契数列的一个重大应用是蜜蜂的繁殖规律。蜂后产卵，受精的卵孵化为雌蜂，未受精的卵孵化为雄蜂，所以雄蜂有其母而无其父。追溯雄蜂的祖先时发现，一只雄蜂的第 n 代祖先数刚好就是裴波那契数列的第 $Q_n$ 项。不仅如此，在裴波那契数列中，蜜蜂第6代，13只蜜蜂的排列，与钢琴13个半音阶的排列竟完全吻合。

下面我们替冯先生列出雄蜂的家系。

图中雄蜂是由未受精的卵孵化出的，所以没有父亲，符号是 XY，而雌蜂则是由受精的卵孵化出的，父母双全，所以符号是（X－Y）X。

一只雄蜂第6代的父母排列共13只蜜蜂。当然，这是嫡系亲属，那些叔伯大爷、姑嫂表亲就不能算在内了。我们再看第6代父母的排列。

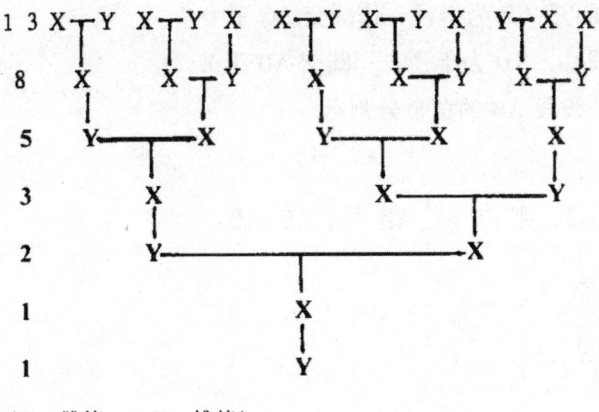

```
1 3 X┬Y  X┬Y  X    X┬Y  X┬Y  X   Y┬X   X
8   X┬────Y   X┬────Y   X┬────Y  X┬────Y  X
5   Y┬──────────X       Y┬──────────X      X
3        X                    X             Y
2        Y────────────────────────────X
1                    X
1                    Y
```

（X = 雌蜂    Y = 雄蜂）

**雄峰家系**

X  Y  X  Y  X  X  Y  X  Y  X  Y  X  X
1  1# 2  2# 3  4  4# 5  5# 6  6# 7  1

其中，X 是主音阶，Y 是半音阶。

全体是 13 个音阶、7 个主音阶、12 音律、一个 8 度音程。

这种极妙的吻合，的确是一个奇迹。对此有兴趣的读者不妨借来《裴波那契季刊》一看，一定能从更广阔的方面认识生命女神的伟大和美丽。当生命在某些方面受控较少时，它所自发生长繁衍的规律就无声无息地向裴波那契数列靠拢过来。这是大自然的旨意，是天意！

### 2. 大自然的儿子——Ψ

近年来我们才逐渐认识了黄金分割——Ψ，明白了我们的书本只有按照黄金分割制作看起来才最顺眼、最美，但书本却不太按照黄金分割比例制作了，五花八门，有的很窄，有的见方，弄得我们往书架上放都不好放。不知人们为什么不太喜欢过去那种最顺眼、有最美的比例的书本了。

（1）黄金分割率的几何求法：

已知：线段 AB（如图）

求：线段的黄金分割点

解：

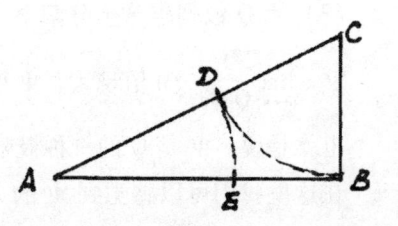

作 $BC = \frac{1}{2}AB$，且 $BC \perp AB$

连接 AC

以 C 为圆心，CB 为半径，作圆交 AC 于 D

以 A 为圆心，AD 为半径，作圆交 AB 于 E

则 E 点是线段 AB 的黄金分割点。

证明：

假设 AB = 2，则 BC = $\frac{1}{2}$AB = 1，AC = $\sqrt{5}$

则 AE = $\sqrt{5} - 1$

∴ $\frac{AE}{AB} = \frac{\sqrt{5}-1}{2}$

又∵ BE = AB − AE = 2 − ($\sqrt{5} - 1$) = 3 − $\sqrt{5}$

∴ $\frac{BE}{AE} = \frac{3-\sqrt{5}}{\sqrt{5}-1} = \frac{(3-\sqrt{5})(\sqrt{5}+1)}{(\sqrt{5}-1)(\sqrt{5}+1)} = \frac{3\sqrt{5}-5+3-\sqrt{5}}{4} = \frac{\sqrt{5}-1}{2}$

∴ $\frac{BE}{AE} = \frac{AE}{AB}$

这个 $\frac{\sqrt{5}-1}{2}$ 就是黄金分割率

$\Psi = \frac{\sqrt{5}-1}{2} = 0.61803398875… \approx 0.618$

（2）黄金分割率的代数求法：

$X_2 - X - 1 = 0$

用公式法：$X = \frac{-b \pm \sqrt{b^2-4ac}}{2}$，得 $X = \frac{-1 \pm \sqrt{1+4}}{2}$

$X_1 = \frac{\sqrt{5}-1}{2}$     $X_2 = \frac{-\sqrt{5}-1}{2}$

$X_2 \leq 0$，负值舍去

（3）用 Q 数列求黄金分割率

$\Psi = \lim\limits_{n \to \infty} \frac{Q_n}{Q_{n+1}}$（n 值越大，$\Psi$ 值精确度越高）

也就是说，$\Psi$ 是 Q 的一种极限值。

在这里我们可以感觉到 $\Psi$ 的力量，一种无所不在、不可抗拒的力量。当 Q 发展到无穷时，Q 就变成了 $\Psi$。这说明了什么？不正说明生命在那些不易统计的、由亿万个细胞才能组成的形体上，应该无处不在地显示出黄金分割率的存在吗？裴波那契数列是由动物、植物一代一代地繁衍才展示出来的规律，因为它们是离散的，是可数的。在人类的眼中，它们是易于区分的。所以它们遵循着裴波那契数列的规律。而当生命由有限走向无穷、由离散型变为连续型时，就是由个体走向群，走向不可计数的群体。而这正是细胞组成大型生命体。由种子、胚胎开始发育成长时，由一个受精卵开始向亿万个细胞群体生长时，它们的生长繁殖和之后长成的形体，当然是由黄金分割率来控制了。难怪在自然界，在我们人类——天之骄子的身上能发现不少黄金分割率的烙印呢。这是天意，是大自然的烙印，是我们赖以生存的星体（地球）的烙印啊！

（3）$\Psi$ 的性质与应用

黄金分割率的性质是如此特别，那个分割点竟然神奇到这种地步。

$\Psi = 0.618 \quad 1/\Psi = 1.618$

$1/\Psi - \Psi = 1.618 - 0.618 = 1$

$1/\Psi \times \Psi = 1.618 \times 0.618 = 1$

$1/\Psi \times 1/\Psi = 1.618 \times 1.618 = 2.618$

这种差积相同性和多种运算中的尾数不变性，真是独一无二、世间少有的怪事。

$\Psi$——代代相传生命世界之法则，所以说它是大自然的儿子，可称为自然率。

自然率是大自然的儿子，是大自然中生物的灵魂。$\Psi$ 的形象处处可见，人体——大自然的精灵是最好的一例。

除人体之外，大自然中体现出来的黄金分割率更是数不胜数。香港的冯庆辉先生在他的名著《阴阳五行与五饼二鱼》中对此有很多论述。

自然率有着太多太多的表现，也有着太多太多的应用，这不难理解，因为黄金分割率是自然界的生命之魂。然而主动把自然率应用于科学研究的，应该首推中国数学家华罗庚。

### 3. 华罗庚与优选法

华罗庚是我国最著名的数学家之一，他不但学识渊博，而且非常重视数学的普及工作。他认为，只有工人、农民等大众掌握了科学，才能使科学发挥出最大的作用。他经常在百忙之中抽出时间带领学生去工厂、农村讲课，用通俗的语言、形象的比喻，把优选法的知识教给大家。这是无形

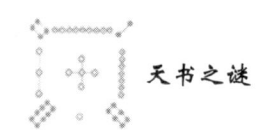

的财富，可以给国家带来很高的经济效益。这里我们简单介绍一下《优选法》（中国科学院数学研究所运筹室优选法小组著，科学出版社，1975年，第6页）一书中的0.618法和分数法。

最常遇见的是这样的情况，我们仅知道在试验范围内有一个最优点，再大些或再小些试验效果都会差，而且距最优点越远试验效果越差。这种情况的目标函数，叫作单峰函数。前面讲到的单调函数可以看成是单峰函数的特殊情景。

对于一般的单峰函数，平分法不适用，可以采用0.618法和即将介绍的分数法。0.618法的做法是：第一个试验点$x_1$设在试验范围$(a, b)$的0.618位置上，第二个试验点$x_2$取成$x_1$的对称点，即

$x_1 = a + 0.618 (b - a)$          (1)

$x_2 = a + b - x_1$            (2)

如果称a为试验范围的小头，b为试验范围的大头，公式（1）、（2）可以通俗地写成

第一点 = 小 + 0.618（大 - 小）      (1)'

第二点 = 大 + 小 - 第一点         (2)'

公式（2）、（2）'叫作对称公式。

用$f(x_1)$和$f(x_2)$分别表示在$x_1$和$x_2$上的试验结果。如果$f(x_1)$比$f(x_2)$好，$x_1$是好点，于是把试验范围$(a, x_2)$划去，剩下$(x_2, b)$。如果$f(x_1)$比$f(x_2)$差，$x_2$是好点，这就应当划去$(x_1, b)$而保留$(a, x_1)$。下一步是在余下的范围中找好点。在前一种情形中，$x_1$的对称点为$x_3$，在$x_3$中安排第三次试验，用对称公式计算有

$x_3 = x_2 + b - x_2$；

在后一种情形中，第三个试验点$x_3$应是好点$x_2$的对称点，也就是：

$x_3 = a + x_1 - x_2$；

如果$f(x_1)$和$f(x_2)$一样，则应具体分析，看最优点在哪一边，再决定取舍。在一般情况下，可以同时划掉$(a, x_2)$和$(x_1, b)$，仅留中间的$(x_2, x_1)$。然后把$x_2$看成新的a，把$x_1$看成新的b，

在范围（$x_2$, $x_1$）中再用公式（1）、（2）重新安排两次试验。

　　无论出现上述三种情况中的哪一种，在新的试验范围内，又有两次试验可以比较。根据试验结果，再去掉一段或两段试验范围，在留下的试验范围中再找好点的对称点，安排新的试验。这个过程重复进行，直到找出满意的试验点，得出比较好的结果；或者留下的试验范围已很小，再做下去，试验结果差别不大，亦可就此中止。

　　顺便提一下，公式（2）、（2）'还可以用折纸的办法求得。即按试验范围的大小截取一段纸条，第一个试验点 $x_1$ 的位置也按比例标上去，然后把纸条对折，和 $x_1$ 重合的点就是 $x_2$。根据原来标好的读数，$x_2$ 的数值一望便知。在留下的试验范围内，再用对折法找出与上次试验的好点重合的点，就是新的试验点。

　　**分数法：**

　　分数法也是适合单峰函数的方法，它和 0.618 法的不同之处在于要求预先给出的试验总数（或者知道试验范围和精度，这时试验总数就可以算出来了）。在这种情况下，用分数法比 0.618 法方便。

　　首先介绍裴波那契级数：

　　1，1，2，3，5，8，13，21，34，55，89，144 …

　　用 $Q_0$, $Q_1$, $Q_2$ … 依次表示上述数串，它们满足递推关系：

　　$Q_n = Q_{n-1} + Q_{n-2}$　　　　（n > 2）

　　当 $Q_0 = Q_1 = 1$ 确定之后，裴波那契级数就完全确定了。

　　现在分两种情况叙述分数法：

　　1) 所有可能的试验总数正好是某一个 $Q_{n-1}$，这时前两个试验点放在试验范围的 $Q_{n-1}/Q_n$ 和 $Q_{n-2}/Q_n$ 位置上，也就是先在第 $Q_{n-1}$ 点和第 $Q_{n-2}$ 点上做试验。

　　比较两个试验结果，如果第 $Q_{n-1}$ 点好，划去第 $Q_{n-2}$ 点以下的试验范围；如果第 $Q_{n-2}$ 点好，就划去第 $Q_{n-1}$ 点以上的试验范围。在留下的试验范围中，还剩下 $Q_{n-1} - 1$ 个试验点。重新编号后，其中第 $Q_{n-2}$ 和第 $Q_{n-3}$ 个分点，有一个是刚才留下的好点，另一个是下一步要做的新试验点。两个结果比较后，和前面的做法一样，从坏点把试验范围切开，短的一段不要，留下包含好点的长的一段，这时新的试验范围就只有 $Q_{n-2} - 1$ 个试验点了。以后的试验，照上面的步骤重复进行，直

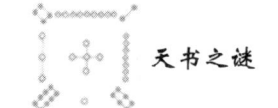

到试验范围内没有应该做的点。

很容易看出，用分数法安排上述试验，在 $Q_{n-1}$ 的试验中，最多只需做 n-1 个就能找到它们中最好的点。在试验过程中，如遇到一个已满足要求的好点，同样可以停下来，不再去做后面的试验。利用这种关系，根据可能比较的试验数马上就可以确定实际要做的试验数；或者是由于客观条件的限定，能做的试验数，比如最多只能做 k 个，我们就把试验范围均分成 $Q_{K+1}$ 等分，在第 $Q_{K+1}-1$ 个分点安排试验，这样可以使 k 个试验的结果达到最高的精确度。

2）所有的试验总数大于某一 $Q_{n-1}$，而小于 $Q_{n+1}-1$。只要在试验之外虚设几个试验点，凑成 $Q_{n+1}-1$ 个试验，就化成 1）的情形。对于这些虚设点，并不真正做试验，直接判定其结果比其他点都坏，试验往下进行。很明显，这种虚设点并不增加实际试验次数。分数法与 0.618 法的区别只是用分数 $Q_{n-1}/Q_n$ 和 $Q_{n-2}/Q_n$ 代替 0.618 和 0.382 来确定试验点，以后的步骤相同。一旦用 $Q_{n-1}/Q_n$ 确定了第一个试验点，以后根据公式（2）即可确定其余的试验点，也会得出完全一样的试验序列来。

由上面我们可以看出两种方法的差别就在于 0.618 法对应的是无级增量，精确值是由折线的刻度所对应出来的。这个折点也并不好求，要先算再量，再折，再对应试验数据。而分数法使用的是对离散型研究对象极为有效的裴波那契级数，事先要把待优选的试验参数定出增长台阶，这起码在有效数字上可以少一些。然后把总台阶数定为 Q 数中的一个，就可以开始试验了。

对于每一种试验，都要事先选择好大小两个端点。从理论上说，"人能认识的只能是个体，是系统，是有界的东西。个体的边界是由我们自己划定的。认识就是对比，就是区别。质的差别是感官易于区别，量的差别是感官难于区别"。

所以两个端点的选定，就是通常说的要先找出质的差别来。因为"个体的边界是由我们自己划定的"，端点以外的量是我们大家所公认的，或是优秀技术人员判断的。总之，是我们易于区别的边界。在两端点之间，则是我们拿不准的、难以区别的量变范围。但是这个范围中的每一点，经过试验后其结果又是我们易于区别的变化了。在自然界、在我们难以区别的范围内，黄金分割点往往是我们所要得到的最佳点。如果不是点，是一个范围，那也肯定是一个最佳小范围。再次重复上述方法，我们就能很快地找到最佳点。这个原因不是别的，正是地球的总烙印原本如此，它管理着生命体或非生命体的变化过程。

据说一条商业街上最好的位置就在两个黄金分割点上，那才真是万人难求的风水宝地。根据此思路，我们的确可以在更广阔的领域开发自然率的应用。

### 4. Ψ 与洛书

洛书也是我们远古祖先留下的文化遗产，它有着与河图同样的历史。传说大禹时期，有一只神龟从洛河中浮出水面，它背上就有许多圈点组成的图案。因为是从洛河中得到的，所以称为洛书。我们则认为这是大自然留给我们的天书。其实形式并不重要，重要的是洛书有丰富的内涵。

| 4 | 9 | 2 |
|---|---|---|
| 3 | 5 | 7 |
| 8 | 1 | 6 |

洛书的数与位

洛书既出，那么值也一下子就看出来了。洛书最下面一行，自右向左看不正是 618 么？这正是黄金分割率值 0.618 的三位有效数字。Ψ 值所表现的是一矩形的长与宽的比例，而这 0.618 不也正是占据了图形的一个底边并显示它与侧边的比例吗？好了，这又是一个不但是数字相符、形也相似的例子。大自然真是看中了我们的祖先，在手把手地教他们呀！而且也知道我们的祖先开始书写的顺序是自右向左！

裴波那契级数 Q 和黄金分割率 Ψ 是大自然的第二个宝贝，是大自然派来统管大地的天使。有天使在，世上万物才不会乱来。

## 三、神秘的 e

在科学的殿堂里，e 是最神秘的一个参数，它的身世与个性一直是个谜，没有学过高等数学的人永远体会不到 e 的神通广大。没有 e 的存在，这个宏大壮丽的殿堂就会残破不全，就会倒塌数间。没有 e 的存在，无限时空中的万物、生命就会受到伤害……

### 1. e 的来源

欧洲 16 世纪到 18 世纪的 300 年间，正是天文学发展异常迅速的年代。大量天文学数字的计算几乎忙昏了那些天文学家的头脑。生产的发展，尤其是天文学的发展，对数学家们提出了迫切的要求，希望他们能尽快找出一种新的计算方法，来减轻天文学家的计算劳动。因为当时只有加减乘除、乘方、开方三种运算，天文学家对于天体的运动要进行浩繁的计算，而且数值巨大，精度要求又高，真是让他们苦不堪言。

当时的数学家们也都在苦苦寻找新的计算方法。首先是英国数学家内皮尔（J. Napier，1550—1617）发明了数学运算中的第四种运算，这就是对数运算。他是受三角公式的启发，没有涉及指数而发明了对数。1614 年，他著书阐述了对数的性质（书后附有对数表）。

我们大家都知道：$2^3 = 8$，$\log_2 8 = 3$。

我们称 2 的 3 次方等于 8，3 是以 2 为底 8 的对数。或者说，以 2 为底 8 的对数等于 3。用函数表示：

$$y = \log_a X \qquad (a \neq 1，且 a > 0)$$

x 为对数 y 的真数，而且把 x 和 y 的函数关系叫作对数函数。有了对数函数，天文学家的计算就轻松多了。因为对数函数有这样的性质：

$$\log_a(MN) = \log_a M + \log_a N \qquad \log_a M^N = N\log_a M$$

$$\log_a \frac{M}{N} = \log_a M - \log_a N \qquad \log_a \sqrt[N]{M} = \frac{1}{N}\log_a M$$

有了这些法宝，各种数学运算都降了一级，乘除变成了加减，乘方、开方变成了乘除，而乘除呢，还能再次使用对数变成加减，真是太方便了！但接踵而来的问题是，要有一个精确的、多位数的对数表。正是对数表的制作忙坏了数学家们。

一般在计算中，我们常用以 10 为底的对数。因为常用，所以称为"常用对数"，且在符号上也得到简化：$\log_{10} X = \lg X$

在当时有过多种数为底的对数表，其中就有一种以 e 为底的对数。它也常用，故简化为：$\log_e X = \ln X$。其他的以各种数为底的对数表慢慢都不存在了，只有以 10 为底的对数和以 e 为底的对数留了下来。为什么呢？我们看下面的例子。

表1

|  | 2 | 3 | 4 | 5 |
|---|---|---|---|---|
| lg | 0.3010 | 0.4771 | 0.6021 | 0.6990 |
| ln | 0.6931 | 1.0986 | 1.3863 | 1.6094 |
| σ1 | 0.1761 | 0.1250 | 0.0969 | 0.0792 |
| σ2 | 0.4055 | 0.2877 | 0.2231 | 0.1824 |

我们取 2、3、4、5、6、7、8、9 共 8 个数字，然后分别从常用对数表和自然对数表中查出它们的对数值的差，就会看出一些区别来。

表2

|  | 6 | 7 | 8 | 9 |
|---|---|---|---|---|
| lg | 0.7782 | 0.8451 | 0.9031 | 0.9452 |
| ln | 1.7118 | 1.9459 | 2.0794 | 2.1972 |
| σ1 | 0.0669 | 0.0580 | 0.0511 | lgNn − lgN |
| σ2 | 0.1541 | 0.1335 | 0.1178 | LnNn − LnN |

σ1 = lg9 − lg2 = 0.6532    lnσ2/lgσ1 = 1.68

σ2 = ln9 − ln2 = 1.0986

这说明取同样数值，常用对数值要比自然对数值密集得多。这样对计算是不利的。而采用自然对数时，它的对数值分布就疏松许多，这对于很多计算就方便多了。所以自然对数与常用对数一起并列流传下来。但后来造成工程计算大量使用常用对数，而自然科学家们则偏爱自然对数，这之中则是另有原因，据说这是 e 的来源之一。

还有另一种说法，e 是微积分逼出来的（如果读者阅读本章有困难，也可跳过不读。因为这与最后概念的建立影响不大。但 e 的表述是实在做

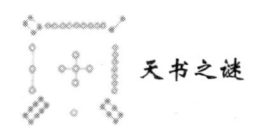

不到太浅显。作者如真是把 e 解释得明明白白,那就无异于一本高等数学的教科书了)。

在微积分学中有几个最基本的函数求导:

| Y = c | Y = Xn | Y = sinX | Y = ax |
| --- | --- | --- | --- |
| y´= 0 | y´= nXn − 1 | y´cosX | y´= ? |
| 常数 | 幂函数 | 三角函数 | 指数函数 |

这简直是在逼着 e 出现了。我们再看对数函数的导数如何求。

$$\frac{dy}{dx} = \lim_{\Delta x \to 0} \frac{\log_a (x + \Delta x) - \log x}{x}$$

$$= \lim_{\Delta x \to 0} \frac{1}{\Delta x} \log_2 \frac{x + \Delta x}{x}$$

$$= \lim_{\Delta x \to 0} \frac{1}{\Delta x} \log_2 (1 + \frac{\Delta x}{x})$$

令 $\frac{\Delta x}{x} = h$,$\Delta X = hx$,当 $\Delta x \to 0$ 时,$h \to 0$

而 $\frac{1}{\Delta x} = \frac{1}{x} \frac{1}{h}$,从而

$$\frac{dy}{dx} = \lim_{\Delta x \to 0} \frac{1}{x} \frac{1}{h} \log_2 (1 + h) = \lim_{\Delta x \to 0} \frac{1}{x} \log_2 (1 + h)^{\frac{1}{h}}$$

$$= \lim_{h \to 0} \frac{1}{x} \log_2 (1 + h)^{\frac{1}{h}} = \frac{1}{x} \log_2 \lim_{h \to 0} (1 + h)^{\frac{1}{h}}$$

其中如果最后一项 $\lim_{h \to 0} (1 + h)^{\frac{1}{h}}$ 能用一个数表示出来,那导数结果就太简单了。最早发现此值的人是瑞士著名的数学家欧拉,他以自己姓名的字头小写 e 命名此无理数 2.71828…

即:$e = \lim_{h \to 0} (1 + h)^{\frac{1}{h}} = 2.71828\ldots$

由此得出自然数 e 的定义为:

$$e = \lim_{h \to 0} (1 + h)^{\frac{1}{h}}$$

由此我们再来看 $y = \log_2 X$ 的求导

$$\frac{dy}{dx} = \lim_{\Delta x \to 0} \frac{\log_a (x + \Delta) \ \log_a x}{x} = \cdots = \frac{1}{x} \log_a e \quad (1)$$

如对数底 a 取 e 代替,令 e = a

则 (1) $= \frac{1}{x}\log_a e = \frac{1}{x}$，即 $y = \ln xy' = \frac{1}{x}$

因而有必要建立一个以 e 为底的对数。

2. e 的求法

建立自然对数首先要求出 e 的精确值来。在求 e 的过程中，人们才逐渐发现 e 是一个函数的极限，是一个永远不循环的小数，即无理数，而且以后又被证明是超越数。

求 e 的值当然可以直接由 e 的定义去求，我们可以这样做：

$e = \lim_{\Delta h \to 0}(1+h)^{\frac{1}{h}}$，令 $\frac{1}{h} = 1000$，则 $e \approx (1+\frac{1}{1000})^{1000}$

$e = \lim_{\Delta x \to 0}(1+x)^{\frac{1}{x}} \approx 1.001^{1000}$

虽然括号里很易求出，但括号外的 1000 次方做起来就不是那么容易了。就是有对数表，算起来也还是不容易。我们用计算器算得：

$e \approx 1.001^{1000} \approx 2.716923932236$

但此数第三位小数就错了。再继续，求得：

x = 10⁴　　　　e = 2.718145926825

x = 10⁵　　　　e = 2.718268237174

x = 10⁶　　　　e = 2.718288469319

x = 10⁴　　　　e 精确到小数点后第三位

x = 10⁵　　　　e 精确到小数点后第四位

x = 10⁶　　　　e 精确到小数点后第五位

自乘 10000 次，才精确到小数点后第三位。说难也不难！当然，后来欧拉又找到较容易的计算方法，这就是利用级数来求 e 值。欧拉的公式是：

$e = 1 + \frac{1}{1!} + \frac{1}{2!} + \frac{1}{3!} + \cdots + \frac{1}{n!} + \cdots$

这个公式是怎么来的？初看上去真是简洁、优美，但级数中的每一项 $\frac{1}{n!}$ 中那个 n! 是怎么推导出来的，该是很有趣味吧？那么我们就来推导一下，顺便也探索一下大数学家欧拉的思路。

3. 欧拉公式

欧拉认为任何函数都能用级数形式表现出来。欧拉首先使用泰勒级数。

$$f(x) = f(x_0) + f'(x_0)\frac{x-x_0}{1!} + f\frac{(x-x_0)^2}{2!} + \cdots + f^{(n)}(x_0)\frac{(x-x_0)^n}{n!}$$

如果 x 定义域中 x 可以为 0，则公式还可以简化。我们知道，

$y = e^x$　　设 $x = 0$　　则 $e^x = e^0 = 1$

则公式简化为麦克劳林级数：

$$f(x) = f(0) + f'(0)\frac{x}{1!} + f''(0)\frac{x^2}{2!} + \cdots + f(n)(0)\frac{x^n}{n!} + \cdots$$

又 $\because y = e^x$　　$y' = y'' = \cdots = y(n) = e^x$

所以对于 $e^x$ 的麦克劳林级数

$$e^x = e^0 + e^x\frac{x}{1!} + ex\frac{x^2}{2!} + \cdots + e^x\frac{x^n}{n!} + \cdots$$

我们取 $x = 1$，则

$$e = e^0 + e^0\frac{x}{1!} + e^0\frac{x^2}{2!} + \cdots + e^0\frac{x^n}{n!} + \cdots$$

又 $\because e^0 = 1$

$$\therefore e = 1 + \frac{1}{1!} + \frac{1}{2!} + \frac{1}{3!} + \cdots + \frac{1}{n!} + \cdots$$

e 的级数是所有级数中最简洁的一种级数。如果说还有几个级数比它更简洁的话，那是因为它们是建立在 e 的基础上的级数。比如：

$$L_n(1+x) = x - \frac{x^2}{2!} + \frac{x^3}{3!} - \frac{x^4}{4!} + \cdots + (-1)n - 1 + \frac{x^n}{n!}\cdots$$

$(-1 < x \leq 1)$

$$\ln\frac{1+x}{1-x} = 2(x + \frac{x^3}{3} + \frac{x^5}{5} + \frac{x^7}{7} + \cdots + \frac{x^{2n-1}}{2n-1})　(|x| < 1)$$

等等。没有 e，它们是绝对不能简化到如此地步的。

现在我们有了 e 的展开式，就来求一下 e 值吧。

$$e = 1 + \frac{1}{1!} + \frac{1}{2!} + \frac{1}{3!} + \cdots + \frac{1}{n!}\cdots$$

取 2 项：$e \approx 1 + 1 = 2$

取 3 项：$e \approx 1 + 1 + \frac{1}{2} = 2.5$

取 4 项：$e \approx 1 + 1 + \frac{1}{6} + = 2.666\ldots \approx 2.6$

取 5 项：$e \approx 1 + 1 + \frac{1}{2} + \frac{1}{6} + \frac{1}{24} = 2.70833... \approx 2.7083$

取 6 项：$e \approx 1 + 1 + \frac{1}{2} + \frac{1}{6} + \frac{1}{24} + \frac{1}{120} \approx 2.716$

取 7 项：$e \approx 1 + 1 + \frac{1}{2} + \frac{1}{6} + \frac{1}{24} + \frac{1}{120} + \frac{1}{720} \approx 2.71805$

取 8 项：$e \approx 1 + 1 + \frac{1}{2} + \frac{1}{6} + \frac{1}{24} + \frac{1}{120} + \frac{1}{720} + \frac{1}{5040} \approx 2.718253$

与 $e = 2.71828...$ 非常接近

大家看，第 8 项运算就可以求到 e 小数点后第 4 位的精确值，这是多快的速度。比起前面用定义求法要自乘到 100000 才能与此相比，真是天壤之别啊！

4. **e 的趣事**

e 的趣事很多，我们对 e 很感兴趣。它一直吸引着我们，但又处处为难着我们，就像薄雾中的一个仙女，你能看见她，但却永远看不清。

（1）$\frac{1}{n!}$ 的来源

首先提到我们在数学上的一个证明，看懂了这个证明也就弄懂了 e 的级数展开式中 $\frac{1}{n!}$ 的来历了。我们做的数学证明题是"牛顿二项式定理 = 泰勒展开式"。证明之前还要介绍一下排列组合和杨辉三角形。

排列组合是日常就能遇到的问题。比如 4 个人出去游玩，在一风景区拍照，每 2 个人拍一张可拍多少张？从中可知道是 6 张。这就叫组合。如 4 人一齐拍照，可拍几张不同的照片？这就是排列了，而且是全排列。排列公式：

选排列 $A_m^n = \frac{m!}{(m-n)!}$，全排列 $P_n = A_n^n = n!$

组合 $C_m^n = \frac{m!}{n!(m-n)!} = C_m^{m-n}$

$C_m^n P_n = \frac{m! \cdot n!}{n!(m-n)!} = \frac{m!}{(m-n)!} = A_m^n$ ∴ $C_m^n = \frac{A_m^n}{P_n}$

二项式传说是牛顿发明的，一般表示为 $(x+h)^m$，它的通项公式

$U_n = C_m^n X^{m-n} h^n$ （$n = 0, 1, 2...$）

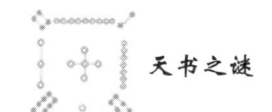

初中时我们就学过它的最小的几个二项式：

$(a+b)^2 = a^2 + 2ab + b^2$

$(a+b)^3 = a^3 + 3a^2b + 3ab^2 + b^3$

二项式的系数组成：

$(a+b)^0$　　　　　　1

$(a+b)^1$　　　　　　1　1

$(a+b)^2$　　　　　1　2　1

$(a+b)^3$　　　　1　3　3　1

$(a+b)^4$　　　1　4　6　4　1

$(a+b)^5$　　1　5　10　10　5　1

……………………

这个系数组成在13世纪的中国就有了，这就是杨辉三角形。

杨辉（约13世纪），字谦光，钱塘（今浙江杭州）人，南宋数学家。著有《详解九章算法》十二卷（1261年）、《日用算法》二卷（1262年）、《乘除通变算宝》三卷（1274年）、《田亩比类乘除捷法》二卷（1275年）、《续古摘算法》二卷（1275年）。在《乘除通变算宝》中列有"九归"口诀，介绍筹算乘除的各种简捷算法。

杨辉的这些成就是13世纪发表的，起码要比16世纪才出生的牛顿要早300年左右。我们的证明用牛顿二项式定理，主要是因为牛顿在世界上的影响大一些。

牛顿二项式定理 = 泰勒展开式

证明：二项式 $(x+h)^m$

通项 $U_n = C_m^n X^{m-n} h^n$　　　　　　$(n=0, 1, 2…)$

泰勒展开式通项 $U_n = f(n)(X_0) \dfrac{(x-x_0)^n}{n!}$

这里∵ $A_m^n = m(m+n)(m-2)\cdots(m-n+1)$

$C_m^n = \dfrac{A_m^n}{P} = \dfrac{A_m^n}{n!}$　　设 $h = (X - X_0)$　$X = X_0$，则

∴ $U_n = C_m^n X^{m-n} h^n = A_m^n \dfrac{1}{n!} X^{m-n} h^n$

　　$= (A_m^n X_0^{m-n}) \dfrac{(x-x_0)^n}{n!}$　[其中 $A_m^n X_{m-n} = f(n)(X_0)$]

$$= f(n)(X_0) \frac{(x-x_0)^n}{n!}$$。证毕

现在我们知道了 $\frac{1}{n!}$ 的来源,它是全排列在推导过程中留下来的。

(2) 神秘的 e

级数是三角函数、幂函数、指数函数等各种函数之间相互沟通的桥梁,是解开 $e^x$ 谜的无限可导而结果不变的数学工具。

级数是多项式,是函数中最简单的一种形式,它第一次使无穷走向有限。不但求导可变成各单项式单独求导,就是积分也是如此。

$$e^x = 1 + \frac{x}{1!} + \frac{x^2}{2!} + \frac{x^3}{3!} + \cdots + \frac{x^n}{n!} + \cdots$$

$$(e^x)' = 0 + 1 + \frac{2x^2}{2!} + \frac{3x^3}{3!} + \cdots + \frac{nx^{n-1}}{n!} + \frac{(n+1)x^n}{(n+1)!} + \cdots$$

$$= 0 + 1 + \frac{x}{1!} + \frac{x^2}{2!} + \cdots \frac{x^{n-1}}{(n-1)!} + \frac{x^n}{n!} + \cdots$$

$e^x$ 的导数只不过是使级数向右移动了一个位置,形式并无改变。e 是无穷的,当然 $e^x$ 也会走向无穷,再加一项也无妨。这就是 $e^x$ 求导不变性的根本原因。就像一个斜面,在不断地被腐蚀中,只能向一个方向推移,但斜面的倾斜度却是始终不变的,就像是被不断地一层一层扒皮一样。它们的前后组成了无数个相似形。再说 e 是太神秘了,因为它是一种极限,而且是一种特殊的极限。

$$e = \lim_{x \to \infty} \left(1 + \frac{1}{x}\right)^x = 2.71828\cdots$$

$\lim_{x \to \infty} \frac{1}{x} = 0$,我们定为 θ,1 + θ = 1

这个等式数学家们不敢写,但是他们也绝不承认 1 + θ 与 1 有什么区别。明眼人一看就知道前者多一个 θ,但数学家们可不敢说。那么好,我们也认为两者间没有区别。

$1^m = 1$(m 是一个很大很大的数)

但是 $1^\infty = (1 + \theta)^\infty = e$

因为任何看似不变的东西,在亿万万年的时间长河中,也会发生变化。有科学家说过,在宇宙空间里,只要平均每 5000 年在一立方米内产生出一个氢原子,就可再造一个宇宙。

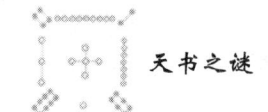

对 1 进行乘方，万次不行，亿次不行，但是一直没完没了地乘下去，它也会受不了的。

所以我们坚信：$1^\infty = e$

(3) e 是超越数

法国数学家厄米（C. Hermite, 1822—1901）已于 1873 年证明了 e 是超越数。之后不久，德国数学家林德曼（F. Lindeman, 1852—1918）于 1882 年证明了 e 是超越数（e 是超越数的证明，已超出本书的范围，读者可在一些专著中查到。定义超越数，是说它们不是有理数系数方程的解）。

虽然很多数是超越数，比如 $3^{\sqrt{2}}$、$e^x$、$i2^i$ 等，甚至说在数轴上一一对应起来，超越数比实数还要多，但真正有价值的超越数还就是 e 和 π。e 和 π 是大自然的宝贝，是各管一方的统帅，岂是那些无名小卒可比的！

瑞士大数学家欧拉还有两个著名公式：

$e^{ix} = \cos X + i\sin X$        (1)

$e^{i\pi} + 1 = 0$          (2)

在（1）中设 $X = \pi$    $\sin\pi = 0$    $\therefore i\sin\pi = 0$

$e^{ix} = \cos\pi = -1$

公式（1）证明如下：

$\because e^x = 1 + \dfrac{x}{1!} + \dfrac{x^2}{2!} + \dfrac{x^3}{3!} + \cdots + \dfrac{x^n}{n!} + \cdots$    令 $x = it$

$e^{it} = 1 + \dfrac{t}{1!} + \dfrac{(it)^2}{2!} + \dfrac{(it)^3}{3!} + \dfrac{(it)^4}{4!} + \cdots$

$= 1 + i\dfrac{t}{1!} - \dfrac{t^2}{2!} - i\dfrac{t^3}{3!} + \dfrac{t^4}{4!} + i\dfrac{t^5}{5!} + \cdots$

$= (1 - \dfrac{t^2}{2!} + \dfrac{t^4}{4!} - \cdots) + i(t - \dfrac{t^3}{3!} + \dfrac{t^5}{5!} - \cdots)$

$= \cos t + i\sin t$

$\therefore e^x = \cos t + i\sin t$。证毕。

这样我们就会发现，e 和 π 这两个超越数和虚数单位之间存在着一种难以置信而又一目了然的密切关系。这里出现的 e、i、π、-1、0 五个数都是十分重要的常数。法国巴黎的发明宫中有一个数学史陈列室，其中古代数学部分与近代数学部分的间墙上，就悬挂着这个公式。这是非常值得深思的。因为 π 和 e 是最重要的超越数，负数和虚数又标志着数系发展的两个阶段，它们在这个公式中奇妙地统一起来，这是十分有意义的。另外，欧拉公式又指出了三角函数和指数函数的相互关系。这是数学理论上一个十分重要的公式。

我们这里还有一个公式：$e^{\pi\Psi} \approx 7$

三个河洛之数竟然也凑出个 7 来。因为这全是河洛之数，我们按河洛显示取值。

$\pi = 3.142$      $e^{\pi\Psi} \approx 6.97071759617$

$\Psi = 0.618$      $\approx 6.97$

$e = 2.7183$      $\approx 7$

而这个 7 又是个大有学问的数字，我们将放在后面章节介绍。

### 5. e 的神通

e 的神通主要的一方面是在高等数学里。下面只是举出一些公式的名称，大家就可以看出高等数学离开 e 真是不行呢！

（1）概率

正态分布，瑞利分布，x 分布。

（2）两种变换

富里哀变换，拉普拉斯变换。

（3）常微分方程

一次型（通解），伯努利方程（通解），变系数二阶线性方程（齐次型）。

（4）常系数线性方程：

二阶齐次方程（通解有三个），高阶齐次方程（通解）。

（具体公式我们可以去看《数学手册》，这里不一一列出。我们并不想进行进一步的分析，只要大家看出公式中都有 e 的存在就可以了。）

自然界任何的变化从时间来说都是无穷积累的过程，而这恰恰离不开 e，因为 e 正是无穷积累的结果。

### 6. e 与洛书

《洛书》的来历就不必再说了。顺着右侧望去，那不正是 2.718 吗？e 的代表函数是 $e^x$，一切魔力由 $e^x$ 而来。图中的曲线不正是 $e^x$ 的曲线吗？所以，我们说这又是一个不但数字相符而且曲线相同的重要函数。

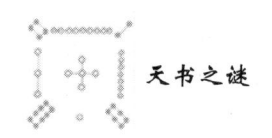

| 4 | 9 | 2 |
|---|---|---|
| 3 | 5 | 7 |
| 8 | 1 | 6 |

**洛书的数与位**

大家回想一下，大自然的三个宝贝 π、Ψ、e，不但威力无比，而且在河洛的表示上都是数同形也同。只是凑巧吗？不！这不是巧合，而是包含了大自然在造物中所表现出来的极强的规律性。

人们在发现 π、Ψ、e 之始，绝对没有想到与中国远古的河洛有什么联系，甚至使用多年也未深刻地认识到它们的基本性和重要性。但是河洛出现在几千年前，当时人类还没有文字，甚至还没有多少语言，它就出现在中华大地上。大自然的意志、史前文化的精华也许大部分就沉淀在这河洛的无字天书之中。

## 四、理想收缩率

在无边无际的茫茫宇宙、在几百亿年的漫漫旅途中，存在着、生存着各种各样的天体。这些天体无论是宇宙大爆炸形成的，还是超新星爆炸形成的，它们有着很多相同之处，其大部分都像我们的太阳一样，是发光的恒星。也有伴星或是行星，而行星周围也有卫星围绕着行星在运转。另外，在宇宙间还有红巨星、白矮星、超新星、黑洞、白洞等等，它们组成星系、超星系、总星系，它们也有诞生、成长、衰老和死亡。不过物质不灭，它们死亡之后会转化为另一种东西——另一种天体。生生不息，变化不止，这就是我们的宇宙，这就是永恒的道理。

绝大部分天体只要不是处在巨变之中，就都是一个球体。这是物质聚集后的必然结果，也是自由天体在宇宙空间的唯一形状。这一个球形天体除了自转和围绕中心体公转外，自身还进行着长期的、不断的内部运动。这运动主要是轻则上浮，重则下沉的收缩运动。这是物质世界的根本属性。

因为任何个体或系统的最终分界都是空间，就是说它们最终都必须和空间保持平衡，而空间不过是我们看不见的物质。边界处只是我们甄别空间和物质的基线。离基线越远，空间和物质的差别就越大。这就是为什么中心或中心体的密度总是最大，因为中心体离边界最远，因此它的物质性也最强。

球形天体在长期的成长过程中，不断地进行着内部的收缩运动。因为天体都是由不同的元素构成，所以密度较小的元素就上浮，密度较大的元素就下沉。当天体受外界影响较小时，它就会呈现一种理想收缩率。经过科学家的计算，这个理想收缩率是0.834。或者说在不同层次上密度不同，相邻的层次理想密度梯度为1.618。这个理想密度梯度竟然是黄金分割率，简直太让人惊讶了。这也说明黄金分割率这个大地的指挥官不但管理着大自然，也管理着天体的密度分布，真是法力无边啊！

我们必须深刻理解这个收缩率所包含的带有根本性的意义。它实际体现了物质在空间分布密度上由外向里不断增加的规律。物质的分布总是不均匀的，它总是体现出由中心向外辐射的趋势。我们发现许多星系都有核，还存在转臂，这就体现出物质的这种结构规律。

### 1. 我们周围的天体

宇宙空间存在引力与斥力，这是物质运动的根本原因。万有引力是我们大家都很熟悉的一种力，是普遍存在的，它在星体之间、在我们生活的世界与地球之间表现得较为明显。其实斥力也是无所不在的一种力。

当两种物质密度差别很大时，斥力就大，反之就小。斥力与两物质之间的距离成反比，而且作用距离较短。这是斥力的三个特点。关于斥力，邢福谋先生讲得相当精彩。他在其力作《宇宙、天体、生命、人类是怎样起源的》（邢福谋著，广东人民出版社，1994年，第207—209页、第223—224页）一书中说道：

> 油在水面总扩展成很薄的油膜，因为二者密度相差很近。油在石头表面则形成油滴，因二者密度相差较大。作为整个油滴，由于地球对它的引力，它有落向地球的趋势，但石头表面对它产生斥力，它又有"浮"起来的趋势。这就是引力的密度原理。
>
> 地面的这种斥力是作用距离较短的力，随着距离的增加，斥力减少得较快，而地球引力却变化不大。由于漂浮物的密度不同，它们会

在不同的高度停留住，油雾、水云均如此。

太阳的黑子实际上应当是一些熔融态的陨石云，上升到太阳表面一定高度，温度降低，这些蒸汽结成小球粒的形态。太阳黑子分布在太阳赤道附近，这同时证明太阳赤道附近的液体表面斥力较大。太阳爆发时这些陨石被抛射离开太阳，迅速凝固成陨石。大部分的陨石呈球粒结构，这正是液态漂浮的特征。

彗星的运动规律也可用此原理说明。相近时，彗星体积在太阳高温下迅速膨大，密度极小，太阳表面对它的斥力占优势，斥力胜过引力，因此彗星又被太阳弹射了出去。各星体公转轨道的偏心率也是由于相互引力斥力不平衡造成的。

引力只有在两个天体的质量完全相等，大小、形状、结构完全相同的情况下才能单独存在的。当然在这种情况下也可以认为是斥力单独存在。当上面这些条件不满足时，天体之间永远是引力和斥力并存的情况，差别越大，偏心率越大。

"同性相斥，异性相吸"，这指的是就具有两性之差别的电荷、磁场来说的。对于无此差别的物质，规律就变成了"物以类聚，人以群分"了，还有一个规律就是化学中的"相似者相溶"。

正是物以类聚才使星球上的物质"轻则上浮，重则下沉"，形成不同的物质层，而不是杂乱无章地混合在一起。也正是"相似者相溶"才使相近的物质容易溶合在一起，不相似的物质就体现出很强的排斥性，并由此造成了星球的层状结构。

天体的层状结构几乎处处可见。地球深处存在油层、天然气层、水层，证明地球内部存在层状结构。油、气、水层起着一种分界、一种排斥的作用。地表水层、大气层、臭氧层，直到月球，是层的延续……

层状结构的物质密度并不是线性递减的，而是波浪式递减的。层的中心密度最大，层的分界密度较小，外层密度一般比内层小。这样导致天体越大，表面的密度越小。以地球、天王星、土星这三个表面是液体层的行星为例，地球最小，表层是水。天王星居中，表面是小于水的分子氢。土星最大，表面是密度最小的金属氢。

小的天体（如卫星）以后将成为大的天体的核心，一般表面的密度都大。它的表面对密度小的物质的斥力很大，而它的引力又很小，因此它的表面留不住密度小的物质。天体越大，引力越大，表面密度就越小，对密度更小的物质斥力就更小，因此它可以在表面上空留住密度更轻的气体。

这就给我们解释了一个长久以来的疑问，月球可以吸引地球上的海水产生强大的潮汐现象，但为什么却吸引不住空气呢？原因就是月球表面密度大，斥力大，留不住空气。

在广阔无垠的宇宙里，不但各星球内部均形成层状结构，就在星系中也是如此。因为星系的密度不同，含有重元素多的恒星比较靠近核心，轻元素多的恒星在边缘。这与各种恒星形成时的环境有关。在星云状态时，重元素比较靠内，而轻元素就比较靠外。

在总星系中，椭圆星系在中心，它年龄较大，自转也慢。旋涡星系在边缘，它年轻，自转较快。椭圆星系的重元素丰度较高，也与它在中心有关。造成这种结果的原因是总星系外围偏向力大，动态复杂，转动惯量也较大，所以容易形成旋涡星系。而内部受偏向力小，转动惯量也小，所以容易形成椭圆星系。

## 2. 分层的空间

我们对"世界"的印象是随着实践的发展而不断扩大的。邢福谋说过（邢福谋著，《宇宙、天体、生命、人类是怎样起源的》，广东人民出版社，1995年，第54页、第173页）：

每一种物质都必须构筑自己在空间中的特定形式，因为它们全是空间的产品。它们不构造出一定的结构就不配在空间中存在。

我们还必须记住，任何物质都不是"死"的，因为它们都必须对自己的环境、对周围的空间进行抗争，才能维持在空间的存在。

但空间也是分层次的。为了说明这一点，我们援引了李映华先生的论文《真空物质的存在形式问题》（李映华著，《物理学的几个重大理论问题》，华

南理工大学出版社,1997年,第73页):

> 为了了解天体表面真空物质的运动,先来考察一个简单的实验。由外力驱动在水盆中急速旋转的一个木球,在球的牵引下,盆水形成以球为中心的旋涡运动。
>
> 在球保持固定速度旋转的情况下,木球表面对周围液体的作用对木球来说是部分牵引的。当外力驱动停止以后,木球受到液体的阻滞作用,自转逐渐减慢,这时盆水绕球的速度,由内层往外层逐渐变慢,并出现好像受木球完全牵引的与球面处于相对静止的附面层。这一附面层逐渐扩大,直至整盆液体与木球处于相对静止为止。这一情况表明木球自转对盆中液体的牵引。
>
> 与上述盆水旋涡运动的发展相似,由于天体系统是形成的东西,有它的过去、现在和将来,各级天体系统周围的真空物质是受各级核心的转动所牵引或历史的原因形成环绕高一级中心运动着的。

这说明在不同层次下的中心体周围都存在着被牵引的真空物质,这之中甚至包括了环绕它们运行的天体。每一个中心体内部都是分层次的,由内向外密度逐渐减小,梯度是黄金分割率。由它的表层再向空间伸展?除了它的环绕天体外,是一下子就达到一无所有的真空地带吗?不,空间也分层次,也具有物质性。离天体最近的空间,必然物质性也最强。然后随着距离的增加,物质性也在逐渐减弱。这空间的物质性就是空间的能量场,大部分环绕天体的公转方向与中心体自转方向相同,就是空间能量场的作用。近期中国天文学家发现黑洞的旋转,并且洞外空间随黑洞旋转而拖拽。这也是对上述理论的一个很好的证明。

空间被牵引了,在穿越不同空间进行传播的光线必然会表现出速度的不同和方向的不同。这一理论有点与爱因斯坦的相对论不同,其中的细节已超出本书的范围,有兴趣的读者可以去读一读李映华先生的《物理学的几个重大理论问题》一书,自然会得到更深的理解和认识。

天体的内部密度梯度是按黄金分割率排列的,那么天体周围的空间呢?能量场的分布也会与黄金分割率有关吗?这有待大家的研究与证明。

### 3. 重元素之谜

各天体都是由多种元素组成的。不但天体是空间的产品，元素也是空间的产品。它们也必须构筑自己在空间的特定形式，也必须对空间有个交代。

科学家为了填满元素周期表，花费了几代人的精力和智慧，至今未达到目的。为什么？其中一个原因就是新元素的寿命太短，有的只有千分之几秒便消失转化了。放眼宇宙，最丰富的元素是什么？是氢。它质量最轻，对于浩瀚的宇宙真空，氢元素是最接近的物质结构。越是重元素，形成时的压力、温度就越高，形成后也不易与周围环境和平相处。比铅更重的元素多有放射性。放射性就是它与环境的一个交代，一个过渡性平衡。元素再重些，寿命就要缩短，放射性元素要衰变，就是一种短寿命。更重的元素，寿命就更短，因为它与环境形成了更大的质量梯度。在这样大的质量梯度下，就会发生一定速度的质量转移。梯度与质量转移速度是成正比的。太重了，它就要迫不及待地向周围进行快速质量转移。这就是重元素之谜。

Al 的半衰期为 100 万年，Al 衰变为 Mg，这说明原子量轻的元素半衰期就长一些，因为它们与空间的梯度小一些。最近科学家才制造出来的反物质只能存在几亿分之一秒，正说明反物质与我们的正物质空间质量梯度更是大得不得了。

各种元素被认为是宇宙大爆炸时产生的，但这只是一种推测。我们所能看到的是超新星的爆发，它也会产生很高的压力和很高的温度，因而会在爆发中产生很多重元素。当然，应该包括元素周期表中所有的元素。但因质量梯度的原因，原子量很大的一些元素寿命必然很短，所以我们就观测不到了。

| 4 | 9 | 2 |
|---|---|---|
| 3 | 5 | 7 |
| 8 | 1 | 6 |

洛书的数与位

### 4. 理想收缩率与洛书

理想收缩率在洛书中是在洛书左侧，由下向上排列的是 0.834，下为内，上为外，就是表现了天体内部由中心向外部的分层梯度变化。洛书对理想收缩率的表现也算够形象的了，而且方向是唯一的。它也表明这个规律不但适用于我们赖以生存的地球，而且也适用于宇宙间所有的天体，是放之四海而皆准的规律。

"河图为本，洛书为用"，正是洛书给出了这具体的规律参数。

## 五、天河之恋

### 1. 太阳系的狐步舞

人类生活在地球上，年复一年，周回轮转。人们感触最深的是什么？就是那看似不变的周期性。年复一年，是地球绕太阳公转一周的结果；月复一月，是月球绕地球公转一周的结果；日复一日，则是地球自转一周的结果。在这一层层天体的圆舞曲中，太阳也带着她的儿女们奔腾跳跃在银河系这个大舞厅中。

太阳系的舞姿不但有优美的旋转，也有大步的跳跃。有时她飞翔在银河平面的上空，有时又低回于银河平面的下方。这一上一下的舞姿，使太阳内心欢笑，使地球新陈代谢，代代换新颜。

太阳系在银河平面上下波动的周期是7530万年。也就是说太阳系有一半时间飘浮在银河系平面的上方，还有一半时间沉留在银河系平面的下方，这一上一下就像三角函数中的正弦曲线一样。但是太阳系这种变化，并不是简单的舞姿变化，而是给地球带来了长达7530万年的周期性变化。

科学家研究指出，在很长一段时期内，地球旋转速率、地磁轴视极移、洋脊活动、海平面和气候变化有伴随出现的现象，估计这些重要地质事件转折点的时间间隔大致与7530万年近似。地球旋转加速时期主要对应了地磁正极性时期（如志留纪至早泥盆世和中生代）。此阶段由于地球旋转速率加快，使地磁具有正极性，洋脊活动增强，全球性海侵和古气候变暖。反之，地球旋转减慢时期主要对应了地磁负极性时期（如晚泥盆纪至二叠纪和新生代），相应伴以洋脊活动减弱，全球性海退，气候剧烈变化和出现大冰期。显然，古地球物理场中的周期性，在几亿年的时间尺度上，同各种地质旋回之间存在着一定程度的相关性和同步性。

洋脊活动的根据是1960年代初美国的赫斯和迪茨根据当时一些科学家的发现提出的"海底扩张说"。他们认为，洋中脊是张性破裂带，地壳下面是熔融状态的岩浆，不断沿着洋中脊的巨大开裂处上升涌出，到达顶部冷却凝结，形成新的大洋地壳。以后继续上升的岩浆，又把早先形成的大洋地壳推向两边。新的地壳不断地推动着老地壳做水平移动，使海底不断扩张，从而导致离洋中脊越远的岩石年龄越老，离洋中脊越近的岩石年龄越小。

1960年代末,美国科学家在大陆漂移说、海底扩张说概念的基础上,建立了板块构造说,并成为当前世界上最受欢迎和最流行的地质理论。海洋和气候是紧密相连的,在地球转动速率加快时,气候也相应变暖,地球两极的冰冻层就会大量融化,于是海平面就上升。当然,大量较平缓的沿海地区就会出现大面积的海侵事件。反之,也是紧密相连的。在地球转动速率减慢的时期,气候急剧变化,出现大冰期,当然海平面就下降,就会出现全球性海退事件。

但是地球转动速率为什么会变化呢?这就涉及银河系中的偏向力问题了。偏向力是宇宙中群体旋转运动中产生的对于每一个星体运动变化都很重要的一种力量。这个力我们放在后几章再给予详细介绍。

当太阳系在银河系平面上下波动时,就会受到银河系自旋运动中所产生的偏向力的作用。这种偏向力的方向会因太阳系位置的不同而不同。细致地说,是当太阳系位于银河系平面下方时,受到的是加速偏向力,这时地球旋转速率就会加快,也就是地磁正极性时期。反之,当太阳系位于银河系平面上方时,受到的是减速偏向力,这时地球旋转速率就会减慢,也就是地磁负极性时期。

我们推测地球磁场的产生是银河系磁场、太阳系磁场与地球磁场叠加的结果。当地球旋转速率增加时,三种磁场叠加的效果就是正极性;而当地球旋转速率减慢时,三种磁场叠加的效果就是负极性。

根据科学家最近观测的结果,银河系边缘开始向上卷曲,而且是由太阳系内侧开始的,银河系开始松散。这正好表明了我们的地球正在受着银河系的减速偏向力的作用。至于地球在银河系平面上下各点受力的具体规律,则希望大家能够给予更细致的研究。

地磁的反向没有明确的周期,地球的旋转速率也不是十分平稳地变化的。就像大自然中很多物理量的变化都不十分平稳一样,温度的变化尤其如此。不论冬夏之交的春天,还是夏冬之交的秋天,气温的变化都不是平稳的,都有一段犬牙交错的时期,春天是"乍暖还寒",秋天是"秋老虎",是什么原因呢?我们也不太清楚,但不管什么地质大事件均会给地球上的生命带来极大的灾难。就像严秀如、文彬在他们的著作《深奥莫测的地球》(地质出版社,1989年,第183页)一书中所说:

现在，地磁场发生变弱，至少已有150年之久。根据人造卫星仪器的精确测量推算，地球磁场大约在1200年后发生倒转。目前我们也许正生活在一个倒转周期的起点。待这个周期之后，地球磁场又将按相反的方向建立起来。在这个周期内的一段时间里，地球磁场将消失，其值为零。这时地球会发生什么事件呢？

历史事实表明，每当地磁倒转现象发生时，许多动、植物属种的化石均忽然消失。倒转现象过后，又很快出现新的属种。

有人认为，这种进化速度的加快与来自太阳的太阳风和有害辐射量的增大有关。因为当地磁极性变化的某个时间，地磁场变得极弱，以致不能像平常那样起到保护作用。由于大地失去了这件神奇的外衣，太阳风便可长驱直入，影响正常的大气环流，造成频繁的自然灾害。也有人担心，地球磁极变向，会不会影响地球的旋转方向？要知道，地球转动的微小变化，都会导致地球所携带的一切发生震颤和摇动。这不仅对世界物质文明，而且对于地球上的万物生灵，都将是一场大的灾难！

## 2. 天河之恋

银河是由天上的星星组成的河流。在夏天的农村或山区，还有那无边的大海，只要在无云的夜间，都可以清楚地看到银河。那满天的星斗，那白色的弯弯的银河，真是美丽极了。而且神话里的牛郎、织女就在银河的两岸。据说只有在农历七月七那天，牛郎才能挑着两个孩子，走过由无数喜鹊搭成的鹊桥，去和织女会一次面。古代的人们不知道银河是由亿万颗恒星组成的，也不知道太阳也是银河中的一颗星。

银河是由亿万颗恒星组成、形状像盘子一样并带有旋臂的星系。我们的太阳系是在一个旋臂上，并且靠近银河系的边缘。我们常见的光线，每秒钟可以飞行30万千米。光线走一年可达$9.4605 \times 10^{12}$千米，而银河系的直径达10万光年。这么大的银河系旋转起来当然不会很快。我们的太阳系绕银河系中心旋转的速度是每秒230千米，这么快的速度绕银河系中心旋转一周也需要2.413亿年。有人把这二亿多年分成四份，称为银河系大四季，也分为春、夏、秋、冬，当然夏、冬的环境对地球生命都不太好。

银河年与地球海平面变化巨周期、显生宙三大地壳构造运动平均周期、地壳强烈褶皱运动巨旋回、近 7 亿年 3 次大冰期之间的时间间隔、地表三大生物（动物）变革周期基本上都是一致的。这绝非偶然的巧合。6 亿年来，地表系统存在着长达 2 亿多年的全球毁灭性群发灾害巨周期。它与太阳系绕银心公转周期相匹配，导致地表三大冰期、陨击灾害、物种灭绝等群发事件。

正像邢福谋先生所说（《宇宙、天体、生命、人类是怎样起源的》，广东人民出版社，1995 年，第 190 页）：

> 我们研究天体，重要的不是看得见，而是掌握天体间的相互作用、相互转化的关系，对星系的研究也是如此。人类的最终目的是认识我们的银河系的演化规律，以及银河系的变化会对地球所产生的影响。离开这个方向，我们的研究就会走向歧途，由此得出的一切结论都会是荒谬和毫无意义的。

### 3. 银河系参数与河洛

银河系中太阳系公转一周的时间为 2.413 亿年。它在河图中是这样表示的。从河图中的 2 走内圈，顺时针排列就是 2 4 1 3。因为太阳系绕银心公转是一个圆周轨道，在河图中 2 4 1 3 也是一个圆周，所以又是一个数对形似的参数。

再说太阳系在银河系平面上下波动的周期，为 7530 万年。因为是指上下波动，所以在洛书中表示起来是在中层，由右向左排列，数字 753。这也是数对形似的参数。

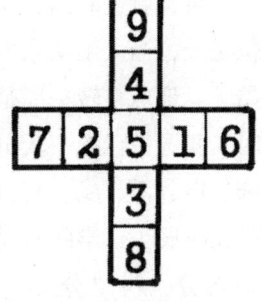

河图的数与位

洛书的数与位

## 六、行星圆舞曲

### 1. 地球的华尔兹

我们子孙万代赖以生存的地球，是宇宙中最美丽的一颗蔚蓝色的星

球。这颗星球的每一点变化都影响着我们芸芸众生，影响着山川大地，影响着天空和海洋。

当地球的各个参数在与河洛之数相对照时，比如地球直径、周长、自转时间、公转天数都对应不上。这是为什么？后来在研究中我们才发现，上述几个参数的基本单位都不是一个确定值。所以，不管是大自然也好，史前文明也好，都无法给我们留下来。因为地球直径、周长都涉及长度的基本单位，而长度的基本单位在历史长河中、在世界各国的文化交流中都是发展变化的，只是在最近几十年才统一在公制"米"上。远的不说，就说中国，首先把度量衡统一的是历史上大名鼎鼎的秦始皇。他刚统一中国就立刻开始统一全国的货币、道路和度量衡，但就这样，秦国一尺的长度到底是多长现在也不太清楚，大概合现在市尺六七寸。现在虽然规定了公制单位，而且在全世界强制执行，但世界各地、各民族还习惯性地存在着旧度量衡的影子，这种旧的习惯势力必须经过几代人的努力，习惯旧规矩的人慢慢死去，习惯新规矩的人逐渐成长起来，新的度量衡才能称霸全世界。

再有就是时间，这更是一个长期令人头疼的问题。因为时间的基本单位是天，当太阳从东方又一次升起时，我们说一天过去了，新的一天又开始了。地球自转一周是一天，其他时间单位都是由天引申出来的。比如小时，我国古代把一天分为12个时辰，称为子、丑、寅、卯、辰、巳、午、未、申、酉、戌、亥，现在又把每个时辰除以2，形成一天24等份。因为是比时辰小一半的时间，所以叫小时辰，简称为"小时"。一个小时又分60等分，叫"分"。一分钟又分60等分，叫"秒"。但偏偏秒的祖宗"天"不是一个定值，据说地球刚形成时自转一周才4小时。二亿年前地球自转一周为22小时，到近几万年地球自转一周才与今天相近，为24小时。

由此我们对时间的定义如下：

对于一个变化群中各种空间状态的顺序定位，我们称为时间。变化群中局部空间状态的反复再现，由人类的长期观测而规定出多种时间的种类，比如，日、月、年、花甲、纪元。

变化群中的局部状态反复，是时间的基础。因为空间是需要坐标的，而坐标离不开参照系，而参照系又不是永恒不变的，所以空间是一个很难

## 第二篇 天体的乐章

描写的状态，而转化为时间，就变得容易得多。

时空是一个既古老又年轻的话题，时空观念是可以涵盖在个体与群的观念之中的。个体是空间，尤其当用一个遥远星系作为坐标原点参照系时是如此。但对于群，我们则很难用空间去描述，即使用星图，那不过也只是一个平面，与立体是无法相比拟的。所以我们把它转化为不同时刻的间隔。这种时刻的间隔是以年、月、日、时、分、秒作为基础单位的，这种时刻的间隔简称为时间。

现代人们用秒作基本计时单位，而秒的长度已不能用天体的运动来划分了，只好选用金属铯来做规定时间的物质。洪韵芳主编的《天文爱好者》(四川辞书出版社，1992年，第218页)里指出：

> 1972年1月5日正式采用国际原子时。定义铯原子基态的两个精细能级之间越迁辐射912631770周所持续的时间，作为1秒的长度，叫做国际制秒。起算点是1958年1月1日0时。

空间转换为时间固然容易，但时间也必须易于转换为空间，否则有些问题是无法研究的。而转换得最好的，则要数中国文化中的六十花甲。这就是中国的时空观。

没有反复，没有再现，也就没有时间。同样也无任何规律可言。试想我们生活在永远沿直线前进的飞船上，我们以何为时间？各种用年、月、日，以天体运转的周期变化为单位的计时方法，与我们又有何相干呢？于是我们没有时间，没有规律，没有目的。这就是个体的悲哀。

在地球的运动中，大概只有"年"是一个确定的计时单位。也就是说，人们一直认为地球围绕太阳公转的速率多少年来一直没有改变。所以在大自然传给我们祖先的无字天书中，凡是涉及人类周围天体运动的，都用年来作为计时单位。

对于自转速率一直在变化的地球，大自然在河洛中给出的是地球极轴的进动岁差周期。关于"岁差"我们还是援引严秀茹、文彬合著的《深奥莫测的地球》(地质出版社，1989年，第144页)来介绍一下。

> 当一个陀螺快速旋转的时候，常常会出现倾而不倒的现象。这是

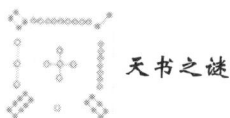

因为，一方面地球重力把旋转的陀螺往下拉，使它有倾倒的趋势；另一方面陀螺因旋转的惯性而不会倒下。于是，陀螺的旋转轴便会环绕着与地面垂直的轴线描绘出一个圆锥面。也就是说，旋转着的陀螺，在倾斜时是作圆锥式的运动的。

由于地球的形状是椭球体，赤道部分略微突出，有着多余的物质。月球和太阳对这突出的部分有着"附加吸引"，便使地球自转轴形成同样的圆锥式的运动。地轴的这种运动，称为地球的进动。地球的进动方向与地球的自转方向正好相反。前者为顺时针方向，后者为逆时针方向。

地球的进动，使地球所指的两个天极缓慢地围绕黄极作圆周运动，其周期25800年。于是，我们见到的位于北天极的恒星，也就不是固定不变的了。即是说，北天极在恒星间的位置在缓慢地变动着。打个比喻就是"北极星"这个为人们指示方向的"岗位职务"，是由一些离北天极较近的恒星轮流担任的。据我国古书记载，4600年前的"北极星"是紫薇垣右枢星（即天龙座α星）。它的亮度只有现在的北极星的1/4。1000年，小熊座α星与北天极的距离是6°，并以每年15″的速度向北天极靠拢。到2100年前后，极距只有28′左右。此后，小熊座α星将逐渐远离北天极，也就逐渐完成了它本周期北极星的"值勤"任务。随后，到公元7000年、10000年、14000年，仙王座γ星（天钩王）、天琴座α星（织女星）将依次戴上"北极星"的桂冠。过25000年以后，小熊座α星将再次戴上"北极星"的桂冠。

地球进动所造成的另一种效果，就是天极和天赤道在恒星间的位置将不停地发生改变，天赤道与黄道的交点——二分点（即春分点和秋分点）将不停地按顺时针方向沿着黄道向西移动。这一西移的平均速度是每年50.29″，大约71年多一点向西移动1°。目前的春分点在双鱼座。公元前24年至公元初年，春分点在白羊座。更早以前，春分点在金牛座。而再过十几个世纪，春分点将移到宝瓶座去了。

由于春分点移动的方向和太阳同年视运动的方向相反，所以太阳连续两次过春分点实际上没有绕满一周，而只视行了359°59′9.71″。这就造成了回归年比恒星年短的现象。在天文学上，恒星年是指太阳连续两次回归到同一恒星方向上（或同一恒星连续两次合日）的时间间隔，长度为 365 日 6 时 9 分 9.5 秒。回归年是指太阳连续两次回归到春分点的时间间隔，长度是 365 日 5 时 48 分 45.6 秒。可见，每一回归年要比恒星年短 20 分 24 秒，这就叫岁差。早在公元 330 年前后，晋朝虞喜就发现了岁差现象，并定出春分点每 50 年西移 1°；隋朝刘焯进而确定岁差为 75 年西移 1°，这更接近于正确数值。总之，恒星年是地球公转的真正周期，回归年是四季变化的周期；而在人们的日常生活中，回归年有着更实际的意义，它与农业生产密切相关，从而成为人们编制历法的依据。

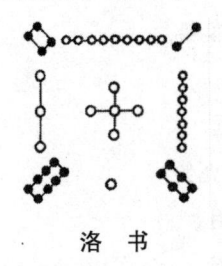

洛　书　　　　　　　数字洛书

地球的岁差被认为是一个基本不变的参数，为 25800 年。当此参数反映在洛书上时，就如图。从洛书右上角的 2，然后按对角线读下去，就是 258。大家看，不仅数值不差，就形状来看也是倾斜的，与地球的地轴方向是一致的。

### 2. 月亮的心

月亮是各星球中最富有诗意的，也是奥秘最多的。月亮是古往今来文人骚客最爱歌颂与描绘的对象之一。在银色的月光下，青年男女翩翩起舞，一对对情人们谈情说爱。在中国，月下老人是青年男女婚姻的牵线人与证婚人。人们风趣地说，在西方，管理婚姻的爱神是一个孩子，所以经验不足，人们婚后的离婚率较高。而在中国，管理婚姻的是月下老人，所以稳重得多，婚后白头偕老的也多。在中国，描写月亮的诗词比比皆是，它往往与思念亲人相连。我们信手拈来几首：

**静夜思**

李　白

床前明月光，

疑是地上霜。

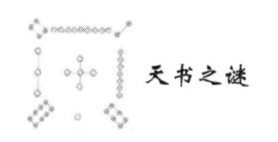

举头望明月，
低头思故乡。

## 枫桥夜泊

张　继

月落乌啼霜满天，
江枫渔火对愁眠。
姑苏城外寒山寺，
夜半钟声到客船。

## 望月怀远

张九龄

海上生明月，
天涯共此时。
情人怨遥夜，
竟夕起相思。
灭烛怜光满，
披衣觉露滋。
不堪盈手赠，
还寝梦佳期。

中秋赏月是中华民族家庭大团圆的活动。每当农历八月十五中秋之际，每个家庭的亲人们都团聚在一起，吃瓜果、品月饼，在院中赏月。那些远在外地的儿女们、亲人们当然是"每逢佳节倍思亲"了。月亮影响着人们思乡恋人的情感，照耀着夜路未归的人；月亮还影响着妇女的月经时间；大海的胸膛在日夜起伏冲荡，那日夜的潮涌则是月亮的影响……

为了了解月亮，我们列出一些月亮的参数。月球质量为7.3510吨，是地球质量的1/81；月球的半径为1738km，是地球半径的3/11；月球的体积是地球的1/49；月球的平均密度为3.34g/cm$^3$，是地球密度的0.618；月球表面重力加速度为162cm/s$^2$，是地球表面重力加速度的1/6；月地的平均距离为384404km；月球的轨道偏心率为1/18；月球绕地轨道平面称为白道，地球绕太阳的轨道平面称为黄道，黄道与白道的交角为5°9′。

月球不但有这些参数，还有一大堆公转参数。

(1) 恒星月：27.3217日（27日7时43分11秒）

(2) 朔望月：29.5306日（29日12时44分3秒）

(3) 近点月：27.6188日（27日13时18分33秒）

(4) 交点月：27.2122日（27日5时5分36秒）

我们不必细致地去了解这些参数的具体内容，因为有些已超出了常识的范围。月球是离我们最近的天体，可是我们对月球的了解却远远不够。月球，人类已经登上多次了，但正像美国科普作家阿西莫夫所说：

我们曾好几次访问过月球，可是没有得到任何有关月球起源的答案。要说带回了什么的话，那就是许许多多的待解之谜。

(1) 据中国历史记载，月球是13万年前才来到地球附近的，原来并没有月球，而且其他国家的历史也反映过原来天空上没有月亮。

(2) 根据各种天文数据，科学家们推测，要说地球俘获月球，根本不可能。只有月球受高级智慧生物的影响，才能走到今天这个位置，而且是距离地球38万千米，是刚好能够发生日食和月食的位置上。

(3) 月球是空心的，与任何自然形成的天体都不同。理由是：P268"阿波罗"13号宇宙飞船在进入月球轨道的时候，宇航员用无线电遥控的方式使飞船的第三级火箭撞击月球，其能量相当于11吨TNT爆炸的效果，地点选择在距"阿波罗"12号安放的月震仪140千米处。然而，奇怪的是这次人为制造的月震竟持续了3小时，月震的深度达3540千米，直到3小时20分钟后月震才渐渐消失。美国航空航天局的地震专家们惊愕不已，无法对这次月震为何持续如此的长时间做出科学的解释。唯一的解释就是月球是空心的，像一口大钟一样。

(4) 月球的年龄达200亿年左右，几乎与宇宙同龄。

(5) 月海岩石极为坚硬，由钛、铁等金属组成。这是任何天体所不具备的。

月球的奥秘太多，有兴趣的读者可以去读李卫东先生的著作《人是航

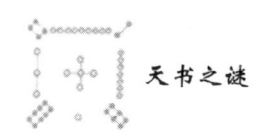

天员的试验品》（甘肃人民出版社，1994年）一书，您一定会从那里了解到月球更多的奥秘。

### 3. 河洛天书

面对一大堆月亮的各种参数，当我们与河洛对照时，发现比较为难。洛书的数与位是29.4天，这是月球朔望月的天数。但我们知道，现在朔望月天数的准确平均值是29.53天。比洛书值多0.13天。但这里有几个变化，一方面是地球自转每天慢20毫秒，即100年慢14秒；另一方面，月球以每月8毫米的速度远离地球。所以在千万年以前，这个数值也许是对的。

| 4 | 9 | 2 |
|---|---|---|
| 3 | 5 | 7 |
| 8 | 1 | 6 |

洛书的数与位

对于29.4天这个参数在河洛上的表示真是数不准、形也不似，是各种天文参数中对应关系最差的一个参数。这也说明月球不是自然产生的天体，所以对应不十分准确。

还有一种对应是，27.6天，它对应的是月球的近点月，为27.6188天≈27.6天，箭头从外向内，也反映从远到近，大约是近点月的一种表示吧。大自然是智慧的，一定是考虑到地月的这种变化，因而给出两个对应参数，以适应不同的年代。

## 七、河图文化

作为中华文化的源头——河洛，有许多神奇的传说，更有着神秘的内涵。古往今来无数文人都想揭开它的谜底，都想解读它的内涵，但那浩如烟海的文献，那汗牛充栋的语言，大多都是对河洛的赞美，是对阴阳平衡的解说和对河洛、先天八卦、后天八卦与太极图的排列组合大会演。

不管河洛是作为无字天书还是作为史前文明的遗物，都有必要从其本质上加以分析和破译。因为河洛八卦本质上是数字的排列，是自然数组成的空间结构。所以，我们必须从数字入手，从数字之间的排列结构入手，才有可能发现河洛中更为本质的东西。

河洛要反映的是宇宙间最基本的规律。为此，一方面我们要认真地分析河图、洛书、太极图，另一方面我们要找一找宇宙间最基本的规律是什么，然后再把两者结合起来，看河洛是否与基本规律有较好的对应关系。只有如此，才能揭示出无字天书的内涵来。否则两者齐头并进，读者对哪一方都不会有一个清晰的了解。

### 1. 河图来源

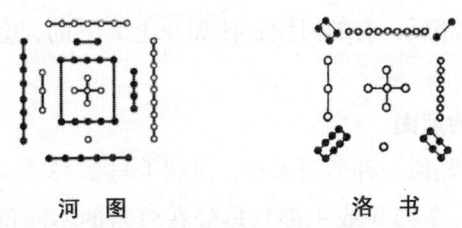

河　图　　　　　洛　书

由圈点组成的河图，是大自然对初民的理解。试想，初民没有文字，缺乏语言，数字概念不全，如何能读懂河图呢？只有圈点之数等待初民发展后去计数。圈点不同是在告诫初民：数有奇偶之别，物有阴阳之分。大自然是在用各数之间的排列启发人类的智慧与灵感。

在对河图的多年感悟中，我们认识到，不论哪一种无字天书，实际上都是在暗示一种或几种规律，而这种规律才是无字天书真正的内涵。规律是要展示的，是要昭示天下、告诫万代的，所以必须有一个载体，否则在空中飘忽不定的魂灵是无法把宇宙的规律传递给人类子孙的。

这规律最主要的就是阴阳相反相乘的大道理。老子曰："万物负阴而抱阳，冲气以为和。"万物离不开阴阳，离不开阴阳的对立与转化。那么阴阳如何表示呢？阴阳不能在同一区域内、同一平面内。阴阳自身的表示也应有最明显的区别，比如圈与点、黑与白、左旋与右旋。如果以中心为界，那么阴阳就必须分占上与下、左与右。因为没有画成立体图，所以没有前与后。

不论是东南西北中，还是上下左右中，5 在一个系统中都是处于中间位置的。放在除中间位置外的其他任何一个方位上，是没有什么道理可言的。我们现在可根据 5 居中心的位置、外加阴阳不同面的法则，重新构造出一个河图来。因为从一定意义上来说，河图是阴阳法则唯一的产物。现在我们一起来制造河图。5 居中心，1 与 2 分放上下两边，3 与 4 只好分放左右两旁。这样就完成了河图内圈的构造。外圈呢？就由内圈的数分别加 5 而得到外圈的成数。加其他的数行不行呢？加比 5 小的数，如 4 3 2 1，那么就会使外圈与内圈有重复之数；反之，加比 5 大的数，又会使河图丢

掉一些自然数。所以只有加5，才会得到由1到10这10个自然数所组成的河图。

当然，这种造图法得到的河图并不是唯一的，而是有8种之多。这8种河图是同位素，是同素异构体。8种河图之间并未改变河图所要展示的根本规律的内涵。相反，有的河图，比如9上8下的，会更深刻地反映出某种规律性呢！

### 2. 经天纬地的河图

从我们做出的任何一种河图来看，虽然1与2、3与4都处于中心的两侧，但1与3或4、2与3或4都只是处在直角的不同位置上，并没有相对。这是否违反了阴阳相对的原则呢？并不是。在河图的中心、在5的两侧，各有5个点排成一排，这就是10。10的排列形状形成一个通道、一个壁垒，它区分开两组截然不同的数字——83549和2761。它们完全对立，不在同一区域内，甚至不在同一平面内。不管是哪一种河图，83549和2761两组数字都永远是完全对立的两组数，没有调和的余地。

那么，这两组数字有什么含义呢？如果单独来看，确实很难看出什么。但当我们研究洛书时，尤其是配合先天八卦、后天八卦时，才发现洛书的构造是5为中，外加两个半圆数组成的外圆构造。而这两个半圆之数正是9438和2761。9438由通道内的数字组成，一条直线，刚直不阿，象征阳性。2761就让人大伤脑筋了。从河图上看，它是通道之外的一组数，但是当它组成洛书右半圈数时，却是由2到7，由内到外，然后跳到河图下沿，由6到1，再由外到内。

为什么9438，直来直去，十分有规律性，而2761却是内外乱跳，如此乱来呢？我们认为，问题还是出在我们如何看待河图上。河图信道外的数字自成一体，最合理的构造就应是围信道转一个圈，这样一来2761就是一个圆周，而且代表的是顺时针旋向了。

再看河图，通道内数是直线，为阳；信道外数是圆周，为阴，不就很合理了吗！一个直线，一个圆圈，而且直线从圆圈中穿过。这不但是阴阳的不同，而且也是平面的不同。河图就这样由平面演变成立体河图。

## 第二篇 天体的乐章

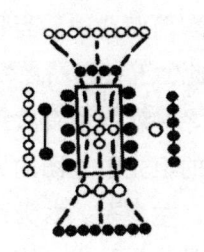

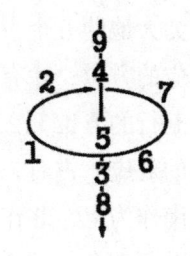

**经天纬地的河图**

河图是立体的，立体的基础就是那个由10组成的通道。通道内的数字组成一条直线，它表示阳，表示经天，是空间，是南北极的通道。通道外的数字永远不能进入信道，只能在信道外形成一个首尾相接的圆环。这就是阴，是纬地，是轮回的时间，是生命中的女性。

当立体河图转化为平面时，两组对立的数字是不能映射在一起的，必须有所区别。那么如何区别呢？就用不同的旋向来区别。9 4 3 8 为逆旋，2 7 6 1 为顺旋，5 永远为中，还在中心。化为平面后，就是洛书。而且这种不同旋向的排列方法（又称为 CD 走向），成为阴阳排列大法。凡是一个系统，有阴阳两部分，又组成一个圆周时，都采用了这个大法。先天八卦、后天八卦、六十四圆卦，无一例外都采用的是 CD 走向。而河图由平面化为立体时，就自然形成了一个经天纬地，由数字组成的陀螺。它是天体自转的数字模型，当然首先是人类的家园——地球自转的模型。

### 3. 河图的破译

对于河图之数，古书《洪范》曰："一曰水，二曰火，三曰木，四曰金，五曰土。""一二三四五，水火木金土。"这为五行定了数。而后又说，"天一生水，地六成之；地二生火，天七成之；天三生木，地八成之；地四生金，天九成之；天五生土，地十成之。"其实这不是定论，而只是把五行放入河图时的一种对应方式。说天是什么，那只不过在表示河图中奇数对应的五行类别。说地是什么，也不过是在表示河图中偶数所对应的五行类别。

"一二三四五，水火木金土"并不表明五行各类在当初远古创生之时有如此排列的先后顺序。那么五行安排如此的生数意义何在呢？我们翻过不少资料，也请教过一些学者，但在如此之对应上，还始终是一个说不清的谜。我们认为，把五行在河图中如此排列的，并不是因为河图内圈的五

· 77 ·

个生数，首先是因为大地的五个方位，东西南北中。当我们把河图也作为地图看待，定出相应的方位，才有了如此的五行河图之数的对立。

其实，关键是五行的方位，在初定之时就与华夏大地的气候及其生态环境有着极为精确的对应。古时，我们的祖先看地图的方式与我们现在正好相反。古人是把南作为上，北作为下，左为东，右为西的，这与我们现在看地图上北下南左西右东是完全相反的。为什么？因为我们的祖先生活在中原大地上，房屋都是坐北朝南。他们走出屋门，首先看到的就是南方，久而久之，他们看待大地时，就把南方放在上面，自然北就为下，左就为东，右就为西。

我们的祖先在长期的观察和思考中发现：北方寒冷，于是用水来表示。南方炎热，于是用火来表示；东方树木茂盛，于是用木来表示；西方山多，矿产丰富，于是用金来表示；中原土地肥沃，于是用土来表示。这五行恰当地表示出五方的气候与环境特点，而与河图应该说没有什么直接的关系，而且河图为本、为天，并不是用来表示地面的方位的。

有人把河图看成一个旋转的风车，他们把河图中１３７９连起来形成风车的一个旋臂，把２４６８连起来形成风车的另一个旋臂，这样河图就化成了数字组成的风车模型，其实也是数字组成的旋涡模型。河图是银河之图，银河是一个旋涡星系，而河图是一个旋涡模型，银河的旋向是右旋的、是逆时针旋转的，河图组成的旋涡模型也是右旋的，与河图同向。

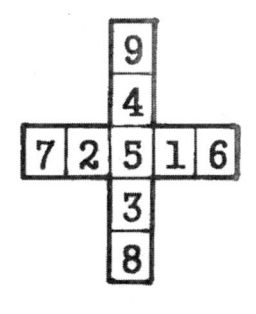

**河图的数与位**

这里我们还要做一点说明。古人在说天体万物的旋转状态时，总是说左旋、右旋，并不说顺时针、逆时针。因为古时并没有时钟，所以也谈不上有什么时针的旋向。比如古人说"天左旋，地右旋"，实际上是指当古人面向南天时观察到的天地旋向。"左旋"就是伸出左臂时运动的方向。古人看到太阳、星辰、月亮都是从左边升起，横过天空，然后又从右边落下而后消失。所以古人说"天左旋"。"右旋"就是我们伸出右臂欲抱一个婴儿的旋向，因此右旋是逆时针的，大地的运动必然与天相反，因为天地的运动是一种相对运动，所以古人说"地右旋"。

河图的数字组成了一个旋涡模型，这是对银河运行状态的描述，是大自然告诫我们人类生存的大环境。这应该算做河图之谜的谜底之一吧。

#### 4. 右旋的河图

河图的奇偶数字分别形成了旋涡模型的两个臂。右旋的河图显示了以银河为代表的宇宙空间中一大类旋涡星系的状态与运行规律。

正如上文所说，河图不表明东西南北的方位，但河图的右旋却使它内涵的规律更明显地展示在我们面前。比如9上8下的河图就是一种更为合理的河图之形。

河图中9438是经天、是地轴、是南北极，河图右旋至此，正可看作是地轴的偏转。往古之时，共工怒撞不周山，于是天维绝，天倾西北，地陷东南。这一撞，星辰动、地轴偏，世上万物遭灾难。

如今展现在我们眼前的是地轴偏转后的地貌新颜，而且从河图上也出现了两个更为近代的变化特点。

（1）五行排列有了改变。原来是"一二三四五，水火木金土"，地轴偏转之后，河图右旋了，9为上、8为下了，五行排序变成了"一二三四五，金木水火土"，与世间民谣竟完全一致起来。我们不知这是巧合，还是大自然在暗示着什么规律。

（2）河图的右旋竟与书法之变有了某种关联。我们所说的书法，并不是指单个汉字的书写艺术，而是指文章的排列之法。古人云："易，逆数也。"河图也是如此。比如流行的河图内圈生数是下1、上2、左3、右4，逆序而行就是4 3 2 1，4 3是右到左，2 1是上到下。这不正是古书文章的书写规矩吗？直到今天，每逢新春佳节，家家户户门前张贴的喜庆对联，哪一副不是由上到下而念，右为上联，左为下联呢？

河图的右旋，导致河图内圈生数是右1、左2、下3、上4。逆序而行就是4 3 2 1，4 3是上到下，2 1是左到右。这不正是我们今天文章的书写特点吗？竖排版的线装古籍与横排版的现代图书竟与河图的右旋如此古怪地联系在一起，你不觉得这其中有一点神秘的味道吗？

#### 5. 河图与宇宙大法

当河图因为地轴的偏转也开始右旋时，它就像一颗出土的惊世之钻，在人世间放射出璀璨的光芒。这是智慧的光辉，是宇宙的大法，河图中的十分隔出阴阳两部分数列。通道中的数列是阳，是顶天立地的阳，是天体的轴心，是地球的南北极，是经天。"天行健，君子以自强不息。"

通道左右的数列，只能是形成环绕通道的首尾相接的圆环。这就是

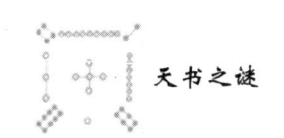

阴，是宇宙中最为普遍的圆周运动，是循环往复的时间，是包容万物的大地，是容纳百川的大海，是地球的纬线，是玄而又玄的"众妙之门"。

河图是立体的，当我们从立体河图的上方俯视它时，我们就会看到２７６１形成一个闭合的圆环。由于透视的关系，我们从正前方看河图时，就会看到圆环之数变成了左右的排列，成为７２１６。所以说我们平常看到的河图，是立体河图的主视图。

河图中的 10 是两排黑点，一排 5 个，立在中轴线的两旁。大家看，多像一个电学中螺线管的剖面图。用右手一握，便产生了电学中大名鼎鼎的"右手螺旋定律"。还记得吗？我们再来复习一遍。一个螺线管通过电流时，会产生一个磁场，磁场的方向就用右手螺旋定律来判断。用右手握住通电的螺线管，四指代表电流的方向时，拇指的方向就是磁场的方向。

## 八、宇宙本源

### 1. 宇宙的旋转

恩格斯在《自然辩证法》中说："只有物体与物体间的相互作用才是宇宙间的根本动力。"这确实是至理名言。世上没有不产生作用的物体，也没有不受任何作用的物体。因为有物体就有场，每一个物体的场都会迷漫于整个宇宙之中，只有大小之不同。同样，每一个物体的周围，都不仅有自身的场，也有外来场的存在。这外来场的存在，便是它运动、变化的根本原因。

比如，宇宙中的天体，最基本的运动就是旋转。一方面是天体围绕旋转轴的自转，另一方面是天体围绕中心体的绕转。

邢福谋说（《宇宙、天体、生命、人类是怎样起源的》，广东人民出版社，1995年，第149页）：

> 太阳与行星，中心体与绕转体，这就是"二"，这就是认识，是全部奥秘，"宇宙"的全部奥秘。

虽然歌德在《浮士德》中说过，"一切产生出来的东西，都一定要死亡"，这不能不说是宇宙间一个根本的法则。但这个法则却很难用图形表

示出来,而阴阳太极图中的阴阳鱼却可以解释这个法则。"物极必反"是比歌德语言更为深刻的论断。不但一切产生出来的东西都会经过一段时间后走向死亡,而且一切死亡的东西都会在一定条件下又走向新的产生。物质不灭,生生不息,不过是形式不同罢了。

宇宙中似乎没有不转的物体,从最小的子系统卫星围绕行星转、行星围绕太阳转、太阳围绕银河转、银河围绕星系转、星系围绕总星系转……宇宙中没有直线运动,只有更大半径的圆周运动。所以转,真是一个根本规律。不但宇观世界如此,微观世界也是如此。到处都是旋转的分子、原子、中子、电子……无处不是色彩缤纷的旋转世界。

就像液体中分子的布朗运动一样,我们的地球在宇宙中的运动轨迹,其实也像一个醉汉的形迹一样,东倒西歪,捉摸不定。因为地球的运动也是多层运动的组合,并没有一个确定的规律去把握它。我们之所以感到地球的运动还很有规律,是因为我们选用中心体太阳作参照系的缘故。相比之下,我们人类所处的宏观世界,倒是一个旋转运动最少的世界。我们认为这是因为我们生活在宏观世界里,我们的五官只能感受到宏观世界的变化。微观世界和宇观世界是我们无法直接进入的世界,因此这两个不同世界的变化我们只能间接地感觉到。这是打了很大折扣的,甚至是严重歪曲后才反映到我们头脑中的。比如微观世界原子物理中的测不准原理,又比如分子的运动在我们看来却是宏观世界温度的升高。宇观世界里地球围绕太阳转,而我们人类所看到的却是每天清晨太阳从东方升起,傍晚太阳从西方落下。只要我们细细想一想,一定还会发现很多事例。这里我们就不一一述说了。

两个世界生生不息地旋转运动,是怎样折叠映射在我们生活的宏观世界上的,我们并不清楚。但这种映射肯定存在,而且有规律,只不过我们并没有认真总结,还有许多待解之谜罢了。

这种不同世界的映射,这种原本简单规律的多层重叠,造成了宏观世界的复杂性。但只要是规律的重叠,它重叠的结果就有规律可言。这就是历代智者苦苦追求万物本原的最终的精神支柱。宏观世界万物的生生不息,从宇观看来只不过是在地球表面有一层离散的,还没有来得及变成连续的碳氢化合物罢了。一旦变成了连续的碳氢化合物层,也就没有了生命的个体。也许这才是生命个体的真正灾难!

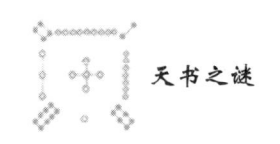

## 2. 旋转出的磁场

在宇观世界里，天体的旋转，外加含铁的核心，产生出天体的磁场。这是宇观世界中最普遍的一种现象。在微观世界里，各种基本粒子的旋转，也有磁场产生。当然在宇宙中任何天体的磁场是多种磁场叠加的结果，单纯的天体磁场是不存在的，因此也是无法度量的。

旋转中既然产生磁场，就有一个方向问题，一个与旋向有关的问题。这需要用一个模型来表示，这就是右手螺旋定律。在电学中右手螺旋定律表示的是一个带电的螺线管，如果右手四指代表电流方向，右手拇指则表示磁场的方向。在离开宏观世界进入微观世界和宇观世界时，如右手四指代表基本粒子或天体旋转方向，则右手拇指表示磁场的方向，也就是北极。宇宙是一个右手系，这就是结论。

我们生活的地球，它的磁场及其变化则还要做进一步的分析。

在宇宙中，任何一个天体在绕中心体旋转时，其轨迹都是一个椭圆，中心体在其中一个焦点上。这就出现四个特殊点，远点、近点和两个对称点。在太阳系绕银河系中心旋转时，这四个点称为远银心点、近银心点和两个特征点。

科学家们发现，当太阳在远银心点附近时，地球北半球以正向磁极为主（与现在的磁极方向一致，叫正向磁极）。反之，当太阳在近银点附近时，北半球以逆向磁极为主。在特征点时，正向与逆向磁极数目大致相等。

另外，科学家们发现地球的转速也影响地球的磁场。当地球转速较快或处于加速状态时，地球北半球以正向磁场为主。反之，当地球转速较慢或处于减速时，地球北半球以逆向磁极为主。

对于1200年后地磁就要翻转的地球，对于每天自转速度减慢 20 m$\mu$s 的地球，我们推断太阳系正处于银河系平面的上方，靠近近银心点的地方；地球则处在磁极翻转的前夜，一个新周期的起点。

## 3. 地球偏向力

在地球表面运行的物体，会受到一种偏向力的作用。这种认识对于人类来说，是较近期的事情。偏向力作为一种地理常识，出现在中学生的教科书中也才有几年的时间，老师们的认识有些还停留在偏向力不过是人们看问题的角度不同而已。他们认为这种力是一种虚拟的动力，并没有产生多大的实际力量。

　　我们的认识也是逐渐深入的。一个似乎只可意会不可言传的力量，又没有实际可行的计算公式，它能掀起多大的浪呢？可慢慢我们才认识到，偏向力竟然是宇宙间最基本的一种力量，一种规律。当我们进入一个旋转系统的内部时，把它看作亿万运动群体的总旋转时，偏向力就是一个影响群体运动的无时无刻不存在的基本力量。这个群体的运动几乎无一漏网地打上了偏向力的烙印。这就是我们常说的天体烙印。在地球上，空气、河流、海洋甚至大陆，都无一幸免地受到偏向力的影响，生命也是一样。

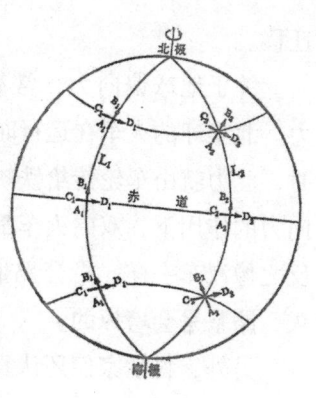

地球偏向力

　　我们还是从介绍基本知识入手吧。

　　由于地球的自转，在地球表面的物体，水平运动的方向会产生偏向。地球上水平运动的物体，无论朝哪个方向运动，都发生偏向，在北半球是向右偏，在南半球是向左偏。这些现象都是地球自转的结果，也是地球自转的有力证据。

　　为什么水平运动的物体会发生偏向？因为任何物体在运动中都有惯性，它总是力图保持原来的方向和速度的（见上图）。在北半球质点向北沿经线取 $A_1 B_1$ 方向作水平运动，经过一定时间后，经线 $L_1$ 转至 $L_2$ 的位置。沿经线方向运动的质点，由于惯性，必然保持原来的方向和速度，向 $A_2 B_2$ 的方向前进。这时，在 $L_2$ 位置上的人看来，运动质点已经脱离经线方向而向右偏了。同样道理，沿纬线方向运动的质点也向右偏，图上 $C_1 D_1$，则向 $C_2 D_2$ 方向前进。南半球则向左偏。只有在赤道上，水平运动没有右偏或左偏的现象，因为那里的经线是相互平行的。

　　由于地球的自转、大气中的气流、大洋中的洋流都产生偏向，这对地表热量与水分的输送交换、对全球热量与水分的平衡，都有着巨大的影响。

　　偏向力推动着大地的一切在跑偏、在旋转，大气、海洋如此，就连亿万年才看得出变化的大陆板块漂移也是如此。欧亚大陆板块就是在亿万年的漂移中顺时针自旋了九十度，从而导致了热带生物与寒带生物的大

迁移。

关于地球偏向力，常有一些众所周知的现象，比如说北半球的右向力。北半球的火车在运行时就沿左边行驶，这样当火车受到右向力的作用时，此力就由车轮传给铁轨，然后由铁轨传给路基。靠左行驶，就会在右向力的作用下，双向火车都使路基向中心受力，因而路基越加牢固。如果反之像汽车一样，沿公路右边行驶，路基就会受到向外的力量。天长日久，路基是会垮掉的。

另外，科学家们还认真做过水池中水流的旋向试验。在一个极安静、不受任何干扰的环境下，一池水由池底水孔流出时会产生旋涡。这旋涡的旋向在北半球和南半球是完全不同的。在赤道上，水流就不会产生旋涡，这也是偏向力的作用。

在世界的海图上，同样反映了大洋中的海水在流动时也受到了地球偏向力的作用。北半球的洋流是顺时针的，南半球则相反。偏向力日夜推动着川流不息的洋流，搅动着太平洋这口大锅里的巨涡旋。能说它只是一种虚拟的动力吗？

大陆上的江河滔滔不绝，滚滚向前奔流着。北半球的偏向力日夜不停地把河流中的浪花推向右岸。江河中的右岸在年复一年的冲击下，变得陡峭了，左岸则相对平缓得多。所以江河的右岸多半是郁郁葱葱，而左岸往往是一片荒滩。从风水角度讲，右岸陡峭就聚气，左岸平缓就不聚气。聚气的地方就风水好，就利于自然界万物的生长，当然也适合人类的生长，所以就人杰地灵，就出人才。

当然，这种效应随着离开江河的远近会有所不同。还有，北半球的河流中如有旋涡，也是顺时针的。

中医、气功讲阳顺阴逆，阳奇阴偶。阳性物质，男性就是顺时针；阴性物质，女性就是逆时针。气功中的意守丹田，其旋向就是阳顺阴逆，不能胡来，否则健身不成，反受其害。

人类的主要一支起源于中原一带，这就是我们的祖先。在长期受到北半球右向力的影响下，动物（当然包括人）的生殖系统都打上了右向力的烙印。请看"阳"顺时针转动时，右向力均向里，这就造成中间物的隆起而形成雄性生殖器。而"阴"逆时针转动时，右向力均向外，则造成中间物的凹下而形成雌性生殖器。偏向力还使植物中的牵牛花在北半球顺时针

## 第二篇 天体的乐章

盘旋生长，而在南半球则逆时针盘旋生长。

当我们跳出地球，放眼宇宙，偏向力又是宇宙成因一个不可或缺的动力。银河的演变就是一个很好的例子。银河在形成之初是一片原始星云，这一大片星云的自然聚集也在围绕银心旋转中产生了偏向力，于是银河系越转越扁，最后形成了今天圆盘的模样。

在北半球，偏向力由北极向赤道是逐渐减弱的，通常我们说东北人肾气足，其实是指男人们生活在北方而产生的身体状况而言；女人呢，就弱多了。相反，越往南方走，女人就越能干，里里外外一把手，而男人反而娇小玲珑起来，成了小男人。到了云南，其在《周易》上是"坤"之地，更是阴气重，有的少数民族男人根本不干活。在过去，那里的男人也就是打猎、喝酒、赌博、泡妞；女人们呢，既要做田里的活计，还要照顾孩子，就连做小买卖，也是女人背着孩子在干，男人都不插手。为什么呢？众人都说这是风俗习惯造成的。但什么原因形成的这种风俗习惯呢？我们认为，也许与偏向力有密切关系。偏向力强的地方，男人就肾气足；偏向力弱的地方，男人就肾气弱，相反女人就强一些。为了男女婚姻的幸福，北方的男人就把女人养在家里，而南方的女人就把男人养在家里。

还有一种现象也很有趣，那就是北方人口重，吃盐比较多。到了南方，比如上海、江浙、广州，人们吃盐就很少，爱吃蔬菜、原味海鲜。按说人体中的盐分含量是差不多的，北方人吃盐多，必然盐量排出的也多，不会吃盐多，就变成一个大腌萝卜。而南方人吃盐少，当然排出量也少，他们是绝吃不得咸的。我们想，或许他们是没有那么大的排盐功能。看来吃盐多少与偏向力也有了联系。

# 第三篇　失落的文明

## 一、文明的断裂

在茫茫的宇宙中有一个小小的星球,它陪伴着八个兄弟围绕一颗恒星不停地旋转。只因为其表面有称之为人类的动物在繁衍生存,所以受到大自然格外的关注和爱护。这个星球就是我们今天赖以生存的地球。

大自然在这里并不是单指西方世界,而是一个广泛的称谓,既代表上一期的文明、地外高级生命、古代的神仙,也代表西方世界心目中的大自然。

科学早已证明我们的地球已经历过多次文明历程。人类现在是走在一个毁灭的边缘。当我们面临生态平衡遭到严重破坏、资源越来越严重匮乏却还执迷不悟时,无人会想到如果人类毁灭,我们将给后世留下什么。

文明的断裂将是非常彻底的断裂,起码前一代文明断裂是如此,大自然并没有给我们留下可供读懂的历史和知识。文字是重新创造的,各古老民族都有自己的语言和文字,并且不通行。数字是各自创造的,统一成阿拉伯数字也不过几百年的历史。语言、文字、数字,再加上度量衡的不同,大自然什么也没有告诉我们这些后来人。金字塔是万年以上的巨大建筑物,是大自然留下的文明,但它至今仍被我们费劲地解读着,还没有一个公认的结论,而它的大小、尺寸、格局,外加狮身人面像都在启示着我们:大自然处心积虑地想告诫我们的肺腑之言是文明传承的自然方式与后来文明该如何解读。

## 第三篇　失落的文明

看来，如何接续断裂的文明，确实是一个天大的问题。当我们的祖先看到河图、洛书时，真不知该如何去面对这部无字天书。因为大自然无话可说，无字可写，能把河洛之音传给我们的祖先，已是大自然极大的恩赐了。河洛由数组成，这是后人会数圈点之数后才得出的结论。古人拼命想知道河洛之谜，各朝代的文化精英们都极力去悟河洛之图。他们是悟到了一些，于是创造出了中华民族灿烂的文化，以至我们说华夏文化就是河洛文化，河洛是中华文化的源头。

河洛是大自然交给我们中华民族的瑰宝，并没有交给其他的地域文明，所以至今西方也没有从河洛中看出什么有用的东西来，只是把它当作一个古董而已。当历代学者捧起五经之首的经典之书《周易》时，就不会不看到放在其首位的河洛之图。这是大自然的恩赐，是《周易》的灵魂，是值得我们世世代代去领悟的无字天书。先人们供奉起这个神器，是相信大自然之言最终会被后人解读。这就是大自然之心，是古人之意！

就此我们不妨站在大自然的角度想一想，我们将会给下一个文明留下什么？我们希望给他们留下许多科学知识，但那需要多少文字，如何去解读呢？留下一些必要的公式、数据，如何表达？他们还会发明并使用阿拉伯数字吗？一个公式、一个数据，又如何去解释说明呢？都不行。这是一个人类从未尝试过的难题，但又是大自然必须解决的难题。假使单用数字，那现有的数学符号也都是不能使用的。用小数点？那也是后人发明的数学符号啊。用0、用万、用K、用M都不可行。再说，单列一组数字，谁知它是干什么用的呢？种种困难就决定了我们必须用几位有效数字来表示，而且必须把它们摆成一个图案，使各组有效数字放在一个合适的方位上，以便说明它的性质与作用。

有效数字是什么？就是几位数，我们可以把小数点加在它的任何一位上。加在最后一位前，此数就包含了小数；加在最后一位后，此数就是整数。再往后，其实就是加0。加0的位数越多，此数就越大。其中不变的是这几位数，变化的是小数点在数中的位置，所以只有用有效数字才可以最简洁地表现出复杂的天文数字来。

现在我们要讨论该把哪些知识留给后人了。很显然，天书的篇幅有限，我们不可能把现有的包罗万象的东西都放进去，只有精选后人最需要的知识才行。那么应有哪些知识呢？我们认为最重要的有三个方面：第一

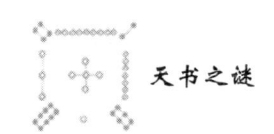

是规律，这是后人把握自然的武器；第二是法宝，这是后人战胜自然的武器；第三是大环境的周期，这是后人认识自己躲避灾难的护身符。有了这三方面的知识，才能使后人有了力量。知识就是力量！如此，后人才能在严重缺乏全面科学知识的状态下，尽快地认识自己、认识自然、利用自然、改造自然，才能尽量减少大灾难的损害程度，从而使自己不至于全军覆没，连东山再起的机会都没有。

要精选这些知识，我们先从大环境的周期谈起。我们生存在地球上，地球就是我们生存的大环境。再往大了说，就是太阳系、银河系，这已到了星系族的边缘。河外星系对我们地球的影响毕竟微乎其微，可以忽略不计。这就是说，我们要涉及周期必须包括地球系（即地月）、太阳系、银河系，而度量它们周期的尺度就是地球的日和年，也就是地球的自转周期和公转周期。地球是我们人类现今唯一能够生存的星球，所以必须对它有更进一步的了解。地球在复杂的星空状态中运动，大规律是有的，但又不很平稳。地球在自转中地理南北极要移动，地轴会沿着一个漏斗的边缘反向偏转。地球绕太阳公转时其轨道是椭圆的，连偏心率也不固定，也有周期性的变化。月球呢，离我们地球最近，影响也最大；月有圆缺，朔望月周期是人类早已观察到的，月亮离地球时近时远，所以月球的远近地点周期也不可不知。太阳是恒星，带领着九大行星围绕银河系中心旋转，它公转时也不老实，有时在银河系平面上，有时在银河系平面下，其周期也该知晓。另外，太阳系绕银河系中心的公转周期也该知道。因为它们对地球上的大变化有着巨大的影响。

说到改造自然的法宝，并不像神仙手中的法器，口中念起咒语，那法宝就会显灵。人类的法宝是人类改造自然不可缺少的武器。祭起它，大自然的迷雾就会"玉宇澄清万里埃"，大自然的规律就会更清晰地展现在人类面前。我们这里主要介绍几个：一是圆的周长与直径的比值；二是自然对数的底；三是自然界大名鼎鼎的法律黄金分割。当然还会再推荐几个，但比较起来，这三项应该排在前三位。我们推荐的法宝只能是一个系数，并无单位，即无质量、无长度、无温度等。而那定义、定理、定律等为后人发现并逐渐被全世界所接受，进而在世界上推广应用。大家可以多推荐几个，看能否更有代表性。

$\pi$——是非曲直——天圆地方之法则

## 第三篇 失落的文明

e —无穷积累—物质世界之法则
φ—代代相传—生命世界之法则

说到世界最基本的规律,我们可以举出很多,但河洛只为我们用数字摆出了两个最基本的规律:一个是右手螺旋定律,也是万物自转与磁场方向的规律;另一个是地球表面的偏向力分布规律,在宇宙中大到宇观世界中的星球,小到微观世界的基本粒子,没有不转动的,而它们也就是两种基本运动的组合——自转与公转。自转就有旋向和磁场方向的问题,公转就有偏向力问题。两界万物,当我们把它们看成个体时,就有右手螺旋定律控制它;看成群体时,就有偏向力控制它。而个体与群的转变,无非就是人类视角的转变。地球、太阳系、银河系都可看成一个个体,也都可看成一个群体,就看我们人类观察研究的着眼点在哪里了。

当然我们可以找出更多的规律来,并阐述它们的重要性。我们可以比较哪一条更基本,但更重要的是我们如何把它们表示出来。我们感觉,仅就这一条,就会难倒一切人。其实,这些信息首先是重要,其次是可读。如果没有第二条,大自然最终的心血也是白费!可读性是比重要性更困难的工作。大自然变化缓慢,而大灾难在自然界中是突变,文明的消失是在短时间发生,因此,天书的形成期不可能很长,不用语言文字,文明要超越时空传给后人,成功传递的概率极低。

天书无字却还要可读,这是异常困难的。在一两张图中如何传递信息?这里大自然传递出了几个基本信息:上为天、下为地,右为上为天、左为下为地,上为外为远、下为内为近;立轴表示物体公转时的轴心问题,横轴表示平面上下摆动问题……这些基本信息古人并没有完全体会到,所以至今我们也只是悟到天书中一部分信息与规律,全面破译河洛,还需大家长期努力才可达到。

也正是这些基本信息的建立,无字天书中的信息才有了可读的可能性。由于各信息所处的位置不同,它们才有了不同的含义。河图是由1~10这10个自然数组成的,洛书是由1~9这9个自然数组成的。它也说明人有十指,大自然的数学也是十进制数字最适合表述和运算的。

每一条信息都是由三四位数字组成,而它们在河洛中都占有特定的位置,这个位置必须是最有利于表达此信息的名称与性质的。这些信息的数据没有一个是闭合曲线,也就是说每一个信息的数据在图中的数字中是绝

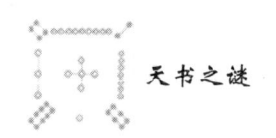

不能重复的。我们假设图中的10个数字在一个信息中可以重复使用，甚至可以使用多次，那么大自然中的任何数据都可以表示，但连接它们的线条必然会形成乱七八糟的曲线及闭合曲线了。数据是表达出来了，可名称及性质却无论如何也说不明白了！这就是最大的难点！再者，怎么知道该用这样一条如此复杂的曲线去连接起这些数字而形成一个你尚未知晓的信息呢？因此，在解读无字天书时，其方位只能是右中左、上中下、斜线、圆周，其他曲线是无法指示与表达的。因为它没有文字啊！

这里还涉及一个破译的密码问题。这个密码大自然隐藏在河洛之中，不可能在河洛之外，否则更让人找不到其联系了。比如洛书之音就是一个密码，破译出来"洛"是落笔、"书"是书写。当你落笔书写洛书时就会解读这部无字天书了。这实际上是在告诫后人两点：首先要落笔书写。在这种规则的书写中，就只有直线，没有曲线，更谈不上什么三角以上乱七八糟的闭合曲线了。古人是这样书写的，但他们没有去书写洛书，因此也无法在此角度上去解读洛书。

河图也是如此。它的密码是合图，也就是经纬合成之图、阴阳合成之图。有了这层认识，破译河图就较为容易了。为什么偏偏是阴阳、经纬？因为它们是古代最基本的哲学观点。

在中国中原的民间，自古就有一种面食叫饸饹面。它是利用现代机械中活塞的工作原理，利用活塞的压缩，把一团和好的面团从缸筒中多孔的端面挤压出来。农村做饸饹面时常把一个硕大的饸饹床子架在大柴锅上，操作的人蹲在灶台上，用力往下压，长长不断的圆面条就直接掉进滚开的大柴锅里了。这种面食为什么叫饸饹面？也许是因为它是活塞与缸筒相合后才落下的面条，也或许是大自然告诉我们华夏民族这种面食的做法与工具，让我们的祖先不要忘记河洛的作用吧。我们的祖先在几千年的生活中一直制做着饸饹面食，也就在不知不觉中珍藏着这一破译无字天书的密码。只有这样，密码才不至于遗失，才可能世世代代传下去。

饸饹面的制作就是破译河洛的钥匙。饸饹面制作时是活塞与缸筒相合才成的，这不就暗示了河图是经纬相合才形成的吗？相合之后面才落入锅中，那一匝饸饹面的端面不是与古人一卷卷由竹简刻字而装订成的书卷极为相似吗？这也就暗示了落下之书才为洛书。奥妙就在其中。

有了知识的选项，有了信息所处的方位与形状，有了有效数字，还有了破译天书的钥匙,但是还有两个难题,一个是1~10,这10个自然数的布局,另一个就是数字的表达问题。

关于自然数在河洛中的布局,那才真是绝世的天才之作,大概只有大自然才能办到。河洛的布局展示了大自然的基本规律,展示了人类生存大环境的多个周期,这些规律、周期都是极为重要的东西。宇宙自有它自己的规律性,但这种规律绝不是用一个公式就可以描述的,它必是一些极为相关的规律的组合。这个组合的整体才有资格代表宇宙自有的规律性,而这个组合的优秀代表就是河洛。我们可以说宇宙的规律蕴藏在河洛之中,我们是否也可以这样说,大自然在用河洛之力指挥着宇宙的运转?

河洛之数不是阿拉伯数字,因为当时还没有阿拉伯!大自然是绝顶聪明的,它创造了圈点表示法。数值是几,就用几个圈或点来表示,并用线把它们连接起来。当数是奇数时,此数就用圈表示。(实际上是一个环,环中无色,为阳)。当数是偶数时,此数就用点表示(实际上是内部涂色的环,为阴)。不管后人使用什么数字,只要他们会数数,就会知道河洛之数的分布,并用自己创造的阿拉伯数字来代替它。圈点之数的区别也正是阴阳之数的区别,阴阳之数在河洛中的分布,让我们了解到了其中的规律性。河图中阴阳之数必在对立面中,阴在上,阳就在下,阴在下,阳就在上。此外,阴阳之数有占90°角位的,那是横位与竖位的不同,表示了有巨大区别的经纬之数。洛书呢?阳数在四正位,而阴数在四角位,也是极有规律的。

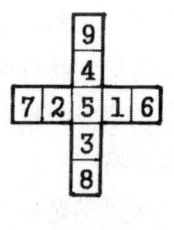

数位河图　　　　　数位洛书

最后,我们要讲一讲科学研究中的一个重要手段,就是对应、相似。在各种自然之谜的破译中,相似占了极大的比重。正因为两者间有着极为惊人的相似性,我们才可能找到未知事物与已知事物间的有机联系,才有可能进一步地去研究它。如果它们之间没有一点点的相似,我们如何能找到它的归属,研究又如何下手呢?完全不相同的东西,难以使我们产生任

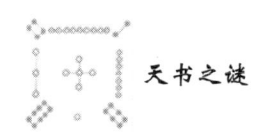

何联想，大自然的心思也算是白费了！天书无法解读，知识无法获得，人类的智慧得不到大自然的启迪，这不是一个巨大的损失吗？

在科学的进程中，河洛现已发现、破译的内容确实都已成为现代科学的成果，而这些成果并没有从河洛中得到启迪。但如果我们人类能早一些获得这些启迪，科学将会比我们现实的发展快许多。

很多时候科学是相似、对应的。当我们从河洛中找到现代科学成果的一两个对应时，有些人就宣称："这不过是一种偶然的巧合！"我们自己有时也这样认为。但当我们怀疑此论，一步步研究探索下去时，对应的项目逐渐多了起来。这些可以对应的数据不但数字相同，形状也相同，这使我们极大地增强了河洛与现代科学数据绝不是偶然巧合的判断。事情不能那么巧：数相同，形也相同，而且对应不只是一个，而是十几个。这决不能再用什么"偶然的巧合"来敷衍了，这里一定隐藏着巨大的秘密，一定是大自然要通过河洛这部无字天书想告诉我们什么！

## 二、河图洛书与自然科学

《易经》研究中专有一个门派，是专门研究《河图》、《洛书》、《太极图》的。这三幅图均无文字，也可称为无字天书；这些人就是专门考证它们的来历、演变和破译无字天书的内涵的。我们属于后者。

正因为是无字天书，破译十分困难，不少人已钻研多年，但服众者不多。我们另辟蹊径，探索到天书与现代科学有一定的关系，其中很多排列方法与天文参数、自然规律都有一定精度的对应，其对应基本为三位有效数字，其排列位置对现代科学文化也有一定的启发。把重要的参数、规律告诉后人，不也正是天书的制作者当初的本意吗？

河图、洛书都是无字天书，但本文重点破译的是后者。人们历来认为洛书是幻方，即洛书横竖斜三数相加都是15。也有的破译者认为洛书是一张气象图。王介南先生认为，洛书是宇宙模式图，不过他的侧重点在微观世界，重形多一些。而我们的侧重点在数，在宇观世界。河洛与天地准，又准在哪里？

下面就三个方面来诉说天文参数的对应、数学常数的对应和宇宙基本规律的对应。

## 1. 天文参数的对应

（1）有关月亮运行周期的两个对应

关于朔望月周期的对应：

"人有悲欢离合，月有阴晴圆缺"，这是北宋大学者苏轼的著名诗句。月亮圆缺的过程就是指月亮朔望的变化过程。"朔"就是无月，"望"就是满月。一个平均朔望月的周期是 29.5 天。地球的公转轨道是一个椭圆，当地球离太阳近时，它的公转速度就快一些；当地球离太阳远时，它的公转速度就慢一些。地球走得快慢直接影响到朔望月周期的变化。地球走得快时，朔望月周期就长，反之，就短。当地球北半球为夏季时，地球公转速度最慢，这时的朔望月周期就可能是 29.4 天。洛书上面一行，从右向左，为 294，也可以看成是 29.4 天。因月在天上，此参数也在上方。从右向左，因为新月最先是从右边形成的。

关于远近地点月周期的对应：

洛书右侧从上到下之数为 276，我们也可看成是 27.6 天，这就是远近地点月的周期数。月球绕地球公转的轨道也是一个椭圆。这样月球就存在一个远地点和一个近地点。当月球由远地点转到近地点，然后又回到远地点时，我们称之为一个远近地点月，它的周期数就是 27.6 天，而不存在什么平均值。古以上为天，又以右为上，这样 276 的位置也可看成是天上之事。从上到下，即从远到近，正可表示为远近地点月的运行特征。

（2）有关极移周期的对应

极移是指在地球日复一日的自转中，南北极点偏离地球自转轴的行为。极移后并不是越移越远，一般还会回到原来的位置上，这个周期就叫极移周期。别看极移范围并不大，据科学家研究，平均也就 20 平方米的范围，超不过一般居室客厅那么大，可是它对人类生活的影响却不可忽视。

中国古代的"五运六气"学说，就是对极移周期对人类影响的一个很深刻的研究。"六气"的时间长度就是六年；"五运"就是在六年的时间里，大地要行五种运，也就是说五运六气正好六年一个周期。据此，算出每个运的周期为 438 天，而 438 天正巧与地球的极移周期相符，这说明五运六气就是由极移的行为造成的。五运六气可以大体预测来年的气候变化及人群的疾病流行，是古代中医学重要的理论之一。

在洛书中，左侧的位置为下，是大地的事；从上到下为 438，我们可

以看成438天,这正相合极移周期之数。

(3) 有关"岁差"的对应

"岁差"在现代天文学中叫作地球进动周期。什么叫进动?大家都玩过陀螺,陀螺在地面高速旋转时能够站立得比较直,但随着转速的降低,陀螺越发不能保持其亭亭玉立的美姿了,它的立轴开始摆动起来,由转小圈到转大圈,越来摆动越大,立轴也越来越偏,最后终于偏向一边,陀螺也就躺倒不转了。但大家注意过没有,陀螺顺时针旋转时,它的立轴是逆时针慢慢地转动。这个陀螺立轴圆弧般地反方向摆动,就叫陀螺的进动。

地球也像一个陀螺。它自转时,南北极轴同样也存在着这样的摆动。这就叫地球的进动,它表明地球的北极轴并不是永远地指向北极。今天由北斗星指引下找到的北极星,不过是暂时的一个命名罢了。过几千年就要重新命名的北极星,据天文学家说,下一个候选者是织女星。当北极轴在星空中横扫过一周后,又重新指向同一颗星时,地球已经走过25800年了。

中国的研究叫"岁差",即岁岁差一点,每年春分点所对的星空都有一个小角度的差别。"岁差"在洛书上其实早就反映出来了,由右上角向下向左,直到左下角,三个数字是258,我们可以看成是25800年。地轴是倾斜的,南北纬度23度半的南北回归线就是地轴倾斜的最好证明。258三个数也是倾斜的,好像立志要与地轴相似似的。

(4) 有关地球公转偏心率周期的对应

地球绕太阳公转的轨道是一个椭圆,它有一个偏心率。偏心率等于1时,椭圆轨道就变成了正圆,偏心率小于1时,轨道就是椭圆,越小则轨道越扁。就这个扁的轨道,地球公转时还稳定不了,不时还要有些小的变动,但变过去了,还能变回来。这一出一回的周期就是9.5至11万年。洛书中表现出951,我们就可看成9.51万年,占实际周期的一个下限,也不能算对应不上吧?什么叫偏心?就是不在中心嘛,951正好在洛书中列,像不偏不倚的中轴,用来作偏心的表示,不是正合适吗?

(5) 有关太阳系上下波动周期的对应

地球绕太阳转,太阳绕谁转?过去人们一直认为太阳是恒星,就是恒定不动之星。随着天文学的进步,人们才认识到太阳系在围绕着银河系中心转动。银河系与太阳系一样也像一个圆盘,众多的恒星就在这圆盘面上围绕银河系中心飞驰。我们的太阳系就在这圆盘面上飞驰,它像一条东方巨龙，不时地在银面上上下翻飞。当然，这样翻飞的结果是地球磁极倒转，山河巨变，物种更新。这个周期很长，约有7530万年，是我们人类无法现象的。但洛书也指出，洛书中部一行，从右向左753，我们即可看成7530万年。因为是太阳系上下波动的周期，所以参数水平地放在洛书中部，真是再形象不过了。

（6）有关太阳系公转周期的对应

前文说过太阳系也在绕银河系中心转动。转一圈就需要2亿多年，稍精确点说是2.413亿年。这一数据在河图中就能找到答案。大家看，从河图里圈的上端看起，围绕河图中心顺时针转一圈，不就是2413吗？这不就可以看成是2.413亿年了吗？数据就这样对应好了，而且太阳系公转是个圆，四个数不是也围成了一个圆吗？

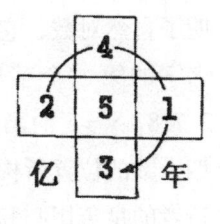

河图数位分析

## 2. 有关数学常数的对应

（1）有关圆周率的对应

圆周率是数学中最常见的一个常数，也是生活、生产中最常用的常数。中华民族的祖先为此进行了长期的探索研究，在很长一段时期里一直走在世界的最前列。南北朝时的祖冲之就是其中突出的代表人物。他曾把圆周率计算到3.1415925和3.1415926之间，并为生产者们提供了简单的分数圆周率22/7和355/133，前者称为疏率，后者称为密率，后人则通称为祖率。

圆周率精确到两位有效数字是3.14，精确到四位有效数字是3.1416，而精确到三位有效数字是3.142，而这四位有效数字的圆周率，河图中又早有了其形象。从河图内圈中左端3数起，逆时针数下去就是3142，我们可看成3.142。圆周率是说圆周之事，3142不是也围成一个圆圈吗？

（2）有关黄金分割的对应

黄金分割在中学数学课本里提到过。它是说把一条线段分割成内外比的方法，这里用的是几何作图法。还有一种代数法，就是方程 $X_2 - X - 1 = 0$ 的根，可以求出数值来，此数又叫自然率，其值是0.618。它是黄金分割，是自然界最重要的分割。一个正常发育的人体处处符合黄金分割的规律，人体从头到脚、到手的延伸，一旦到黄金分割点上，就会产生重要的

转折，不是活动的关节就是重要的活动器官，处处如此，概莫能外。

洛书的下面一行，从右到左为618，我们可看成0.618。一般情况下，我们把0.618看成矩形宽边与长边的比值，这也与洛书所示有类似之处。

（3）有关自然对数的对应

自然对数是欧拉等西方数学家发明的，主要是考虑到常用对数曲线变化过于激烈，不太符合大自然中很多事物变化规律中渐变的特点，所以发明了自然对数，它是以 e 为底的对数系统。e 是欧拉发明的，就是他英文名字的第一个字母的小写，其值是一个无理数、超越数，一般取值是2.718。$y = e^x$ 的函数曲线是自然对数的典型曲线，而它却与洛书中相应的四个数的位置所构成的曲线完全相似。这不能不让我们强烈地感到洛书创造者的良苦用心和超人的智慧！洛书从右上角开始向下，再向左下，再向左，四个数字就是2718。我们可以看成2.718，这正是自然对数底 e 的四位有效数字。

就以上我们发现的多个参数而言，我们似乎又找到了新的东西，这就是洛书名称的来源。洛书中各个参数的走向都有惊人的一致性，那就是都是由上而下、由右而左，斜线、曲线也是这两种走向的合成，而这两种走向的总称不就是古人书写文章时的法则吗？洛书的创作者们似乎是在冥冥之中告诫后人：请用心落笔书写这部无字天书吧！书写中，你就会破译出天书的内容了。然而古人没有悟到这一点，再加上科学技术水平还不具备今天的条件，所以破译不了洛书之谜也是历史的必然。洛书是其创造者们告诫后人的名字，只有发音，并无文字，否则就不是无字天书了。文字的洛书是后人命名的，谁能想到它是落笔之落而不是洛水之洛呢？

**3. 有关基本规律的对应**

本文只提偏向力的基本规律，其他从略。

偏向力按一般人的理解是近几十年才发现的规律，差不多在20世纪90年代，进入中学地理课本。偏向力是指在地球表面水平运行的物体，不论其运动方向如何，都会受到一个偏向力。在北半球受力方向为右向，在南半球受力方向为左向，在赤道附近则不受力。从两极到赤道受力是越靠近赤道受力越小，反之越大。比如，北半球河流都受右向力而产生左岸平缓，右岸陡峭的现象。北半球的大洋洋流，受右向力的作用，在暖流和寒流的影响下，形成顺时针的大洋环流。偏向力在南北半球的分布规律在洛书中早有论述，这是一个基本规律。如果说自转是宇宙间个体与微观世界的基本运动状态，那么偏向力所体现的群体的公转，就是万物另一个最基本的运动状态。个体与群体、自转与公转，这就是事物的全部。

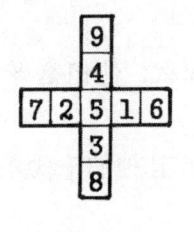

数位河图　　　　　数位洛书　　　　　地球偏向力

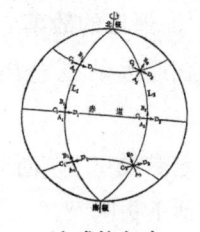

洛书中奇数 13579 连接后可成一反 S 型。把洛书看成一地球，中为赤道，上为南极，下为北极（古时如此），则曲线可表示地球偏向力在地球表面不同的分布规律。偏向力在北半球为顺时针，在南半球为逆时针。

洛书的偶数 8642 连接可成一 S 型（同上），但却表示在北半球为逆时针，在南半球为顺时针。

两图合一则可表示古人"阳顺阴逆"之法。不过这是在北半球，如在南半球则全翻过来了。两图合一还可表示人体遗传基因的双螺旋结构。

河图与洛书加上先天八卦与后天八卦的配合，还可推出"立体河图"，它是地球的一个形象的由数字组成的陀螺模型，也可表示出先天八卦变为后天八卦的真正原因。河图，尤其是立体河图，更显现出河图名称的来历。河图是由经纬两部分组成，它是经纬合成之图，与洛书的相似之处是河图应改为合图，其名称已经展现出天书的基本含义。理解了经纬相合的道理，也就破译了河图。

上述所发现的对应之例，也显现出很强的规律性。一方面是我们所生活的大环境中比较重要的几个天体的运行数据，另一方面是我们在自然科学中常用到的几个基本参数。最后要提到的是河洛揭示出了宇宙中最基本的运动规律。我们认为这些都是十分重要的，也是天书的制作者们首先会考虑到的。

"《易》与天地准，故能弥纶天地之道。""与天地准"，这正是天书想要做到的第一步，也许是最重要的一步。

## 三、洛书——地球灾变的航标

### 1. 遥远的故事

在遥远的昆仑山顶峰,有两个神仙在谈论着什么,他们是老君和女娲。

老君说:"你创造了那么多孩子,就没想一想如何让他们千秋万代幸福生活下去吗?"

女娲说:"那是他们自己的事情,应由他们自己努力去解决,我们是包办代替不了的。"

"但是他们生活的大地将会遇到很多巨大的灾难,我们应该多少给他们一些启示才好。"

"那倒是,可我们如何告诉他们呢?"

老君沉默了……他抬头望着已经弥漫天穹的乌云,慢慢说道:"人类马上就要遭遇一场灭顶之灾,滔天洪水将把他们创造的一切文明毁之殆尽。劫难余生的人们将丧失一切文明,包括文字和数字。我们再也无法用明确的方式告诉他们了。"

"那我们就用天书的方式来告诉他们吧。天书没有文字,也没有数字,只用圈和点的多少与方位来表示数字与含义。"

"人类生活的地球受到很多天体运行周期的影响,而这些影响大部分都是灾难性的,我们要把最主要的几个告诉他们。天书不能多,必须把尽可能多的信息放在一起。"

我们一起来设计天书的内容吧。这里有如下几个周期:

(1) 地球 24 小时自转一周。这在人间看来是太阳在天空东升西落,是天的事,应该把此数放在天书的最上面。现在人类认为天圆地方,那么此数应放在天书上边的两端,再用弧线把两数连接起来。

(2) 每年有 24 个节气。24 节气才是地球绕太阳公转一周的标准划分,这也是天的事,自然应该与 24 小时一样,放在同等的位置。

(3) 月球绕地球公转一周的周期,准确地说是远近地点月的周期,为 27.6 天。月亮对人类来说也是天的事,所以说也是应该放在天书最上边的。但是，天书最上边已为数据所占，好在现在人类还以右边为上，我们就把它放在右边，由上到下。这不但可以反映出此数据是天的事，而且可以反映出由上至下，即由远而近的远近地点月的特征来。

（4）地球像一个陀螺在不停地转动，它的转轴，即我们平常所说的南北极也在缓慢地但却是反方向地转动着。这个像陀螺轴一样反向漏斗状的缓慢转动，我们称之为地球的进动或岁差，它的周期是25800年。地轴是倾斜的，我们如何恰当地反映这组数据呢？当然，把它也倾斜地放在天书之中才最合适，于是我们把它放在天书的右上角到左下角的三个空位中。

（5）地球围绕太阳转，同时太阳系也在围绕银河系转。转动时太阳系并不总是保持在银河系平面上，而是时上时下。这个上下波动的周期很长，有7530万年。

"这个像正弦曲线一样上下波动的周期数据，该如何表示呢？"

老君略做沉思，答道："我们把它放在天书中间为好，让它自右向左横向排列，这样才能较好地反映出数据上下波动的特征。"

"还有一项就是——"

（6）地球绕太阳公转的轨道是一个椭圆，它有一个偏心率，但地球的偏心律也不固定，它的变化周期是95100年。

"这是一个天体公转时偏离中心体圆周轨道的变化规律，应该如何表示呢？"

"把它放在天书的立轴上好了，这样天书就大体制成了。这个横3竖3的九宫格也算填满了。上行为492，中行为357，下行为816。"

"这个九宫之数的启示可不只你说的这些。"老君神秘地一笑，又说，"不过今天不告诉你，下次再说吧。"

过了一段时间，大洪水的灭顶之灾已经过去，华夏大地上，大禹带领人们进行的巨大抗洪工程已接近尾声，炎黄子孙又在黄河流域生息繁衍起来。

老君对女娲说:"大洪水之前我们不能把九宫之数的天书交给人类,因为我们不知道经过灭顶之灾谁还能存活下来。现在时机到了,我们把它刻在一只神龟的背壳上,让它从洛河的水中浮出,那里的智者将会发现它并受到启发。"

……

最后,这只神龟落到了周文王的手里,因为神龟是从洛河里得到的,周文王就称它为洛书,其意为来自洛河的天书。这就是洛书的来历。

### 2. 周期后面的含义

上面所说的老君与女娲对话和洛书来历的真实与否并不重要,对于我们人类来说,真正重要的是他们提到的各个周期是否正确、是否存在,周期的后面又隐藏着什么重要的东西。这才是需要我们认真思考的。

在老君与女娲的对话中我们涉及 5 个周期。这些周期我们之所以称之为灾变,是因为它们都给地球带来不同的影响。这些影响对地球、对大自然、对无生命界、对生命界、对人类、对身体病弱的人,其影响是逐级加大的。

就拿每日 24 小时来说,冯精志在《易侠:记张延生》(华夏出版社,1989 年,第 45 页)中有一段描述:

> 从早晨算起,五时肾不分泌,六时血压升高,七时免疫功能特别强,八时肝内的有毒物质全部排尽,九时痛感降低,十时处于最佳运动状态。十三时肝脏休息,十四时处于白天最低点。十五时味觉和嗅觉最敏感,十八时神经活性降低,二十时体重最重,二十二时白细胞增加,凌晨一时进入易醒阶段,二时除肝外大部分器官节律极慢,三时肌肉完全放松,四时血压最低,脑部的供血最少,不少人就是在这个钟点死亡的。这是规律性认识。

对于每日 24 小时的变化,大部分人并不以为然,但弱者不行,病者感受就更深。比如,咳嗽者每天在前半夜就咳嗽得特别厉害;久病卧床者,更能感受到白天黑夜身体不同的变化;病危者就不容易躲过一天中某一特定的时刻。

中华民族发明的 24 节气,更是对地球围绕太阳公转一周的科学划分。

## 第三篇 失落的文明

西方发明的公历纯粹是一种计时法，元旦不知是因何而定，各月日星期也都与天象毫无关系，甚至有人提出要把公历改革成一种万年历，每年定为364天，共52个星期，余下一天作为世界公休日，也无星期表示。如赶上闰年，就把世界公休日变为2天。这样一部日历就可以永远使用下去，岂不节约了大量的人力、物力来造日历了吗？

中国的农历则不然，它充分反映了月相的变化，每个月都必须是初一无月，十五月圆。24节气则更科学，它是把一年24等分得到的，是地球公转中的24个拐点，预报时一般都精确到几时几分，节气前后气候一般有较明显变化。我国民间常说节气不饶人就是深刻的经验之谈。

节气对中原大地尤为重要，它是指导农业生产的时刻表，同时也是指导人们四季变化、增减衣服、改变作息习惯的警示表。人体一年四季的变化是不同的，对此我们都能从亲身经历中感觉到，对于重病之人更是如此。对于心脏血循环器质病变或功能严重损坏的病人来说，冬至常是他们难以逾越的障碍。而对肾病严重的人来说，立春的节气常使他们的病情更加严重和反复。

月亮的周期更为重要。不但妇女的月经与月亮同步，连许多疾病患者的发病与死亡也与初一、十五同步。医生们发现，许多患心脑血管疾病、精神疾病、胰腺炎的病人，容易在初一或十五发病甚至死亡。因为初一、十五的月亮不但能使海洋引起大潮，也能在人体内引起"生物高潮"和"生物低潮"。人更容易激动，情绪最不稳定，因此精神类疾病和心脑血管疾病就容易爆发，人类做出自杀、谋杀等蠢事的可能性也增大。这不也是灾难吗？

月亮对地球的引力并不大，但月亮却常常在太阳和其他行星的支持下，大大增加对地球的引力作用，以至引起地球对应区域的地震、海啸、飓风等多种巨大的自然灾害。

谈到地球的进动周期即岁差，古埃及文明对此曾给予了极大的关注。埃及最大的三座金字塔与星空中猎户座三颗主星有着精确的位置对应，连三颗主星不同的亮度都用金字塔的大小表示出来。猎户座三颗主星左下方有一颗天空中最亮的恒星，它便是天狼星。天文学中有一个说法，太阳系是围绕天狼星公转的，然后两者再一起围绕银河系的银心转动。在浩瀚的星空中，只有天狼星是每年在固定的日期与太阳一起升起在东方，这便是

天狼星"正确的运动"加上岁差的结果。

埃及的狮身人面像更表明了在公元前10450年左右，春分的太阳在狮子座的陪衬下升上天空。金字塔和狮身人面像再加上古埃及的天文知识，可推算出岁差的周期。而且古人相信，诸神的石磨不停地、慢慢地转动，而研磨出来的往往是灾祸。公元前11000年至公元前10000年的一千年间，正是地球上灾害频仍的时期，大洪水、物种灭绝、火山、地震等不断。金字塔和狮身人面像的设计者们有一份异常强烈的欲望——对未来宣示一个信息，而那个信息则与大灾害及地球的岁差变动有关。

太阳系在银面上波动的周期为7530万年，因此对地球的影响更是巨大。首先是磁极的倒转，据科学家预测将发生在1200年后。其次是物种灭绝和多种天灾。地球的自转速度在上下波动的变化中也受到影响。这都不能不严重影响到地球上生命的生存和发展。

### 3. 破译洛书

洛书的破译，从本文中我们看到的是大量现代科学数据，尤其是地球所感受到的几个天体影响的周期数据。这是一种对应，是一种有效数字的对应，也是一种天体物理含义的对应。没有两者的结合，这种对应就会让人感到极大的偶然性、分散性、没有一个宗旨。现在我们看到了，这些数据是围绕着天体运行规律展开的，是多个不同天体的运行周期。远古之人想在这里告诉我们的，是你们未来将生活在一个什么样的大环境里，灾难将在什么时候降临人间。

破译洛书当然远不止这一点，仅就我们所发现的，还有地球表面偏向力的分布、地球公转偏心率的周期、地球两极的极移周期（即钱德勒周期），还有自然对数、理想天体的自然收缩率，外加早已被发现的黄金分割（即自然率）等。

远古之人在某些方面甚至是在某些大的方面的智力是远远超过我们后人的，天书就是明证。我们不是至今还没有很好地破译它们吗？天书不止一部，大家公认的有四部：第一部：河图；第二部：洛书；第三部：太极图；第四部：八卦图。对于这四部天书的破译，作者都进行了一定深度的研究。四部天书是远古先祖交与中华民族的用于启发极高文明的大彻大悟的无字天书。这是我们炎黄子孙的骄傲，破译它们、传承文化，也是我们中华民族不可推卸的责任。

## 第三篇　失落的文明

破译什么？就是发现天书的内涵，发现现代科学知识技术有哪些包含在天书之中。一旦发现，有了准确的科学的归类，我们就能运用《易经》文化、《河洛》文化的规律去掌握它、运用它，从而更好地天人合一。正像昆明一座寺庙中的一句楹联的上联所写："法于自然乃人意从天意。"《易经》文化的精髓，是全世界都称道的规律、法则，我们更应该去研究它、掌握它。

过去对天书的破译，大都集中在对八卦天书的破译上。几千年来《易经》历经"三圣"、书经"三世"，才发展成《周易本义》的样子。而且至今人们对《易经》的使用，只知道必须这么做，不知道为什么要这么干。要知道"《易》与天地准，故能弥纶天地之道"，然而至今人们还在迷惑之中。

对于其他天书的破译，古人几千年前做得如何我们不得而知，因为没有文字流传下来，能知道的寥寥无几，没有实质性的破译。现代人对此做出了很多辉煌的成绩，全国几次周易大会的发言可看出这一点。

对于世界万物的认识，第一就是要归类。在这点上，东西方的做法大不相同。西方的归类是单质，单一性质，是细而又细，"具体问题具体分析"。而古代东方则总想把它归到五行上。五行是什么？是金木水火土，是我们生、我们克、生我们、克我们、比和的五种类型及五种类型间的相互关系。实际上，人类对自然万物归类的宗旨就是便于研究，归类之后类别越少，就越易研究。然而大自然不愿服从人们美好的愿望，千变万化和绚丽多彩的当今世界就是我们的一个败笔。过去西方的科学家面对大自然各种需要研究的事物，总要力争用一个微分方程去对付它，能用线性方程去描述更是胜利。但是世界万物纷繁复杂，不但表现在个体与相互关系的复杂性上，同时也表现在随事物的起始点的不同和随时间的推移上，其变化结果也常常出乎人们意料之外。

世界上各国的分类方法，还没有像中国五行分类这样伟大的。五种及多种的事物还没有总结出像五行这样明确的相互关系，且这五种类别会随着地球所受的天体烙印而依次变换着不同的影响结果，而这些在西方是不可思议的。

我们应该普及河洛文化，钻研河洛文化，在普及中应该首先注意的是一个化学中的定律——相似者相溶。每一个人在学习新知识中都有一个前提，就是在原有知识的基础上不断提高。脱离了原有水平，一切都是空话！所以我们必须用大众懂得的语言，根据他们多年来受西方科学方法的教育而形成的知识水平和思维方法，逐渐引导他们到更智慧、更科学也是更能达至成功的河洛文化中来。

## 四、诞生于世界各地的学说

人类生活在一个美丽的星球上，这里有蔚蓝色的天空和浩瀚无际的大海，有平静如镜的湖泊和波涛滚滚的大川，有一望无际的草原，更有那连绵起伏的群山。七大洲的风云、四大洋的巨卷，为人类提供了战斗的天地，为万物提供了生存的大自然。

我们的上苍、西方的上帝、万物的老天，创造了今天的世界，为万物展现出好似不变的永远。世界永远如此吗？那东起西落的星辰、那一天24小时的时间、那古怪的大陆形状、那四大洋的容颜……

中华文化的源头是《周易》、是河洛、是八卦、是太极混元。这与天地如何，又与自然何干？是迷信、是荒诞、是祖先认识的肤浅，还是对大自然深刻的反映？

世界的起源、八卦的变迁、两者的辉煌、双向的发展，人类在探求，我们给予勾连，探知其奥秘。

1. **板块构造学说**

板块构造学说是在大陆漂移和海底扩张学说的基础上发展起来的。1912年，德国地球物理学家魏格纳提出大陆漂移学说。他根据大西洋两岸的大陆形状、地质构造、古生物等的相似性，认为二三亿年以前地球上只有一整块联合大陆，大陆的周围是一片广阔的海洋。后来，在地球自转所产生的离心力和天体引潮力的作用下，这一块联合大陆开始分裂，由较轻的硅铝层组成的陆块像冰块浮在水面一样，在较重的硅镁层上漂移，逐渐形成了现在的海陆分布。

全球岩石圈分为六大板块：欧亚板块、非洲板块、美洲板块、太平洋板块、印度洋板块和南极洲板块。在板块内部，地壳比较稳定，两个板块之间的交界处，是地壳比较活跃的地带。板块相对移动而发生的彼此碰撞或张裂，形成了地球表面的基本形状。在板块张裂的地区，常形成裂谷和海洋。如东非大裂谷、大西洋就是这样形成的。在板块相撞挤压的地区，常形成山脉。当大洋板块和大陆板块相撞时，大洋板块因密度较大、位置较低、俯冲到大陆板块之下，这里往往形成海沟，是海洋最深的地方；大陆板块受挤上拱，隆起成岛弧和海岸山脉。太平洋西部边缘的深海沟——岛弧链，就是太平洋板块与欧亚板块相撞形成的。在两个大陆板块相撞之处，则形成巨大的山脉。喜马拉雅山脉就是欧亚板块和印度板块碰撞产生的。至今印度板块仍以每年 5 厘米的速度北移，喜马拉雅山每年以 0.33 ~ 1.27 厘米的速度上升。

### 2. 中国的远古神话

世界各国都有自己的神话传说。这些神话传说对人类具有永久的魅力，因为它们歌颂了开天辟地的伟业，歌颂了创造人类的功绩，也歌颂了真善美等许多美德。

中国远古有盘古开天地、女娲补天、共工撞倒不周山使天地倾斜、大禹治水、后羿射日、夸父逐日等神话传说，这些传说因为当时尚未有文字，只好用专人记忆的方法，用传说的形式向子孙后代传递。现在的人们无法想象当时人类所经历的地球大变迁，所以把这种祖祖辈辈留传下来的信息称之为神话。也许是后代崇拜那些专门传播这些信息的人，认为他们知道这么多大家所不知道的事情，真乃神人也。于是他们传下来的信息也就被称为神话了。

当然，神话都有夸张的地方，夸张之处正是因为人们崇拜祖先的功绩，多有褒奖之词。正因为如此，神话也就更具魅力，流传下来了。否则我们今天不会了解到祖先经历了多大的艰难险阻，面对的是怎样的一种地球变迁，真是经历了九死一生才使人类繁衍发展到今天。

### 3. 西方的创世说

西方的创世说最权威的要数《圣经》中耶和华创世说了。"诺亚方舟"又是其中的精华。

《圣经》中说，耶和华见大地上罪恶很重，人们终日所想的都是罪恶，后悔创造了人类。于是他想毁灭人类及大地，只留下他喜爱的生物。他让诺亚造了一个方舟，全家进入方舟，并带走有血肉的活物每种一公一母两个，包括飞禽、走兽、爬虫。他将在地上降雨四十昼夜。

诺亚按耶和华的吩咐准备好后，在二月十七日，深渊的泉口裂开了，

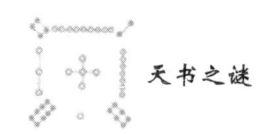

天穹破裂了，四十昼夜连降大雨。后来大洪水持续了一百五十天。七月十七日，方舟停在亚拉腊山上。一直到正月初一，大水才完全退去。耶和华说："我们与凡从方舟出来的活物立约：凡是有血肉的活物，不再被洪水灭绝，也不再遭洪水毁坏。"

这个诺亚方舟的记载与中国远古洪荒时代惊人相似。这说明那洪水不但淹没了神州大地，也淹没了西方的大地，是一个普天下的灾难。

## 五、世界诞生的真正动力

前文我们提出了问题，看到了各种学说的解释，包括现代的、古代的、科学的、神话的，那么世界诞生的真正动力是什么呢？

世界诞生的真正动力是什么？是地球的自转。是地球自转的方向和速度的变化，产生了、创造了这一切。地球的自转还产生了离心力——北纬30°效应、南北半球不同的偏向力，还有自转中的动平衡力。这三种力在地球大陆板块形成中起着不可估量的作用。下面我们就详细分析一下这四种力的产生原因和作用。

### 1. 地球的自转

在人们的印象里，自古以来太阳就是从东方升起由西方落下，每天24小时，这是永远不变的规律。朋友之间说起绝对不会发生的事情时，总爱说："除非太阳从西边升起。"毛泽东主席的著名诗句"坐地日行八万里，巡天遥看一千河"，也正是这种规律的生动写照。

地球的自转还产生磁场，南北极就是地球自转产生的，这也是现代最新的地磁理论。既然地球由于自转才产生磁极，那么它必然会符合右手螺旋定律。我们用右手去握地球仪时，四指指向东方，这代表了地球由西向东的运转方向，而这时的大拇指正好指向北极，也就是中学物理书中所说的 N 极。本用来作为判断通电螺线管磁场方向的右手螺旋定律，竟然也能用来说明地磁与地球自转方向的关系，真是用途大得很呢！实际上的用途远不只这些，这里将揭示一个更大的、被许多科学家苦苦探索了几百年的奥秘。

科学资料表明，古地磁曾与现在的地磁方向，即今天的北极是过去的南极，今天的南极是过去的北极。这种地磁翻转现象在历史上出现不止一次，科学家们还据此来划分地球的地质年代。倘若地磁确是由地球自转引起的，那么地磁的翻转只有在一种情况下才能发生，那就是地球反过来转，彼时太阳从西方升起。

地球由远古时期的自东向西运转，逐渐变成自西向东运转，这其中必然会经过零点——停止转动的阶段。那么地球就像一个悬丝下的陀螺：正转高速、正转低速、正转停止、反转低速、反转高速、反转低速、反转停止、正转低速……

地球为何像一个悬丝下的陀螺？原因尚不明白，但地球的这种自旋特性却可能解释天地的诞生之谜。

（1）为什么古联合大陆是一个整块？

板块构造学说认为，二三亿年前，地球上只有一整块联合大陆，它被广阔的海洋包围着。但是为什么是一块联合大陆，而不是两块以至多块呢？对此我们不得而知。

我们都见过洗衣机洗衣服，见过在洗衣机的循环水流中漂洗的衣物。当衣物刚被正旋的水流冲洗完又被反向的水流冲洗时，衣物是聚集在一起的。其实古联合大陆也正是在正转结束、反转开始时形成的一个联合大陆。3亿年前地球上的那块唯一的大陆正是地球反转时的离心力和惯性形成的！

（2）地球上联合大陆的分离

地球停止了由东向西的转动，开始了地球的新纪元——地球慢慢地由西向东旋转了，磁极调了过来——上为北，下为南，大陆板块也开始由聚集的一块而后逐渐分离开来。其动力来源于自转，来源于由西向东的加速运转。

在地球的自西向东运转的加速过程中，由于地球本身有一个趋于动平衡的平衡力，使各个大陆板块取得了不同的向东加速度和运动速度，因此逐渐分离，形成今天地球的这个样子。

（3）远古洪荒时期

中国古老的神话中有一个洪荒时期。《淮南子·览冥训》称："往古之时，四极废，九州裂，天不兼复，地不周载，火滥炎而不灭，水浩洋而不

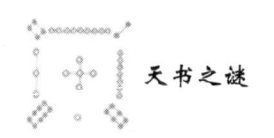

息。猛兽食颛民，鸷鸟攫老弱。于是女娲炼五色石以补苍天，断鳌足以立四极，杀黑龙以济冀州，积芦灰以止淫水。"

这段文字中记载的"四极废"指的是东西南北四极已经废掉、乱了、不存在了。这反映的正是地球停转的那一时刻，地球转而有南北，太阳升起之地为东方，落为西方。地球不转了，就失去了判断之依据，也就无四极之分了。

"九州裂"，指的是古大陆开始分裂成多块大陆，这也正是地球自转反向时发生的地质构造大变动现象。

"火滥炎而不灭"，指的是大陆板块频繁活动时产生的火山爆发现象，多个火山的同时爆发，造成了大量岩浆的涌出，火山灰遮天蔽日，造成日月失光的现象。

"水浩洋而不息"，指的是大陆上也是一片汪洋，陆上生物丧失生存的条件，或者大量死亡，或者适者生存、物竞天择了。为什么大陆上也是一片汪洋？这可用物体运动速度改变时的惯性来解释。我们每个人都有乘坐汽车的经历，当汽车正常向前行驶而突然刹车时，人们会不由自主地向前倾倒；而当汽车停止又突然向后倒车时，人们又继续向前倾倒。这两种运动，向前的减速运动和向后的加速运动都造成了车上人的向前倾倒。而地球上的海洋当时所受到的力刚好与此相同。结果呢？海洋就以排山倒海之势由大陆的东侧向大陆涌来，而且久久不肯离去。只有当地球反转的加速度变小了，自转的速度接近恒定时，洪荒的局面才得以改观。

古书中有"盐神死，天乃大开"的记载。"盐神死"，正是洪荒结束的描写。洪荒时期那一望无际的大水不是大陆上的淡水，而是苦咸的海水，所以代表它的神是盐神。盐神一死，大地上的海水退去，从大陆的角度讲，水分的蒸发量大大小于洪荒时期，于是"天乃大开"，晴天的日子开始多起来了……

### 2. 偏向力对大陆漂移的影响

偏向力是地球自转中产生的一种力，是指在地球表面水平运动的物体，不管朝哪个方向运动都会受到一个水平方向的偏向力。这个力在北半球是右向力，是促使物体顺时针旋转的力；在南半球是左向力，是促使物体逆时针旋转的力。在赤道上则不存在偏向力。（关于偏向力的详细论述我们在后面专门来讲，这里我们先直接运用它的成果来分析问题。）

第三篇 失落的文明

请大家注意"大陆漂移图",请特别注意各大陆板块从两亿年前到现在的四个阶段中移动的方向和旋转的方向、角度。

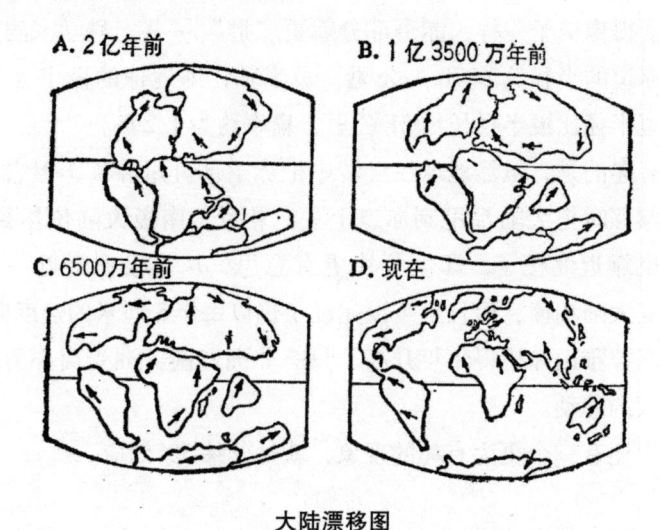

**A. 2亿年前**　　**B. 1亿3500万年前**

**C. 6500万年前**　　**D. 现在**

大陆漂移图

在北半球,欧亚大陆是一个典型,它完成了90°的顺时针旋转。当然这种运动是极其缓慢的,在漫长的2亿年间才转过90°的圆弧。

北美大陆则是一方面向西与古联合大陆分离,一方面也顺时针旋转了60°左右。

在南半球,非洲是个典型,它一方面逆时针转动,一方面向北移动,最后成为一个一半在北半球,一半在南半球的大陆。也正因为如此,非洲大陆就要受到两种偏向力——北半球的右向力和南半球的左向力的同时作用,这两种巨大的力量撕裂着非洲大陆,于是大陆就产生了裂缝。著名的东非大裂谷就是这样产生的。

南极大陆板块在南半球左向力的作用下平移很少,索性原地逆时针转起来。

澳大利亚大陆比较小,与南极大陆脱离后,受地球离心力的作用,向赤道移动,同时也受到左向力的作用,结果逆时针绕一个大弧,成了现在这个样子。

南美大陆的漂移,以向西移动为主,同时也逆时针转了一个不大的角度。有趣的是它最终的结果:大部分在南半球,小部分在北半球,而巴西的亚马孙河则在赤道处入海,据推测也与这两种偏向力的和力有关。

· 109 ·

### 3. 地球自转中的离心力

地球在自转中自然要产生离心力，这是任何旋转物体的必然规律。所以地球就变得像桔子一样，赤道部分就更"胖"一些。科学家测出地球长半轴，即赤道的半径为6378.1公里，短半轴，即地球的极半径为6358.8公里，赤道半径比极半径长约21公里，扁率约为1/298。

然而有趣的是，虽然地球在自转中把赤道部分甩胖了，但它却没有在大陆板块漂移时把大陆都甩到赤道上去。相反，南极大陆依然巍然不动，北美大陆更靠近北极了。印度板块更有意思，从南极洲附近一直甩过赤道，与欧亚大陆相撞，而且至今没完没了仍以每年5厘米的速度向北推进，只把个喜马拉雅山脉挤得年年升高。只有非洲和南美洲受离心力影响向赤道做了较大的移动。

这其中还有一个更为有趣的现象，就是北纬30°效应。

至今，北纬30°这个地区仍使人困惑不解。像美国的密西西比河、埃及的尼罗河、伊拉克的幼发拉底河和我国的长江都在这个数字处入海。最高的珠穆朗玛峰、最深的马里亚纳海沟也都在它的附近。这一带的奇观绝景比比皆是，像我国的钱塘江大潮、黄山、庐山、峨眉山等，同时它还是飞机、轮船经常出事的百慕大三角的所在纬度。

全世界主要的地震火山活动地带，除去太平洋沿岸外，也主要分布在欧亚非三大洲的北纬30°线附近。其实南纬30°也是一些主要河流的入海口，比如南非的奥兰治河、南美巴西的拉普拉塔河、澳大利亚的墨累河，也都在南纬30°附近入海。为什么地球上的主要河流都爱选择在纬度30°附近入海呢？难道30°有什么特殊性质？

这使我联想到我们雨天使用的雨伞。雨伞通常只是一个球冠，是球形的一部分（目前还没有见到把雨伞做成半球形的）。雨伞上落上雨水时，孩子们经常会旋转手中的伞柄，把伞上的雨水甩出去。你注意到雨水被甩出去的方向了吗？雨水是按雨伞的切线方向向斜下方甩出的。假如我们把雨伞做成半球式，设想一下，那么雨水将如何流出伞面呢？当雨伞转起来时，雨水会向下飞出伞面吗？肯定会的。雨水还会向斜下方飞出雨伞，其角度按地球仪来说，就是大概北纬30°的样子。

我们认为，这种雨伞现象大约能解释北纬30°效应了。那么山脉呢？为什么偏偏也爱在北纬30°形成呢？请再看一下"大陆漂移图"，南美洲、非洲和印度板块为什么还在继续向北移动？难道北纬30°不但吸引北方的大陆向南靠拢，也会吸引赤道附近的大陆向北靠拢吗？这真是咄咄怪事！

### 4. 地球的动平衡

前面说过，远古时期的联合大陆是因为地球反转时的离心力和惯性造成的。但那时的地球肯定是一个不平衡体，从那以后地球开始反转，即由西向东加速运转。这个过程也是地球自身调整不平衡的过程，其方法就是板块漂移。地球各大板块的漂移，不但是加速力、离心力、偏向力的作用，也包括动平衡的作用。

有人指出，拿一个地球仪随便用手按住一块大陆，那它的对面多半就是海洋。这就是一种平衡，一种阴阳的大平衡。我们看，南极大陆与北冰洋平衡，欧亚大陆与南太平洋平衡，非洲大陆的好望角正好填在白令海峡南边的太平洋中，南美洲与印度洋平衡，而澳大利亚却正好填在北美东边的大西洋中……

当然，这种平衡不是绝对的，还有一些不平衡。大陆板块是由较轻的硅酸盐组成，大洋板块则是由较重的硅镁盐组成；大陆板块在大洋板块上的漂移，至今从未停止，这就是在纠正着某些不平衡，以达到最后的平衡。这也是为什么至今南美大陆还在向西移动，而印度板块还在锲而不舍地继续北上的真正原因。

中国古代也有"共工撞倒不周山"的传说。据说不周山是擎天柱之一，共工因与颛顼争帝失败，怒而撞倒不周山，从而使天倾西北、地陷东南。此传说指的正是印度板块撞击欧亚大陆板块的时候，形成了青藏、康藏高原和世界屋脊——喜马拉雅山脉。

地球的动平衡和其他各力的汇合造成大西洋的诞生，更造成了主要的大陆板块向太平洋四周围攻的局面。这种围攻是大陆板块与太平洋板块的交锋，是一场惊天动地的造山运动。大地震颤、火山喷发、浓烟滚滚、天昏地暗，横贯南北美洲大陆的安第斯山脉和落基山脉就这样形成了。亚洲东面和澳大利亚的东北面，则形成了一连串的万岛之湖。

围攻不止，地震不断，地震带自然应该是在最前沿。地球正是因为这样的多种力量加上亿万年的变迁，才造就了今天的这个世界。

## 六、阴阳八卦

我国古代文化是从天文、历法繁衍出来的。夜观天象是一些学者的主要工作。他们所做的种种努力都是为了一个目的：摸清世界运行的规律。主要是地球运行的规律。人类诞生在地球上，至今没有脱离地球，万物也是如此。所以自然界的规律、人类社会发展的规律，无疑都从根本上受到地球运行规律的影响，因此抓住地球、抓住天体对地球的各种影响，就是抓住了根本。我们的祖先正是这样做的，而且取得了辉煌的成就，至今我们的生活、现代科学的发展都还在受益着祖先的福荫。

华夏民族祖先发明的天干，地支计时法、阴阳五行学说、河图洛书、八卦，不但准确地记述了大自然的变化，而且深刻地反映出天、地、人三方的变化规律。我们的祖先在天人合一的全息论上、在无所不贯穿始终的辩证法思想上，是后代子孙辉煌的典范和榜样！

### 1. 阴阳大法

世界是由物质组成的，物质有两种表现形式：一种是粒子形式，即我们通常说的狭义的物质；另一种是波的形式，也就是通常所说的各种场。在自然界中不但光具有波粒二相性，物质也一样。当物质以个体出现时，它的形态、它的规律就是粒子式的；而当物质以群体出现时，它们又都体现出波的形态和性质。正如创造出伟大相对论的爱因斯坦所说，物质是能量最集中的地方，而场是物质的外延。

我们祖先的阴阳学说也是如此。阴阳学说认为，世界万物不离阴阳。老子说："万物负阴而抱阳，冲气以为和。"阴阳互为存在之前提，互相依存，互相转化，以求得平衡。其实，不平衡才是万物发展运行的真正动力和源泉。平衡了，在没有产生新的不平衡机制之前，就只能是死水一潭，裹步不前。

老子又说："人法地，地法天，天法道，道法自然。"这无非是说人要遵循地的规律、地球的规律，而地球又受影响于宇宙天体的运行规律。其实是近为主、远为辅，日、月、木星、天狼星是主要的，其他星系的作用则是作为一种宇宙背景来影响地球的。"天法道，道法自然"是在宣传道家理论的宗旨：天体的运行规律要合乎我们道家之理，而道家的宗旨则是

## 第三篇　失落的文明

合乎大自然原本的规律性。道家所努力的正是在摸索和领悟大自然的根本规律。

阴阳学说的标志就是阴阳鱼。这就是像西方思想家黑格尔所说的，在一个图中相互咬尾巴的两条鱼。实际上阴阳鱼远不像黑格尔所理解的那般肤浅。阴阳鱼是我们祖先试图说明世界的一个图形，它完美地描述了世界发展的根本规律，是中国古代思想的精华！

首先，阴阳鱼表示万物皆可分阴阳。比如，物质与场、粒子与波、实与虚、灵与肉、雄与雌，还有昼夜、四季等等，它们共存于一个整体之中，这即是阴阳鱼图中的那个大圆，它表示一个统一体、一个被观察的事物、一个太极。

黑白两条鱼则表示事物阴阳对立的两个方面，也表示太极生两仪。两鱼相互咬尾表示结合、表示相互的依存与转化，也表示此强彼弱的发展规律。

太极图

黑鱼有一个白眼，白鱼有一个黑眼，表示你中有我，我中有你，体现了更深的一个研究层次。这种再生的阴阳也表示了两仪生四象的过程。

所以，从太极到鱼眼实际上与无极生太极、太极生两仪、两仪生四象、四象生八卦是完全一致的。阴阳鱼的圆外一般也配有八卦，不是伏羲八卦，便是文王八卦。

于是这里便生出一些故事来。因为阴阳鱼要反映出昼夜、四季、伏羲八卦的变化规律，就一定要有一个准确的旋向和位置。社会上流传着各种各样的阴阳鱼，有逆时针的、正立的、倒立的等等，因为都不能准确地反映出昼夜、四季和伏羲八卦，所以都不正宗。这也说明各门派对阴阳鱼的认识程度有很大差别。

### 2. 现代阴阳太极图

从现代物理学来讲，阴阳鱼又有另一番说法。

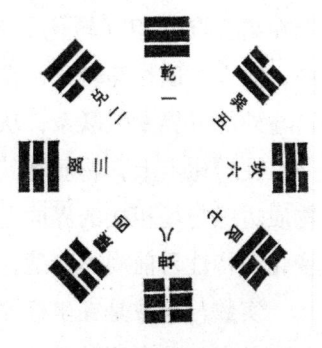

太极八卦图

大圆表示世界万物的粒子性，阴阳鱼之间的正弦曲线表示波动性，其特点是宏观为粒子，微观为波。阴阳鱼的眼睛则表示在波动的物质中又存

· 113 ·

在着更小的粒子。如此下去，永无穷尽。

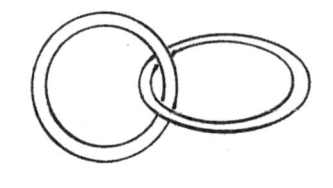

**太极图的网球纹络图**

其实，阴阳太极图是一个平面图，那么立体起来看是什么形象呢？立体的阴阳太极图应该是一个网球纹络图。一个网球是由两块材料交叉缝制而成，球上所有的缝线构成一条闭合的曲线，只要我们把角度摆放合适，网球纹络就构成一个阴阳太极图。这也说明平面的阴阳太极图是立体的阴阳太极图的一个特例。

立体的阴阳太极图是由两块材料交叉缝制成的，这种90°的立体交叉正是它的关键所在，这表明相互交叉的两部分不在同一个空间里，是性质上完全相反的两种物质。

我们把世界看成一种双环结构，这是两个互为直角相交的两个环。这种双环结构原来是我们对物理学中磁电方位关系的一种抽象符号。现在我们认为这个立体的双环结构可以用来解释世界，解释一切。

双环结构分别代表了阴与阳、磁与电等，其中两者是不可通约的，只能在结合点处相互转化，而这个结合点就是立体阴阳太极图。在交叉点内，双方可以相互转化；在交叉点外，它们各自又都有着无限的外延，又可与外部世界发生联系，从而形成新的转化点。

在转化点上，物质有其特殊的性质和函数关系。比如，物质与场，在物质边缘与场相接的界面上，有一层介于物质与场之间的中性物质，它的变化和特性目前尚不清楚，但它形成了一种边界效应。

实数与虚数是在坐标原点上转化的；曲线与直线是在切点转化的；灵与肉是在气功态下转化的……它们都有各自的转化点，只是我们尚不清楚罢了。

### 3. 五字打头的大系统

自古以来，我们逐渐形成了一个五字打头的大系统。比如，人有五肢（包括头）、手有五指、脚有五趾、头有五官、内有五脏，还有五味、五音、五色……

其实，宇宙中五是一种最圆满、最稳定的状态。比如，三维空间的四面体结构，它有四个面、四个角，加上中心，成为五之数。它是空间中接地面积最大的立体结构，所以常被用来做成混凝土结构，填堵急流，筑拦河坝。

金刚石的分子结构是由四个分子键加中心碳原子组成，为五之数。这种结构是世界上最坚硬的结构形式，现代建筑中的薄壳建筑就常采用这种金刚石结构。另外，在战场上用来破坏敌方汽车轮胎的路钉，用的也是这种结构。

其他方面，东西南北中，为五之数；金木水火土，为五之数。它们相互的逻辑关系中我们生、我们克、生我们、克我们、比和，为数也是五。这是唯一的选择，多了不行，少了也不行。

在五字打头的大系统中是有主次关系的，其中一个为主，四个为辅，重要性是不相同的。比如，人体五肢中头为主；五脏中心为主；五官中鼻为主；五指中大拇指为主；四面体中核心为主；金刚石结构中的中心碳原子为主；东西南北中以中心之地为主；五行中以土为主，而其中的逻辑关系以比和为主；五中之数以五为主。这为主的方面决定其他四个方面。五行学说是五字打头的大系统的中心代表，它把宇宙分为最基本的五种形态，其中金木水火土中的金为结晶态，木为生命态，水为液态，火为气态，而土为综合态。

它们按相生顺序排列时是木火土金水，其实十天干、十二地支、后天八卦也均是按照相生顺序排列的。在周天当中，一天的四时是按相生顺序排列的，一年中的四季也是按相生顺序排列的。这是一种必然，无人对此提出异议；但它又是一种自然，自然得几乎无人察觉。

### 4. 天干

天干是我国古代用于计时的一种工具，也是祖先用于把握"天时"规律的一种文字序数。它们是甲、乙、丙、丁、戊、己、庚、辛、壬、癸十个字。直到当今年代天干、地支的表示法依然存在。

我们的祖先在长期的生活中，形成了天人合一的人生观宇宙观。他们认为人体的构造对应着天的某些规律，五就是最重要的一个对应数字。人有两手，两手十指，所以天干为十。人有两手，各分阴阳，男左女右，所

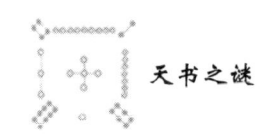

以天干也分阴阳，奇数为阳，偶数为阴。奇数代表男性，所以从古至今庙宇中的宝塔均是奇数层，比如七层、十三层等等，绝无偶数层。

奇数为阳，反映在天干上就是甲、丙、戊、庚、壬；偶数为阴，反映在天干上就是乙、丁、己、辛、癸。天干也有五行属性，因为一年之计在于春，所以天干就以代表春的木开始，按相生顺序排列：甲乙为木，丙丁为火，戊己为土，庚辛为金，壬癸为水。

5. 地支

地支与天干一样是我国古代计时的一种工具，但是作为反映宇宙运行规律的作用，它更高于天干。地支是十二，为何？这是自然界十二字打头的一个大系统。因为木星绕太阳一周是11.86年，约等于12年，所以地支为十二。木星算老几？对人类有何影响？为什么在计时上能有如此之大的作用？

原来木星是太阳系中一颗最大的行星，其重量是太阳系中其他各行星总重量的一倍半。由此看来，木星对地球的影响肯定要大于其他行星。当木星、地球、太阳运行到一条直线上时，天文学上称这种现象为木星大冲。这时，地球上人类体内的胆固醇就会升高，就易得肝病。在中医学中木为肝，所以我们祖先就把这颗最大的又能引起人们肝病发作的大行星叫作木星。木星在古代又称岁星，是古代记年的一颗标志星。木星大冲12年发生一次，所以12之数不可谓不重要！

月亮的朔望周期是29.5天，可巧一年又是12个月多一点，所以又是一个12。既然年月都是以12为一个周期，所以一天也统一为12个时辰。我们现在的小时，其实就是一个时辰的一半，叫小时辰，简称小时。

天干地支计时法又称甲子计时法，六十为一个花甲。年过花甲的老人其实就是指六十岁以上的老人。

地支十二是子丑寅卯辰巳午未申酉戌亥，其中六阴六阳，与天干一样也是奇阳偶阴。阳地支是子、寅、辰、午、申、戌，阴地支是丑、卯、巳、未、酉、亥。其中子为夜半，午为日中。十二地支的五行属性是寅、卯为木，巳、午为火，申、酉为金，亥、子为水，丑、辰、未、戌为土。

按四季分时寅卯辰为春，巳午未为夏，申酉戌为秋，亥子丑为冬。其中四季交接之处的一个月合为四季土，也就是辰、未、戌、丑四个月。因四季与五行排列是一致的，所以土位是在夏秋之间，四季土又称长夏。这样一来，阴阳学说中的几个主要内容，阴阳鱼、四时、四季、五行、天干、地支、文王八卦就都配合成一个整体、一个完整的系统。我们的祖先就是利用这样一个系统来把握和预测人类和周围世界的发展的。

### 6. 河图和洛书

《周易》在历史上乃群经之首，一直在古代文化人心目中占据着最高的位置。八卦是周易的核心，而河图、洛书则又是八卦的生身父母。

河洛的来源极其古远，无人知晓其产生的确切年代。相传伏羲时有龙马从河中跃出，马背旋毛组成图形，称为河图。到了大禹治水的时候，有一天有神龟出于洛水，龟背上裂纹形如文字，大禹把它记录下来，后人称之为洛书。

"河出图，洛出书，圣人则之。"于是圣人伏羲按河图做出先天八卦；周文王按洛书做出后天八卦。两卦时间不在同时，先天后天之变，其实正是大禹治水、共工撞倒不周山天倾西北地陷东南之时，天地发生了较大变化，才变先天八卦为后天八卦。这也说明先天八卦已经无法正确解释天地间变化的规律了，才把它变成适应天地变化的后天八卦。

（1）河图

河图除来源于神话外，还有什么来源吗？那就是来源于先人对五的思维。先人认为，"五"是最和谐的生发之数，一切事物都可以通过"五"的运转产生。从数字来看，一、二、三、四，到五就截止了，此为生数。后面的六、七、八、九、十，不过是五加一、五加二、五加三、五加四、五加五得来的，此为成数。这种思维发展的结果就是五行的产生。五是河图变化的核心，内五加生数即得到外围的成数。或者反过来说，内生数是外围成数减五而得。

那么外围成数为何又如此排列呢？古人在《管子·幼宫》中谈到每一季度的长短不一，提示我们，河图外围之数也许正是当时各季度长短的数字。《管子·幼宫》是谈时令的，也谈一年分四季，但在颛顼的这片地盘内，每一季度的时间长短不一样。以十二日为一个节气。东方春，包括八个节气，合于八数；南方夏，七个节气，合于七之数；西方秋，九个节气，合于九之数；北方冬，六个节气，合于六之数。这样一年共三十个节气，合于三百六十日。这个时间与《周易》中所记载的"当期三百六十日"相吻合，说明它们是来源于同一历法，都与当时使用的四分历不同。

它意味着《幼官》篇与《周易》所依据的是四分历之前的更古的历法。

河图外围的成数源于古历法，内部生数则又规定了五行之数，它是水一、火二、木三、金四、土五。一二三四五，水火木金土，秩序井然。这种五行的排列是因四季排列而定的，但至此对河图的探索中出现问题有三：

①河图是先天八卦之父，应是干为天、为上，应是九，为何是七？

②河图内生数定了五行之数，水火木金土。这种五行的排列，我们一直未找到明显的用处。那金木水火土之排序又由何而来的？

③河图内生数排列一二三四，按一般笔画顺序讲是竖为由下至上，横为由左至右，这有什么道理？

（2）河图原态

从上面提出的三个问题来看，宋朝陈抟流传下来的河图是不能圆满说明此问题的。在别的书中我们也见过八数在上面的河图。河图是由黑点、白点组成，并非由数字组成，所以一眼看上去是无法分别其上下左右的。

我们试着把河图转动一下，向左逆时针旋转九十度，问题立刻迎刃而解了。这样九为天、为夏、为干，统一了。内部生数定五行，一二三四五，金木水火土，更顺溜了。而且一二三四，在笔画上是横为由右至左，竖为由下至上。但如果我们使用现代坐标方位，即上北下南、左西右东时，笔画就化为横为由左至右，竖为由上至下。这与我们现代人的书写规则不是惊人的一致吗？

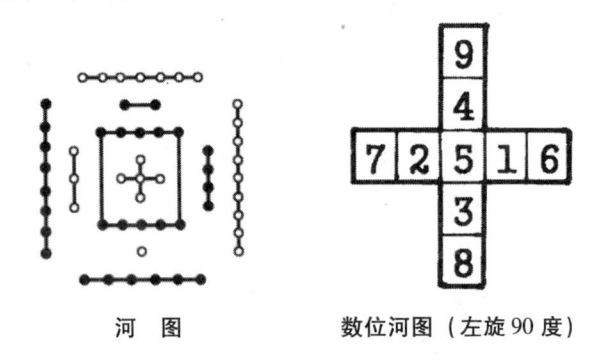

河　图　　　　数位河图（左旋90度）

四季长短问题也变为：春，七个节气；夏，九个节气；秋，六个节气；冬，八个节气。冬夏长而春秋短，也与我国历史记载相吻合。《幼官》只谈每一季度的时间长短不一，并未细说，否则面对八数在上的河图又该如何解释呢？

(3) 洛书

河图的面世已使人不解，而洛书的面世更招致了易学界此起彼伏的非难。原因不是别的，而是这东西他们见过，不过是简单的幻方。幻方又叫纵横图，它的一般定义是将1到n的自然数列排列到纵横各为n个的正方形中，使在同一行、同一列或同一对角线上的几个数的和都相等。最早的幻方起源于我国，像洛书这种图被称为"九宫"。

在我国现存的最古的天文历算著作《周髀算经》中有这样一句话："洛书者，圆之象也。"为什么这么说？宋人有个解释，洛书横、竖、斜的数之和俱十五，九个数的和是四十五，是十五的三倍，符合"圆者径一围三"。还有一个更好的解释，洛书不管怎么摆，不管从哪个角度去数，其直线上的和都是一个固定的数，而这正是圆的性质。洛书不过是用数字构造出一个"圆之象"。圆表明包容，表明和谐，表明洛书通过内部黑（阴）白（阳）的调节，使条条线线都协调起来，达到一种稳定状态。大自然也是这样，千姿百态的万物都在阴阳对立统一的作用下构成了一个平衡的整体。

## 7. 八卦图

民间流传的八卦分为四种，横列八卦、先天八卦、后天八卦、梅花八卦。其中先天八卦又叫伏羲八卦，后天八卦又叫文王八卦。

(1) 横列八卦

| 8 | 7 | 6 | 5 | 4 | 3 | 2 | 1 |
|---|---|---|---|---|---|---|---|
| 坤 | 艮 | 坎 | 巽 | 震 | 离 | 兑 | 乾 |

横列八卦传说也是伏羲之作。横列八卦最能体现太极生两仪、两仪生四象、四象生八卦的思想。两仪分阴仪、阳仪，其中阴仪在左、阳仪在右。先阴后阳，说明有母系氏族的遗风，还说明先有阴后有阳，先是阴在先，后来改为阳在先了。

横列八卦确定了两件事，一个是卦序干兑离震，巽坎艮坤。一个是卦数排列，一二三四五六七八。这些都是从右往左数的，所以说，"易，逆数也"，也说明阴在前改为阳在前了。卦序与卦数排列非常重要，是形成圆形八卦的五大要素之二（后面我们将会看到这点）。

（2）伏羲八卦图

古人伏羲作卦时是先作横列八卦，后圆之，则成先天八卦图。其实并没有那么简单。我们从分析八卦图入手，得出一个结论：一个八卦图拥有五大要素才能完成全图，缺一不可。

第一要素：定位卦名；

第二要素：定位点；

第三要素：卦序；

第四要素：走向；

第五要素：卦数排列。

下面我们就依据五大要素来分析伏羲八卦图。

伏羲八卦图

第一要素：定位卦名，干卦。因先天八卦是说系统、说场的，天地定位，后有其他，所以用乾定位。

第二要素：定位点，选在中间最高位。因天最高，地最低，所以定干在上，坤在下。

第三要素：卦序，干兑离震，巽坎艮坤。此卦序来自横列八卦。

第四要素：走向CD。这要从河图转为洛书谈起。河图（此后我们均采用新河图，特作声明），9483为竖，2761为横，一般写作9438-2761。（其中9438一顺而过，而2761为何里外乱跳？实际这里反映了一个惊天动地的宇宙基本规律，我们后文再讲。）当河图转为洛书时，9438为逆旋，起点是干；2761为顺旋，结束为坤位。其走向是卧倒的S，我们简称为CD走向。

第五要素：卦数排列，1234、5678。其实按逆时针转满圆周看，应为1234、8765。

伏羲八卦就这样形成了。除了在理论上有"天地定位，山泽通气，风雷相搏，水火不相射"外，对预测和对现实世界的解释较为有限。有人说梅花易数用后天八卦方位、先天八卦之数来测天下事，其实先天八卦数原本是横列八卦之数，也算不得先天八卦所独有。所以现在预测大法的梅花易数也就说不上用先天八卦什么内容了。

（3）文王八卦图

后天八卦图据说由周文王所作，其数用洛书之数，但其卦却不知来自何处？当我们用横列八卦之数为文王八卦定出对应之数排列时，规律却显现出来了。于是文王八卦的五大规律紧跟着就出来了。

第一要素：定位卦名——坤。因为先天八卦是说系统、说场的；而后天八卦是说方位、说物质的，所以后天八卦以代表综合态的土为主，土为坤，则坤为定位卦名。

第二要素：定位点，五行中坤为土，应在土位。而五行四季土，天干地支中土位均在右上角，从方位上讲是西南位。

第三要素：卦序，坤离巽震左旋，兑干坎艮右旋。

第四要素：走向，还是CD走向。

第五要素：卦数排列，还按横列八卦对应之数排列，8354、2167。我们再看河图，8354是由下而上一顺数来（因无9就不数9了），2167是河图的横列数字，但顺序很乱，好像与洛书右旋的数字相反。

正因为这五个要素，才把后天八卦如此排列出来。这也可以看出为什么说现代预测大法梅花易数使用先天之数，其实是使用横列八卦之数、后天八卦之定位了。

（4）梅花易数

梅花易数是由宋代邵雍（字康节）所发明的。按一般说法，梅花易数使用的是后天八卦的方位、先天八卦的数。其实不然，卦数不仅仅是数，而且还包括了位和序数的走向，不然所谓先天之数不过是1234、8765，而横列八卦之数则是1234、5678，而且还是逆数。如按平常数来则成了8765、4321了。

那梅花八卦之数是何数呢？梅花八卦之数是横列八卦之数。之所以如此，是因为它体现了一种对应，即干一、兑二、离三、震四、巽五、坎六、艮七、坤八。不说出这种对应，梅花八卦之数不知源于何处，但说出这种对应，它又不可能来源于先天八卦，而是直接来源于横列八卦。

而我们认为，谈卦数应该包括位与序数，或称卦数排列，就像洛书一样，所以梅花八卦的卦数排列则是8354、2167，而卦数排列恰好是河下

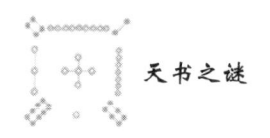

（下文解释此词）的反映。

## 七、八卦的变迁

### 1. 立体河图

过去人们一直说河洛是八卦之母，谈八卦必言河洛。好像不提河洛，八卦就无法说清楚似的。可提了河洛又怎样了呢？言不由衷，词不达意，说了世人还是不明白，大概这些先哲们内心也弄不甚清楚，"以其昏昏，使人昭昭"，果然也。

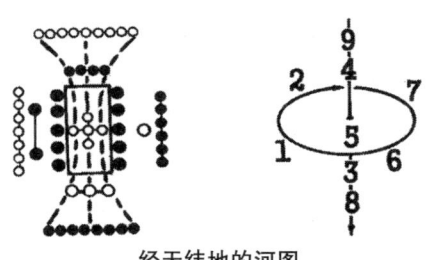

**经天纬地的河图**

一日突发奇想，把河图画成立体的，许多问题立刻迎刃而解。而且解决问题之多、之明朗化，令人惊诧不已！

我们看立体河图，图中之数分为两类，各占一隅。其中94538为一隅，从上到下；或83549，从下到上。它反映的是什么？是场、是空间、是万物，当然包括地球，是地球上的经线。

2167为一隅，左旋，逆时针旋转；或2761，右旋，顺时针旋转。它反映的是什么？是时间，是周天回转的时间，当然也包括地球，是地球昼夜的轮转，是地球上的纬线。

经天纬地，纬无头而经无边也。这就是时空，这就是天地之根本，宇宙之源泉。

立体河图中分为河上和河下两种模式。河下是指河图中9为起点，简称9438-2761，反映的是地球顺时针旋转。而河上是指河图中8为起点，简称8354-2167，反映的是地球逆时针旋转。

在前文"河图原态"中，有一个笔画逆向的问题。在方向上是北南东西。因为河下反映的是大变迁前的地球，是顺时针旋转的地球。

到河上时，是8354-2167，是逆时针旋转，和我们今天所看到的地球一样，当然在方向上笔画就顺溜多了。方向是西东北南，笔画是从左向右、从上向下，都与今天的书写习惯是一样的。

2. 洛书新解

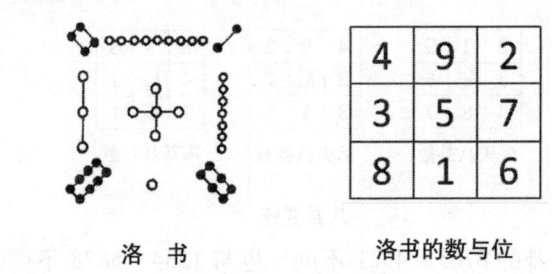

洛　书　　　　　洛书的数与位

洛书除前面说到的九宫、幻方、圆之象代表平衡和谐之外，用最新理论来论述时，增加了以下几个内容：

（1）河图转洛书时，定下了三种八卦的唯一走向——CD走向。

（2）洛书中9438为左，2761为右，正反映了河图中河下模式，即N极磁极向下、地球顺旋的状态。而这种状态正是地球由东向西运转，太阳从西边出来，下面是北极，上面是南极，即南极正对今天的北极星的状态。这是史前状态，是古联合大陆之前的状态，也是中国祖先洪荒之前的状态。

河洛反映了地球自转的变化。这一结论是令世人震惊的，却又是在情理之中的。河洛是先人所创，当然应该反映世界上最根本的运行规律，即地球运行的规律。

这种时空运转的规律也是自然界中磁与电的运转规律。这就是电学中的右手螺旋定律！这种右手螺旋定律不仅适用于磁与电，也适用于微观世界中基本粒子的运行规律，同样也适用于地球的转向与南北磁极的产生规律。

3. 八卦的变迁

八卦发展到今天，最好是用数字来分析它的变迁过程。我们看下面的四个图。

河洛产生了CD走向，这是一种固定的走向，三种八卦图无一不是CD走向。

（1）先看先天八卦图。说数取自河图，自然不对，其实只取了一个CD走向。说数只取于横列八卦，也不对。因为先天八卦之数是1234-

| 8 | 7 | 6 | 5 | 4 | 3 | 2 | 1 |

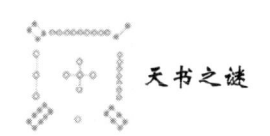

横列八卦之数

| 2 | 1 | 5 |
|---|---|---|
| 3 | 先 | 6 |
| 4 | 8 | 7 |

先天八卦数

| 4 | 9 | 2 |
|---|---|---|
| 3 | 后 | 7 |
| 8 | 1 | 6 |

后天八卦数

| 5 | 3 | 8 |
|---|---|---|
| 4 | 梅 | 2 |
| 7 | 6 | 1 |

梅花八卦数

八卦变迁

8765，与横列八卦的 8765-4321 不同，也与 1234-5678 不同，它是在两种因素的制约下生成的，所以说先天八卦之数是明取横列八卦之数，而暗取河下之数。这个暗就是指其布数的排列规律性。

（2）后天八卦之数说源自洛书。此说法很直接，但并不表示什么卦的规律。应说后天八卦明取河下，而暗取河上。因为只有河上才道出了后天八经卦排列的规律性。

（3）梅花八卦或叫应用八卦，它是明取河下之数，暗取横列八卦之数。因为只有横列八卦中，数与卦的对应才提供了梅花八卦的经卦排列规律。

河图分为河上、河下两图，不同的走向代表了不同的模式。河下是以上端为起点，9438-2761。它表示地球由东向西运转，南极在上，北极在下，太阳从西方升起。

河上是以下端为起点，8354-2167。它表示地球自转起了变化，变为由西向东运转，太阳从东方升起。磁极也颠倒过来，上面为北极，下面为南极了。

河下河上的变化，造成了八卦的变化。而八卦的变化又真实反映了地球自转的变化，反映了自转方向改变前后，世界地貌的大变化和万物运行规律的大变化。

## 八、地球的偏向力

### 1. 基本知识

由于地球的自转，地球上的物体水平运动的方向产生偏向。地球上水平运动的物体，无论朝着哪个方向运动，都发生偏向，在北半球向右偏，在南半球向左偏。这些现象都是地球自转的结果，也是地球自转的有力证据。

为什么水平运动的物体会发生偏向？因为任何物体在北半球质点向北沿经线向 A1B1 方向作水平运动，经过一定的时间后，经线 L1 转至 L2 位置。沿经线方向运动的质点，由于惯性，必然保持原来的方向和速度，向 A2B2 的方向前进。这时，在 L2 位置上的人看来，运动质点已经脱离经线方向而向右偏了。同样道理，沿纬线方向运动的质点也向右偏，图上 C1D1 则向 C2D2 方向前进。南半球则向左偏。只有在赤道上，物体水平运动没有右偏或左偏的现象，因为那里的经线是互相平行的。

由于地球的自转，大气中的气流、大洋中的洋流都产生偏向。这与地表热量与水分的输送交换、对全球热量与水量的平衡，都有着巨大的影响。

（以上是中学高中地理书中对地球偏向力的论述）

## 2. 偏向力与阴阳八卦

地球上的偏向力是与其他几个力同时存在的，它们共同作用于万物。所以当谈到八卦可以预测天地人三才之事时，就不能不考虑到八卦应该能够反映出地球的这点规律来。

前文说到八卦反映出地球昼夜之变化、四季之变化、地球自转方向之变化，当然也应该反映出偏向力的变化来。它能准确反映地球偏向力在地球表面分布规律的图形是什么呢？是洛书。我们看图后是不是一目了然了，是不是茅塞顿开了呢？

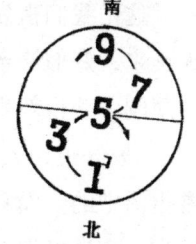

洛书中的数字分成阴阳两组后，在地球上形成这样一种排列。13579 像一个 Z 字，它表明阳物在北半球是顺时针旋转的，而在南半球是逆时针旋转的。阴物呢，则相反，是 8642，其曲线像一个 S 形。它表明阴物在北半球是逆时针旋转的，而在南半球是顺时针旋转的。

"阳顺阴逆"，这个阴阳学说中的基本原则其实是对北半球来说的，到了南半球这个原则就要变成阳逆阴顺了。

当初我学阴阳八卦时曾想，八卦这诞生在中华民族摇篮之中的瑰宝，

洛书数位分析

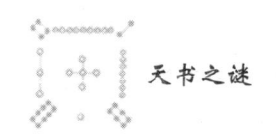

能不能在世界范围内应用呢？比如在欧洲、在澳大利亚……能使用吗？我想答案应该是肯定的，因为这是放之四海而皆准的真理，但必须做一定的修改才可准确地反映当地万物变化的规律。首先要使用当地的"经纬度"，其次，在南半球要遵循阳逆阴顺的原则。

其实在八卦的 CD 走向上也体现了阳顺阴逆的原则。我们看河上 9438－2761 和它导出的先天八卦，1234－5678。其中 9438 或 1234 因含干卦为阳，2761 或 5678 因含坤为阴。应该是阳顺阴逆，怎么都违反了这个原则？细一想，却有道理。因为那时地球是顺时针自转的，神州大地是在南半球，当然应该是阳逆阴顺了。

发展到梅花易数、后天八卦时，采用河下模式，8354－2167，不正是 8354 之中含坤而为阴，其转向是逆转吗？而 2167 中含干为阳，其转向是顺转吗？神州大地在北半球，当然是阳顺阴逆了。

## 九、龙图演绎

### 1.《龙图》演绎

"往古之时，四极废，九州裂，天不兼复，地不周载，火滥炎而不灭，水浩洋而不息。"

这是我们祖先在《淮南子·览冥训》中记载的地球大变迁的时代。今天读来，好似又亲眼看到了那真正天翻地覆的悲壮情景。人类在这场地球的悲剧中获得新生，得到了一个飞跃。人类的历史意识从此诞生。

"要知道，人类的历史意识是不可能产生于苟苟且且、浑浑噩噩的日常生活中的，而只能产生于某种壮观的、突发的、惨烈的、前所未有的事件中。在这场浩劫之后，人类忽然变得聪明起来。他们从长期停滞或极其缓慢发展的旧石器时代，一举进入了文明的新石器时代。"

我们的祖先在尚未有文字的年代里，用神话记载了地球的悲剧，用图形记述了当时的大自然的规律。

这些图形首先就是河图、洛书，其次是后来发展起来的阴阳八卦。我们的祖先试图用这些图形去说明一切、解释一切。因为没有文字说明，几千年来各朝代的学者们对这些图形做了世代相传的研究工作，统一了某些看法，但在起源问题上，还是都把它推给了远古之神。

## 第三篇 失落的文明

今天我们也试图解释这一切。大家可以从前面章节中看到，地球自转的方向给地球上的万物造成了多么大的影响。而我们的祖先用河图洛书、阴阳八卦等图形准确无误地反映出了这个变化。

河图，这个最初的图形，当它转成9上8下，而后又变成立体河图时，它就变成了一个数字组成的陀螺。这个立体河图所形成的陀螺，就是模拟地球自转的模型。9438－2761是顺时针状态；8354－2167是逆时针状态。这也从反面证明了地球在其发展史上确实有过一段顺时针旋转的历史阶段。

河图不但揭示了地球自转与磁极的规律，同时也是右手螺旋定律的示意图。河图中的那个10，是均匀分布在两排的，每排有5个黑点。粗一看多像一个通电螺线管的剖面图，用右手一握，活脱脱一个右手螺旋定律示意图。而这个右手螺旋定律又是宇宙间最基本的一个客观法则。河图反映、解释了这一切，该是何等的伟大啊！

洛书也一样。它像一张精密的图纸，准确地指出地球的偏向力在大地表面的分布规律；并且指出在北半球永久不变的阴阳八卦中的阳顺阴逆法则，到南半球时就必须反其道而行之。这种规律也只是在近几十年才被科学家揭示出来。而我们的祖先却在几千年前就发现了它，并用洛书的形式传于后代子孙。

以河洛为先导的阴阳八卦，就是这样追踪着地球的变化，才演变成今天的样子。我们惊叹远古的祖先们，在气功态下悟出的周围世界的规律，并用图形道出世界变化的真谛。

在当今这个世界，阴阳八卦一直只是道家学派的一面旗帜，民间文人也只有极少数人去研究它。现代人更是把它看成迷信的象征。阴阳八卦几乎绝迹于神州大地。可是大家何曾想到，阴阳八卦竟然是如此准确地反映了地球的变化和规律。我们生活在同一个地球上，难道那些不相信阴阳八卦的人就能摆脱阴阳八卦所揭示的地球运转规律的影响吗？

《周易》是群经之首，立之为首的是历代的先哲们。他们认为《周易》是中华文化的源泉，是每一个文化人的必修课。古时学中医的人都要学懂《易经》，因为《易经》中辩证的哲学思想是中医的根本。但是到了近代，人们逐渐把它抛弃了。一个中医可以不懂《易经》，不学《易经》，所以大部分中医也就不懂"子午流注及灵龟八法"，他们也就永远到不了被世人

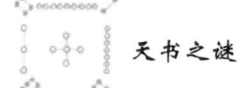

称之为"神医"的地步。

近年来阴阳八卦所受到的待遇是忽冷忽热，大家出于好奇而接近它，但多数人又因为无师点拨而钻不进去，头脑中始终存在着疑问：阴阳八卦真的有道理吗？

《易经》是人类科学的源泉，它揭示的是世界万物在周天轮回的天体运动中所展示出来的相对应的规律性。在历史的长河中，没有轮回，没有再现，也就没有一切事物的规律性可言。银河漫长的回旋、地球四时的流转、年年四季的再现、宇宙间各天体规律的运转，这一切构成了一个大道自然，造成了一个近乎不变的永远。人间的一切历程，必然笼罩在天体运行所导致的必然之中。

《易经》是人类科学的源泉，世界上许多学者已经意识到这一点，他们加紧了对它的分析研究工作，其热度和认真度早已超过我们。

中国是《易经》的故乡，是阴阳八卦的发源地，在当今世界学习《易经》、研究《易经》的大潮里，中国应该走在世界的前列。在这片被《易经》思想浸润过几千年的土地上，该是鲜花绽放的时候了。

## 2. 太极图与太阳系

太极图是中国远古时期就有的一幅神秘之图，也是我们现在民间常能看到的作为道家旗帜的标志图。按照黑格尔的说法，它就像互相咬尾的两条鱼。其实它是对宇宙状态最形象的描述，也是对宇宙总规律最为形象的描述。宇宙中充满了流动的物质，而流动的物质最容易被旋转之力搓成涡旋。宇宙就是一个无比巨大的涡旋，在总星系下形成了无数层大大小小的涡旋。

我们尝试用太极图的原理去分析太阳系，其结果是惊人的。它使太阳系中的一些奇异现象得到了较好的解释。我们先从太极图入手。太极图中是由一条形似S的曲线把太极圆分成两条阴阳鱼，这条曲线从中心分成两部分，每一部分我们称为易旋线。一个圆周内我们把它均分成五等分，也就是72度一份。易旋线在每一份所达到的高度做一个圆，我们定为一环、二环、三环、四环、五环。五环之外是易旋线运动一周的边远之界，是它的边界线。这个系统也是根据黄金分割原理建立起来的，所以我们给它起名叫金环系统。三环之象是我们常看到的太极图之象（见金环系统与太阳系）。

第三篇　失落的文明

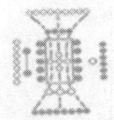

**宇宙涡旋与太极图**

太阳系中有九大行星，它不像大众心中所想象的区别不大的九颗行星，实际上它们有着很多让人摸不着头脑的奇异现象。比如：

（1）金星、水星基本不转。

（2）火星和木星之间有一个小行星带，成因不详。

（3）水、金、地、火，四行星构造相似，称类地行星。木、土、天、海，四行星统称为类木行星。

（4）从极轴与太阳系旋转平面垂直线交角来看，木星只有3°，而天王星却达到98°，简直就是在横滚着前进。

（5）冥王星公转平面与太阳系旋转平面交角最大，个头却最小，还不如月亮大。其公转轨道偏心率太大，有时它都跑到海王星轨道里去了。

宇宙自有它自己的规律性，太阳系也是如此。当我们把太极图和太阳系结合在一起时，奇迹出现了，它们结合得非常好，因此进行的一番分析，使我们对太阳系有了更清醒的认识，也更加清楚地看到了我们老祖先留下的太极图所展现出的神秘和伟大。

我们从分析中看到，宇宙中存在着分层的空间，太阳系就是如此。那个层间就是易旋线所形成的各个环，在环与环之间、在环上、在三环外、

**太阳星系图**

在五环外，各个空间都有着完全不同的空间特性。在一环外的各环之间，是容易形成涡旋的空间。于是，每一个空间就形成了一个涡旋，也就是一个天体，在太阳系中我们称之为行星。一环与二环之间的空间有着最大的转速差，也就产生了最大的搓力。因为流体就怕搓，一搓就搓成了涡，而在宇宙空间漂流的物体，从大视角上看就是群体组成的流体，其结果就是流体搓成了涡，也就是天体。太阳系内最大的涡旋，其直径大于只有太阳直径的二分之一的天体——木星，就这样被搓出来了。它笔直地站立着，傲视着所有的行星，与太阳在比美。它旋转得飞快，九个多小时就旋转一周，它强大的自旋力，在太极图的指挥下，又搓出了几十颗卫星，俨然就是一个小太阳系了。

而一环，不偏不倚就偏偏卡在了小行星带上。如果环与环之间很适合行星产生的话，那环上就一定是一个非常不适合行星产生的狭窄地带，它是一个异常恶劣的有着剧烈变化的转折点，是黄金分割的转折点，所以行星产生不出来，反而形成了千万个大小石块乱飞的小行星带。

再看三环外，那是天王星的地盘。这是普通太极图的边界，按西方科学家的说法，周期三意味着混沌。那么天王星就处在混沌的地带，也就是说太阳的巨大涡旋力在这里有点儿失控，于是天王星便不听话地横滚起来。

冥王星是距离太阳最远的一颗行星，它个头太小，自转不稳定，公转轨道太扁，与太阳系平面夹角又太大。今天天文学家集体投票开除了它的行星资格，这是完全正确的决定。由于太极图的使用，我们可以给它增加几个具有中国特色的开除理由：

## 第三篇　失落的文明

（1）五环数据与冥王星天文数据差距较大。

（2）三环外为二重天，五环外为三重天。五环为一周，三五成群，冥王星为群外之物。

（3）五环外，在民间就是出"五服"了。出"五服"不为亲，已是六亲，就应该"六亲不认"了。

（4）冥王星的名字"冥"就是阴间，已出阳界，理应出局。

（5）八为满，九九归一，是一个新的起点。所以冥王星应属外层空间之天体，不在八大行星之列了。

太极图与太阳系的结合，解决了太阳系内一般天体的异变问题。"三五成群"的确如此。群内群外的确有着非常不同的性质，天王星的横滚、冥王星的被开除，都是很典型的例子。一环之内我们依据太极图还可做出一个内环，做出后发现，内环正好卡在金星轨道外。这也可以说明，内环有一种限制的作用，那就是它内部的行星在受到强大的太阳旋力的影响下，连行星的自转能力都消失殆尽了。

一环外是太阳系中最大的行星——木星的势力范围。据天文学家观察，木星是地球的保护神。从宇宙间进入二环的小天体，均被木星强大的旋力所吸引而落在木星上，否则地球面临的天体威胁就太大了，所以二环又可以称作保护环。一环呢？是一个转折地带，所以可称为转折环。三环因为是太极图的边缘，所以称为太极环比较合适。五环是群之边，可称为外环。

以上种种分析，并不仅仅是一种定性的分析，它是有天文基础的。环线位置是有标准的，它应该定位在两侧行星轨道的中点。我们通过太极图所推导出的公式计算出各环的位置，其误差值如下：一环为3.2%，二环为1.3%，三环为0.09%，四环为4.6%。这也说明在太极环内误差较小，之外呢，逐渐加大。

中国古代的《易经》，其阴阳八卦的生成是"无极生太极，太极生两仪，两仪生四相，四相生八卦"。我们现在的太阳系是宇宙生太阳，太阳生两仪，即类地行星和类木行星，它们以小行星带为分界线。两仪生四相，即水星和金星为一相，地球和火星为一相，它们都在小行星带内。木星和土星为一相，天王星和海王星为一相，它们都在小行星带外。四相生八卦，即为五环之内的八大行星。阴阳、五行、八卦是《易经》的特征。

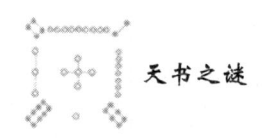

类地、类木，五环、八大行星是太阳系的特征。所以，开除掉冥王星第九大行星的资格后，今天的太阳系距离《易经》更近了。

中国古代的七星，又称为七曜，是指金、木、水、火、土五大行星，加上日、月共七大天体。这是对人类影响最大的七星。从太极图分析，这七星加地球均被包括在三环之内，即太极环之内，这不正说明了我们古人的天地吗？另外，从木星向内看，五个行星之名形成了一个五行相生的排列。木生火、火生土（地球）、土生金、金生水。不知道这里面又蕴含着什么秘密呢！

太阳系的五环结构，与人手也有着同构的关系。人手有五指，大拇指、食指、中指、无名指、小指。其中拇指就是一环，它是最重要的，它最灵活，最强大，可与其他四指匹敌。它与其他四指合作可紧紧握住工具和武器，它单独灵活的运动，形成了现代时髦的"拇指一族"。一环也是如此，它与其他四环的匹敌，就是一环内有四颗行星，一环外也有四颗行星。一环还压在小行星带上，真是千变万化是一环，"风景这边独好"。一环称转折环，二环称保护环，三环称太极环，五环称外环，只有四环毫无特色，要起名也只能学人手第四指，叫无名环了。

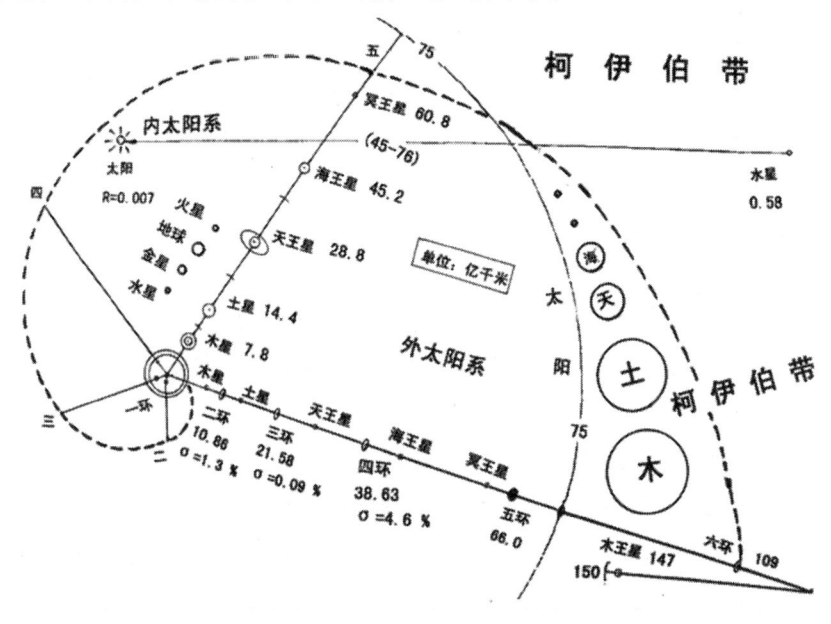

金环系统与太阳系

**附：插图的说明**

《金环系统与太阳系》中有三个太阳。

第一个在一环内的中心，它只能是一个点，其他的外太阳系的行星和六个环带与太阳的距离都按比例画出。五环射线所标的是行星的顺序及距离，六环射线所标的是各个环的距离及精度。标题下的几组数中最后两个数分别是海王星和美国最近发现的第十大行星——木王星的距离精度。这个精度是大大高于德国天文学家提丢斯的公式的精度的。

第二个太阳是图中水平线左端的太阳，它标出了太阳的大小及水星到太阳成比例的距离。许多人绝对想象不到水星离太阳竟有如此遥远的距离。

第三个太阳是借用了主图中的柯伊伯带内沿的曲线为太阳的大小，在右边的行星则是按比例画出的。

主图中优美的大曲线则是画中的灵魂，它是太极图中 S 曲线的一半，更形象的表示是插图中的来知德太极图。

### 3. 类木行星与太阳距离公式新探

本文从一个全新的角度探索了类木行星与太阳的距离公式，在精度上高于德国天文学家提丢斯的距离公式。中国的李映华博士提出的行星最小相干轨道的公式也高于提丢斯的精度。但他们的公式应用范围都止于太阳系中第七颗行星——天王星。再往外，海王星，或再加上美国近几年发现的第十大行星，其误差就很大了。但下文中的公式较好地解决了这个问题。当然，太阳系中的行星，天文界已经观测、研究得很透彻了。这些新的公式并不能起到发现新行星的作用，但它所描述的是：类木行星真实地在遵循着什么样的规律性。

（1）三种公式的介绍

我们生活的太阳系是人类最早观测研究的星空，其中首位的课题是周期，其次是距离。行星距太阳有多远？它们的运行遵循着什么规律呢？18世纪德国天文学家提丢斯首先发现了行星与太阳距离的公式。他以地球为基础，提出：

$LN = 0.4 + 0.32$

表3
(单位：亿千米)

|  | 水星 | 金星 | 地球 | 火星 | 小行星 | 木星 | 土星 | 天王星 |
|---|---|---|---|---|---|---|---|---|
| 实距 | 0.378 | 0.723 | 1.00 | 1.524 | 2.4-3.0 | 5.203 | 9.539 | 19.191 |
| 算距 | 0.4 | 0.7 | 1.0 | 1.6 | 2.8 | 5.2 | 10.0 | 19.6 |
| 误差% | 3.4 | 2.8 | 0 | 5.3 | 3.7 | 0 | 4.2 | 2.1 |

中国的李映华博士在1955年就提出了"有核场中多体椭圆运动的最小相干轨道——太阳系行星及其卫星系统的距离规律"，公式为：

$$LN = 0.752n - 1 + 1$$

表4
(单位：亿千米)

|  | 水星 | 金星 | 地球 | 火星 | 小行星 | 木星 | 土星 | 天王星 |
|---|---|---|---|---|---|---|---|---|
| 实距 | 1 | 1.9 | 2.6 | 4 | 4-13 | 13.5 | 25 | 50 |
| 算距 | 1.0 | 1.8 | 2.5 | 4.0 | 7.0 | 13 | 25 | 49 |
| 误差% | 0 | 3.7 | 3.3 | 0 | 0 | 3.3 | 0.7 | 1.4 |

误差：提丢斯21.5%，李映华12.4%。

两个人的研究成果比较，提丢斯明显不如李映华，不论在类地行星范围还是在类木行星范围都是如此。所以现代天文学家有些更接受李映华的理论和公式。

可是在天王星外，两种理论和公式都不太好用。下面我们先看不理睬太阳系中第八大行星——海王星时，他们两位的成果比较。

表5
(单位：亿千米)

| 提丢斯 | 海王星 | 冥王星 | 木王星 |
|---|---|---|---|
| 实距 | 45.2 | 60.8 | 147 |
| 算距 |  | 58.2 | 116 |
| 误差% |  | 4.3 | 21.1 |

表6 (单位：亿千米)

| 李映华 | 海王星 | 冥王星 | 木王星 |
|---|---|---|---|
| 实距 | 45.2 | 60.8 | 147 |
| 算距 |  | 56.3 | 112 |
| 误差% |  | 7.4 | 23.8 |

我们再来比较包括海王星时，他们计算的精度如何。

表7 (单位：亿千米)

| 提丢斯 | 海王星 | 冥王星 | 木王星 |
|---|---|---|---|
| 实距 | 45.2 | 60.8 | 147 |
| 算距 | 58.2 | 116 | 237 |
| 误差% | 28.8 | 90.8 | 61.2 |

表8 (单位：亿千米)

| 李映华 | 海王星 | 冥王星 | 木王星 |
|---|---|---|---|
| 实距 | 45.2 | 60.8 | 147 |
| 算距 | 56.3 | 112 | 223 |
| 误差% | 24.6 | 84.2 | 51.7 |

误差%：提丢斯180.8，李映华160.5。

我们是以太阳为基础、以黄金分割为武器提出一个新的公式，但它是以类木行星为研究范围的，而且是以行星之间的中距为基准的。类地行星不太合此公式。

表9 (单位：亿千米)

| | 小行星 | 木星外 | 土星外 | 天王星外 | 海王星 | 木王星 |
|---|---|---|---|---|---|---|
| 实距 | 3.6-4.5 | 11.10 | 21.60 | 37.00 | 45.2 | 147 |
| 算距 | 4.18 | 10.86 | 21.58 | 38.63 | 48.46 | 157 |
| 误差% | 3.2 | 1.3 | 0.09 | 4.6 | 7.2 | 6.8 |

根据上述表格的分析，提丢斯和李映华的公式对天王星以外的行星预

测都不太合适，但三星预测结果，李映华的公式还是误差稍小。在外行星中，海王星是一颗大行星，他们的公式是不应该忽略一个大行星而重视一颗比月球还小的小行星的。这不合道理。按三星计算，他们均认为海王星太不守规矩，其公转轨道那么靠里面，一定是出了什么巨大的天文事件。但是按照我们的公式计算，其值为48.46亿千米，误差为7.2%，精确度大大提高，而且说明海王星的公转轨道还是在合理的范围内，并没有大的天文事件发生。他们认为海王星应该不存在，而冥王星却成为一颗合乎规律的行星，这与现实的太阳系出入太大了。现在，冥王星又被开除出行星的家庭，这使我们更感到了他们的公式的局限性，因此有必要寻找一个新的公式来取而代之。

（2）新公式的诞生

既然提丢斯和李映华关于天王星以外的行星距离公式都有局限性，那么是否可以说这些行星可能更符合一种新的规律？而这规律又与哪些参数有关呢？

我们也是在不经意中发现此规律的。原本我们想，在水中的大旋涡中如果周围出现小旋涡，应该产生在什么地方呢？由于实际上操作和观测的困难性，使我们想到了太阳系。这不正是一个现成的大旋涡，而且多少年来从未发生过什么变化吗？于是我们从太阳出发，以黄金分割为理论基础，开始了对太阳系的研究。当用此公式中的 N 依次代入自然数时，我们发现它的位置均不在行星附近，而是在两星之间。我们把它们画成一个个圆环，称之为一环、二环、三环……其中一环一下子就压在了小行星带上。从一环开始，每两环之间都有一颗行星，并没有两颗行星共行一道的现象，也没有环道之间连一颗行星都没有的现象出现，更奇怪的是，当我们计算出实际行星间中线位置时，环都在其附近，误差并不大。

公式：$L_N = 6.961.6N - 7$（亿千米）

我们思考其中的意义，两环之间一颗星，这是星的天地，同时这是否也是星的摇篮呢？环与环之间应该是一个很适合行星生长的环境。在太阳系早期，这里的太空物质就像流体一样，受到两环之间的搓力作用而形成了涡，也就是天体。从这个结论推开去，我们认为，所有的天体是否都是旋涡的中心呢？相反的，在环上的太空物质是否都处在一个最不容易形成天体的位置呢？

我们把两行星间的距离中心称为中距,每个环又都在中距上,而且误差不大。这岂不说明类木行星是按照我们的公式规律运行的吗?这个发现使我们深思。难道我们真的弥补了提丢斯与李映华的公式了吗?如果真是这样,在类地行星中使用李映华公式、在类木行星中使用我们的公式,两个中国人在太阳系的这个领域岂不就揭示了行星运行的规律了吗?

在太阳系内以小行星带为分界线,内行星与太阳距离的规律遵循李映华的公式,这是以距离太阳最近的水星为基础、以行星间最小相干轨道为理论的规则体系。而外行星与太阳距离的规律遵循我们的公式,这是以太阳为基础、以黄金分割为理论的规则体系。内行星是成熟的行星,外行星是成长中的行星,它们有着明显不同的构造特征,因此也必然应该有着完全不同的运行规则。

(3)奇妙的冥王星

太阳系中的冥王星是九大行星中最有争议的一颗行星。它离太阳最远,有60.8亿千米。它个头最小,月亮直径为3476千米,而冥王星只有2300千米,比地球的卫星还小。它的密度为2.03克/立方厘米,在类木行星中是最大的。它的公转轨道偏心率为0.2482。其偏心偏到了什么程度呢?我们可以从另一个角度来描述它。

冥王星的公转轨道很扁,近日点时它钻入了海王星的轨道,为45亿千米,但它的远日点则有76亿千米远,已经运行在柯伊伯带之中了(柯伊伯带的范围是在75亿千米~150亿千米之间)。如果考虑到我们的公式,那正是五环所在的位置——66亿千米,而冥王星正是在五环内外穿行,成为一颗五环之上的行星。这是太阳系中唯一的一颗环上之星,相比其他的环上之星必然有其独特的性格特点。也正因为其性格独特,有别于其他八大行星,所以近两年来被天文学家表决开除出了太阳系行星的大家庭。

这使我们想起中国古代的一个成语——"三五成群"。成群正表示它们之间有共性,所以成为"一群"。在太阳系中,天王星在三环外,按老理,是在"群"之外,所以其状态也就表现得特殊一点,横滚起来。冥王星是五环之星,处在似"群""非群"之间,所以它的命运也是如此,由"群"中九大行星走向"非群"时,太阳系只有八大行星了。

(4)太阳系的第十大行星

近年来,美国在冥王星轨道之外更遥远的宇宙空间发现一颗行星,称

· 137 ·

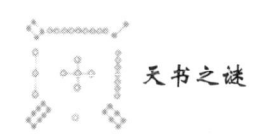

为太阳系中第十大行星，代号 UB313。它距离太阳 98 个天文单位，折合成千米为 147 亿千米。因为没有正式命名，所以我们就用中国人刘子华早在 20 世纪 30 年代就为它起好的名字"木王星"为其命名。

木王星的轨道在哪里呢？它在柯伊伯带外沿内 3 亿千米的地方，换句话说，它是柯伊伯带中诞生的一颗新星。那么，这颗新星的运行轨道是合乎提丢斯公式、合乎李映华公式，还是合乎我们的公式呢？由于我们的公式以黄金分割为理论，又是由一个一个环组成的，所以我们把它命名为"金环系统"。

对于舍掉海王星后，预测木王星的轨道，提丢斯的算距为 116 亿千米，误差为 21.1%；李映华的算距为 112 亿千米，误差为 23.8%。两者的误差都比较大。金环系统算距为 157 亿千米，误差仅为 6.8%。这还是假设不要了海王星，如果大家更守规则一些，提丢斯测木王星，算距为 237 亿千米，误差立刻升为 61.2%，李映华算距为 223 亿千米，误差也升为 51.7%，但比提丢斯还是稍小一些。不管怎样，他们的计算误差是 21.1% ~ 61.2%，比起金环系统的误差只有 6.8% 来，还是高了许多。

结论：木王星是柯伊伯带中形成的一颗新星。它的轨道运行规律还是符合金环系统规律的。金环系统的六环位于 109 亿千米的地带，这是柯伊伯带的中心，所以是柯伊伯带这个母体中诞生的天体，当然不会很大。木王星直径大约 2400 千米，只比冥王星略大，还是小于月球，这就是证明。

（5）太阳系新观

我们生活的太阳系已经存在数十亿年了，以往的行星是如何运转的，人类并没有看到。今天它们展现于我们眼前的规律，一直没有得到较好的诠释。德国的提丢斯与中国的李映华都较好地揭示了部分行星的运行规律，而李映华比提丢斯更高一筹。提丢斯只提到行星是遵循一种规律，但内涵他说不清。1802 年波得就说过："它纯粹是经验性的，将来或许会从分析和总结中推出。"李映华不但公式精度高于提丢斯，而且理论也高一些。他认为有核场中多体椭圆运动应该符合最小相干轨道的规律。因此他在类地行星的轨道上有更精确、更合理的描述。至于他们的公式为什么都止于天王星，这个问题有待于更深层次的探讨。

可以下定论的是，对于类地行星，李映华的理论是个好理论。但对于类木行星呢？再加上木王星呢？很明显，金环系统是更具优势的理论，它是以黄金分割为理论基础的，它认为天体的周围空间是分层次的，这些层间距离的分布关系符合黄金分割规律。黄金分割规律不仅掌管着地球上的万物，也掌管着太阳系这样庞大的宇宙空间。至于是否还能掌管银河系及河外星系，还有待人类不断地探索。

金环系统把太阳系中类地行星外的广大空间分为六个环带，一环是小行星带，一环外是木星，二环外是土星，三环外是天王星，四环外是海王星，横跨五环内外的是冥王星，六环是柯伊伯带，木王星就在柯伊伯带外沿的内侧。这种行星轨道的分布更符合黄金分割的空间层次。

柯伊伯带是一个不断生产小天体的母体，小天体诞生后会慢慢脱离母体而成长。当小天体慢慢脱离母体时，它会在一个相当扁的公转轨道中逐渐演变。轨道太扁时，就有如彗星，要穿越若干行星轨道。稍圆一点呢，就有如冥王星。但因冥王星的轨道压在五环内外，所以它不可能是一颗较为稳定的行星。又因为冥王星的轨道介于行星轨道与彗星轨道之间，是否冥王星应叫做类彗行星呢？

一环是小行星带，六环是柯伊伯带，它们都是碎石乱飞的环带。在两环之间的行星才是太阳系新生的与年轻的子孙们，这才是它们生活的广阔天地。

# 第四篇　万物一理

科学的终极目的在于提供一个简单的理论去描述整个宇宙。（霍金著，《宇宙简史》，译林出版社，2012）

为达到这个终极目标，几百年来科学家们刻苦钻研、艰苦奋斗，努力实现这个目标。牛顿、笛卡尔、莱布尼兹和爱因斯坦是他们中的杰出代表。他们把宇宙的原因归结为四种力：万有引力、电磁力、强作用力和弱作用力。后来又认为四种力太多，就想合一，努力到现在，只有万有引力尚未纳入统一理论中去。看来人类距离实现终极目标还有一段距离。

中国古人讲"大道至简"时，还没有西方科学家们的这些发展。那时东方的先哲们寻找到"大道"没有？研究东方文化的人们会说找到了。既然找到了，还用得着西方科学界如此费劲么？中国人不敢说，西方人更不承认找到了。由此看来，东方人眼中的"大道"还不是科学界眼中的那个"终极目标"，因为那个理想提供的简单理论是可以描述整个宇宙的。而我们祖先的这个"大道"却不能，这让我们疑惑不解。

东方的"大道"是简单的，也解释了一些宇宙、自然和社会规律，但那是中国式的理论、中国式的解释，并未被世界科学界所认同，所以他们也不会走中国式的道路去寻找那个"终极理论"。其实，中国人大多数也不认可这个"大道"，并不认为这个"大道"具有解释整个宇宙的能力。原因呢？是古人走到哪里，我们就止于哪里。我们并没有尝试用"大道"去认真地解释宇宙，怎么就一口咬定不行呢？

看来中西方文化一定要有剧烈的交锋，才能看出哪一个理论更优越一些。从本质上讲科学就是"分科"的学问，分之越细，成果就越多。可那个理想中的简单理论呢？就越出不来。掌握局部太细的人，往往会丢掉全局。

本书想尝试做一次这样的文化交锋，让东方文化看到"大道"的伟大，也让西方文化看一看"大道"是如何解释宇宙中的种种现象的。

## 一、密度一统天下

### 1. 流体与风

流体是一个有趣的分类。在大自然中我们常见的物态有三类：固态、液态和气态。那么这三态与流体是什么关系？气态是物体分子可以自由活动，它有上下左右前后六个方向的自由选择。我们在研究气体时，地球引力是基本上不考虑的。

液体的活动就不那么自由了，它无时无刻地受到地球的引力作用，因此它的活动自由度就少了一度，只有五度了。要保存它，只要有一个开口向上的容器，比如碗、盆、缸、湖、海洋等。

固体就更稳定了，它一般自己不活动，只要它的重心垂线不超出它的支撑面积之外，它就是比较稳定的了。气体、液体可以流动，因为它们的分子是比较自由的。固体的分子不自由，但它们真的不能流动吗？否！这种固体不能流动的观念是我们观察的角度没有提高所致。如果固体很小，比如粉尘，比如泥沙，它们一般是以亿万级以上数量的群体存在的，它们在载体的作用下，比如狂风、洪流的作用它们就飞舞起来、流动起来。沙尘暴、黄河水就是含有固体的流体运动。大石头甚至上百吨的巨石，应该是绝对不能称为流体的吧，但在山区或冰川地区生成的泥石流中，它们都能漂浮在泥石流中滚滚而下，那一刻它们也成为流体了。

不但石头在特定的环境成为流体，就是人流、汽车流，也可以在特定的角度称为流体。我们头顶上方的太阳，是一直被称为恒星的天体。它也能称为流体，这谁能相信呢？但当我们人类通过望远镜看到那遥远星系时，那亿万颗恒星在围绕星系中心运动时，不是也如流体一般么！所以，从宇宙的角度讲，没有什么东西是不能称为流体的，没有什么东西以群体的方式运动时而不具有流体的性质的，区别只在于微观、宏观还是宇观，在于我们是否"欲穷千里目，更上一层楼"而已。

因此我们对于流体可以下一个新的定义：不管何种物质，当它们以群体出现而又不被其他力黏合在一起时，它又会被一种外力作用而产生群体的定向移动时，它就可称为流体。

说到风，我们常人会认为那就是空气的流动，不管是微风拂面还是狂风暴雨，那风都是气体的流动。可沙尘暴是风吗？肯定是风，只不过那不仅仅是空气的流动，还携带了漫天的黄沙尘土。再有，在宇宙中没有空气，但还是有各种星际物质，它们也会在外力的作用下，做定向的群体移动。风，我们是看不见的，但我们可以看到在风中摇摆的树枝，这是风的效果。同样的，在宇宙中那些星际物质的移动也会在接收天体上产生一定的效果。所以，当我们要把风作进一步抽象定义的话，那就是——流体的定向移动就是风。只不过在地球上我们特别地把液体的流动称为"流"了。

为什么要进行这种抽象，为什么要把本来可以分清的东西混为一谈？因为宇宙间万物一理，小事物中蕴含着大道理。我们看似有明显区别的事物其实是有着根本的共性的。只有用共同的理念，我们才好打开宇宙的大门，才能找到最根本的也是最简单的理论来。

### 2. 力的总汇

在物理学上有各种各样的力，这也是物理学中最难掌握的一部分。这么多的力，各有各的研究范围，各有各的研究规律。大概连当初创立它们的物理学家都嫌力的种类太多，于是想把它们统一起来。但这谈何容易，爱因斯坦奋斗了一辈子，临终时也还是遗憾地没有达到目的。

经典的物理学有四种力，这就是万有引力、电磁力、强作用力、弱作用力。据说科学家已把后三种力统一了，只有万有引力至死也不愿意入伙。现在又出现一种弦理论，认为要有十维空间才好活动，少了，它踢不开拳脚。科学家认为，力的产生必须扔东西。强呢，扔点大东西；弱呢，扔点小东西。如果东西不扔，力就体现不出来。电磁力扔光子，强作用力扔费米子，弱作用力就扔波色子。别人都扔实物，万有引力也得扔点什么东西吧，一时找不到实物，就编一个引力子吧，也许将来能找到点东西呢。但因引力子一直没有找到，所以引力子就一直统一不进来。下面我们就各种典型的力进行一点点的初步分析，看看它们的共性在哪里，变换一个角度是否更有利于把它们全部统一起来。

## 第四篇　万物一理

(1) 万有引力

万有引力是宇宙中最具权威的一种力，天体的运动离不开它。但也因此在科学界闹出引力谬误的笑话来。人们说既然万物都有引力，都相互吸引，那满天的星星岂不在某一天都会撞在一起了。其实，发现万有引力的牛顿，也只是在太阳系内使用它，并没打算把万有引力推广到整个宇宙中使用。

万有引力从太阳系深入到地球时，它又有了新的名称。毕竟我们在地球上研究的物体与地球相比，都实在是太小了，甚至可以忽略不计，所以名称改为了重力。而两个物体垂直放置时，则重力又改为压力了。

(2) 重力

重力是地球上使用的力，它与物体的质量有关，也与地面的加速度有关。它被规定在地球北纬40度的海平面上，大概还规定气温是20度摄氏。在这种环境中所测的重力加速度为标准值，符号为g。可见这个值并不能随便用，环境一变，它就要变，为了研究计算方便，规定不许它变。但正是它的种种变化，才造就了不同的地形地貌，当然这是后话。

(3) 浮力

浮力一般说是一个固体放置在液体中，它的重量会减轻，这就是液体对它有一个向上的力量，这个力量叫浮力。浮力的大小等于固体在液体中排开的液体的重量。不要小看这种其貌不扬的浮力，它可是经常出现在我们生活当中，如果细说起来还常使人迷惑不解呢!

比如，过去有一种杀人的办法，就是把人捆住并在身上绑上一块大石头，扔到河里淹死。那人死后就别想浮出水面上来。为什么? 很多人会说，绑上一块大石头太重了，当然浮不上来。真实的情况只是加重了分量就浮不起来了么? 如果我们给那人绑上同样重量的木头或更重的木头时，结果会如何呢? 那人就沉不下去了。可见，原因并不在那物体的重量如何，而在于那人身上被绑物体后总的密度如何。当总的密度小于水的密度时，则人可浮在水面上；反之，人则沉入水底。

再比如，一块铁块放入水中，肯定它会沉入水底，但为什么万吨巨轮却能漂在水面上呢? 这是因为轮船的密度不能与铁块等同。假如轮船甲板上没什么设施，轮船的密度应该是轮船的重量除以甲板以下的整个轮船的体积。当然，这种算法轮船的密度就很小了。这也从另外一个角度告诉我

· 143 ·

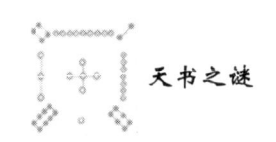

们，虽然轮船上的钢铁只占据很小的空间，但甲板下的空气却占据着很大的空间。计算时，这两个空间是合在一起计算的。因此当我们在对待地球或宇宙间的其他事物时，密度也应该如此计算。

不但一根木头、一艘轮船可以浮在水面上，当两种不同密度的液体混合在一起时，也是密度小的液体在上密度大的在下。比如水与油的混合，共同装在一个瓶子里时，不管是油在上水在下，还是混在一起了，只要停下来，我们就会看到油水自动地进行分离，油往上升，水往下沉，很快就分离成油上水下的状态了。这种现象我们叫轻上重下。其实，在东方文化中还有一个更恰当不过的说法，叫"清气上升，浊气下降"，当然这种说法有着更高的抽象度，古人把一切都称为"气"了（其中更为细致的解释我们放在后面再讲）。

再有，液体如此，固体行不行呢？密度大的物体也会在密度小的固体中沉下去，只不过要经过千年万年以上的时间。至于说到斥力，电磁力除外，它的机制与表现绝对与浮力相同。

（4）弹力

弹力是物体在受到外力时，被作用物体的形变还没有超过该物体材料的弹性模量时，它产生的恢复力我们称为弹力。弹力一般是在两个物体发生紧密作用时产生的，拉、压、弯、扭，是紧密作用的四种形式。弹力不仅仅发生在固体上，也可能发生在水上或空气中。我们小时候玩的西瓜皮打水漂，或用瓦片打水漂，就是利用水面弹力的一种表现。就连宇宙飞船在进入地球大气层时，如果进入角度掌握不好，也会被大气层弹回宇宙空间。

（5）摩擦力和阻力

在两个物体相互紧密接触并做水平运动时，静止物体表面的水平度和粗糙度就是摩擦力产生的主要原因。

阻力是物体前进时由于介质的浓度、黏滞度造成的，当然也有的是介质的运动造成的。比如，船在江上行，上行时就受到介质的阻力和流动的江水的阻力；飞机在空中飞行时就受到空气阻力和风的阻力。如果变化了运动的方向，有些阻力就变成动力了。

（6）电磁力

电磁力是一个大的研究部门的研究领域，它是深入到核物理中的一种现象。电磁、电磁，是电离不开磁，磁离不开电，电动而生磁，磁变而生电。

### 3. 密度夺权

在物理界，力学一直占据着排行老大的地位，相比而言密度的地位就差多了，是否在最后几位也未可知。但是在本书中密度的地位将不断提高，最后竟然超过力学，登上排行老大的地位。也许大家不相信这是真的，其实开始我也不信，但研究的结果显示，密度的地位越来越重要，使得我们不得不刮目相看。

密度在物理学上的定义大概就是物质的质量除以它的体积，或者是单位体积的物质质量。这个单位体积就是指1立方厘米。这个定义往往与比重类似，比重是单位体积的物质重量。因为水在单位体积1立方厘米时重量是1克，所以各种物质的比重就是1立方厘米物质的重量与同样体积水的重量的一个比值，叫比重。比重也好，密度也好，我们学习中一般是指单质的性质。

但在真实的自然界单质是很少的，于是很多非单质的情况摆在我们面前，使我们不得不从更广泛的角度去观察它们、研究它们。非单质物质我们一般的理解是化合物，比如蒸馏水、二氧化碳、蔗糖等很多很多，混合物比如各种饮料、泥石流、沙金等等。但我们更感兴趣的还不是这些化合物、混合物，而是它们的另一个物理量——体积。本来这是一个再明白不过的物理单位，可我们后来发现，这里面有太多值得探讨之处，它甚至让我们惊讶得目瞪口呆。

一个薄铁皮的盒子，它的密度计算时，体积就必须按盒子的体积来计算了。铁皮包围的空间也算为它的体积了。一棵大树，当它枝繁叶茂时树冠的体积是树叶共同罩住的空间。但当冬天树叶落了，它的树冠体积改变了没有呢？没有变，但是更稀疏了。面对这种情况，我们说冬天的树冠密度更低。

再抽象一步，比如我们有10个罐头盒，每个体积是1立方分米，放在1立方米的空间里。当然不管我们如何放置这些罐头盒，这个空间的总密度是不变的。但是不同的摆放方法，对于地表空间密度的意义是完全不同的。假如我们取距地面10厘米高的空间为准，我们把10个罐头盒垒起来，像一个木桩，这时地表只有1个罐头盒。但当我们把10个罐头盒都平放在

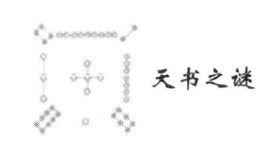

地表时，地表就有10个罐头盒了。这时我们认为对于地表来说，后者密度就是前者的10倍了。这就是说一根树干是立在那里还是躺在那里，密度是大有区别的。地表的水受热蒸发变成水蒸气，上升到天空。这是体积变大，密度变小的结果。在这里水还是水，只不过水分子间的距离增大了。由此现象再推论下去，两个圆球靠近时，我们从共同体积看是体积小密度；当两球分开一段距离，我们还从共同的角度分析它，体积就变大了，而密度变小了。

宇宙中的天体是由星际物质聚集而成的，开始时它们的体积都很巨大，但经过亿万年以上的变化，体积越来越小了。我们知道，密度的变化其实就是相同物质的体积变化，但物质密度的增高，这种纯粹量的变化长期下去也会产生质的变化，于是元素变化了，机制变化了，天体的名称也变化了。

所有的力的区别，在很大程度上是物质间距离的区别。因为距离的不同，它们的表现不同，它们的名称也不尽相同。但从整体上看，不就是密度的不同么！就此，密度的重要性越来越显现出来，所以它也顺理成章地走上了排行老大的地位。

秦始皇统一了中国的度量衡、文字、道路等，为的是中国各地域之间的文化交流、物资往来。现在全世界的公制的推行目的也是如此，不过范围更大罢了。而我们现在在自然界所做的统一工作，则为的是宇宙的统一。宇宙是由极简单的规律演化而成的，千变万化不过是它的表象，这是西方科学家更感兴趣的地方。

### 4. 古怪的温度

按：本来不打算写这一部分，因为"一统天下"并不想把温度也统进去，而是把温度排除在外的。但因为要抽象宏观世界的一些物理概念，才能引起的温度概念的探讨与排斥，所以还是放在这里为好。

温度是宏观世界里很重要的一个物理量，任何我们所见到的东西都有温度，温度的变化使水有了液态、气态和固态三种物态。东方以水沸腾时的温度为100摄氏度，以冰水混合物的温度定为0度，这叫摄氏度。而西方以人为本，把正常人的体温定为100摄氏度。真是东西两重天。西方又把负273度定为绝对0度，称为开氏温度。在这个温度下，物质的任何粒子都懒得动了，一切活动都停止了。

## 第四篇 万物一理

温度的定义是指物质（包括三态）分子活跃程度的一种概括性的描述。测量如以水银温度计为例，是因为活跃的分子撞在水银温度计的水银球上，导致球内的水银分子也活跃起来，也就是膨胀起来。当水银在极细的玻璃管中爬升时，温度才显示出来。由此得知，谁能使物体的分子活跃度增强，谁就把温度传给了物体，温度只能由高温区传导到低温区，而决不能是相反。这就是大名鼎鼎的热力学第二定律。谁违反了它，谁的理论就一定是在胡说，谁的实验就一定失败。

当然，有的实验就好像故意与此为难。比如，在一试管中装多半管水，然后放上一小块冰，压在水底。当我们把试管中段用酒精灯加热，一直到试管中的水沸腾起来，下面的冰块也没有融化。这是什么原因呢？为什么试管中的水已达到沸腾的100摄氏度了，热量也传不下去呢？这个现象告诉我们，水是受热变轻，上升到表面，表面的水相对较冷就会降下来。这种水受热时的循环是止于酒精灯的加热点的。加热点以下的水并没有参与这个循环，所以温度依然很低，冰块当然就融化不了了。可见温度的升高与传导方式有关。

还有，在月球上，光照与阴影之间温度相差足有300度以上，为什么热传不过来呢？因为没有空气，缺乏温度传导的介质，所以也不行。在宇宙中，在天体中，具体说在恒星中分子是不存在的，温度的定义就得改成粒子的活跃程度了。但是，粒子的活跃是要以一定的空间为基础的，没有空间，粒子就无法唱歌跳舞折腾，温度肯定也就上不去。而没有空间也就意味着此区域的密度高，自然压力就大。看来压力大并不是总愿意与高温扯在一起的。

温度的传导方式有三种：接触、辐射、对流。我们用一个理想的实验来加以说明。在我们面前有一个非常结实的高压锅，它可以加压也可以减压，里面装上水，在锅下有火。当锅中压力为1个大气压，水被烧开时，温度是100摄氏度。在水中升温的过程是对流，这是我们常见到的现象。但当锅内压力减小，我们模仿了在高山上烧水时的情景。水不到100摄氏度就沸腾了，所以食物很难煮熟。当我们继续给锅内减压，也就是抽真空，加快了这种趋势的变化，到一定程度时，锅中的水不用加热，在常温下就沸腾了。这时水分子的活跃就不能真实地反映水中的温度，跳跃的水分子由高压的环境中走出，去填补低密度的空间去了。这时水分子免掉了

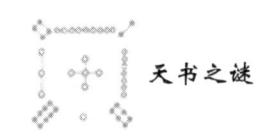

加热的能量，直接体现了密度的变化，由高到低。

　　反过来，我们开始给锅内加压，使压力升到比一般高压锅内的压力还要高时，那锅中会有什么变化呢？首先，在2个大气压时，锅中的水在火加热到100摄氏度时水也没有沸腾的现象。虽然水在锅底被加热而膨胀，升到水面，表面的冷水因密度高而沉入水底。水用对流的方式使全锅的水都升到100摄氏度了，但水面的压力使它沸腾不起来，也无法加速气化。如果压力继续增大，增大很多，而火力又不很大时，锅中的水会出现我们意想不到的变化。

　　首先，它会经过一个没有对流的过程，压力使加热后的水分子升不起来。这时我们会感觉到我们似乎不是在烧一锅水，而似乎是在烧厚厚的一锅饼。很快锅底被烧红了，而水却沸腾不起来。

　　然后，随着压力再增大，水的对流方式会倒转过来，形成一种密度的对流，但热却传不上来了。对流是把高密度传给下面的低密度，这是一种冷传递，它与热的传导方向相反，这时即使不加热，锅底也会升温。这说明热的传导不但与对流有关，也与压力有关。正因为日常生活中压力变化不大，所以才不被我们所重视。压力过分增大和减小，使我们看到了很多不可思议的现象。当然我们的生活中不会有此种事情发生，但在宇宙中，在恒星类的天体中，那里的环境必然比地球上要恶劣得多，高压、高密度、超真空是再平常不过的事情。到了那里热的传导会如何进行呢？

　　下面我们再讲一个理想实验的例子。理想实验可以轻易地使我们达到各种领域，可以不怕任何极端的环境。但原则必须是从我们人类公认的理论出发，去推导出更为真实的宇宙规律来。我们在月球上放一杯开水，杯子是用不锈钢制成的，内表面有镜子一般的反射功能，再加上一个非常结实严密的盖子。平时如果我们希望开水能够保温时，我们会用保温杯。因为保温杯是双层的像暖壶一样，中间抽成真空。真空度越高，暖壶的保温效果越好。这是因为我们从两条渠道阻断了热的传导，辐射热由胆内镜面反射回来，传导热由于真空不易传热，所以装在暖壶中的水就保温了。

　　在月球上没有空气，是一片真空，所以我们舍弃保温杯的外壳，效果应该一样吧？月球日照的表面温度是127摄氏度，阴影处是负183度。我们把杯子放在阴影处，现在要问，杯子放在地球上和放在月球上，哪一个保温更好呢？在月球的阴影处杯中的开水与外界有着巨大的温差，或叫温度梯度。在地球上我们把水杯放在冰箱里,温度是负25度。当然,月球上开水与环境的温差要大大高于在地球上开水在冰箱内的温差。但月球上没有空气,地球上的冰箱里有空气,所以开水杯在月球上应该更保温一些。因为冰箱里的气体分子担任了对流传导的媒体角色,因此散热会更快的。

如果我们把一长条的山楂糕放在月球的日照与阴影的分界线上,会不会发生这样的情况,阴影处的山楂糕一下子被冻成冰块,而日照处的山楂糕就立马热得冒烟了呢?

好了,理想实验给了我们奇异的回答,说明在宇宙中因为条件的不同或极端化,导致了我们崇拜的某些定律失效,这也是可以理解的。温度一旦和宇宙中的极端条件在一起,它在一定的程度上就失去了作用,取而代之的是能量。而能量的传递与温度的传导大不相同,它只有辐射一种形式了。

能量是宇宙中最基本的东西,物质不过是能量高度集中的结果。能量是物质运动的产物,也是创造物质的动力源泉。至于它们是如何转化的,那将是我们在下面要讲的内容。

## 二、旋转的世界

### 1. 旋转的普遍性

应科学界之邀,我国著名画家吴作人画了一幅开放式的"太极图"。吴作人在谈到这幅画的创作思想时说:"以往对于太极图虽有多样的理解,但多半认为它是个封闭的、固定的浑然寂寞的整体。而我所要表现的却是在无限空间中旋转运动而又相互作用、联系的体系,它更能表达博大深邃的宇宙的无穷变化和无比深奥的大自然现象。"

李政道博士对这一"太极图"会标非常欣赏。他说:"您的大作已获得国内外科学家的最高评价。如太极、两仪,画中饱含的抽象概念,已超过了物理上的基础理论。而其形象动荡,更深刻地表达了从宇宙星云至电子、质子……一切之形成。结合古今,融协万象,实乃创作之结晶。"这幅作品珍藏在中国国际物理研究中心大厦的展厅中,设计图案已定为北京电子对撞机的标志。(商玉生 1988)

既然李政道博士如此肯定了这幅图,认为它更深刻地表达了从宇宙星

云至电子、质子等一切之形成，我们一般也就不该怀疑此图的理论作用了。其实不然，英国现代大物理学家霍金就在《时间简史》（吴忠超、许明贤译，湖南科学技术出版社，1988，第95页）中说："哥德尔的时空具有一个古怪的性质：整个宇宙都在旋转。"这是什么意思？看来霍金并不看好旋转的普遍性。还有，"整个宇宙都在旋转"可以有两种解释，一种指整个宇宙看成一个整体，它在围绕自己的一个中心旋转；另一种是指各个天体的自转和公转，并不强调宇宙的中心。不管如何，它都强调了一个观点，宇宙中没有不转的天体。可霍金却认为这是一个古怪的性质。

当然这种"古怪"的观点并不是一时可以消除掉的。通过近代科学家们长期的观测，我们周围的卫星、恒星、星系、星系团都有旋转的现象。那么在宇宙中还有没有不旋转的天体呢？恒星为什么还要旋转呢？我们很不理解。地球围绕太阳转，那是万有引力的作用，这与太阳的自转有关系吗？牛顿的万有引力理论，使我们否认了中心天体自转的必要性。而找不到天体必须旋转的理由，我们就不敢肯定宇宙中所有天体都在旋转。

我们所见的天体基本都是球形的，为什么呢？做面食时面团是我们用双手揉出来的。天体呢？是否也由一双大手揉出来的呢？科学家说不是，是万有引力，是引力塌缩把星云聚成了一团，然后塌缩成一个圆球。这是天体的内因在起主导作用。按科学家的说法，不需要任何外因，只要足够的时间，天体会自动演变成一个圆球的。一般说事物的变化是外因通过内因起作用，外因是条件，内因是基础，这是缺一不可的。科学家没有找到天体演化的外因，这个自动旋转、塌缩的理论是否就不太符合唯物辩证法呢？科学家们不大喜欢谈事物发展的外因作用，因为一时也找不到合适的外因。可科学家们这时往往会把眼光转向上帝。他们虽说感到这样有些不妥，但也常常无可奈何。

月球27.6天绕地球一周，地球1年绕太阳一周。当地球以30公里/秒的速度围绕太阳公转时，太阳正带领着九大行星以240公里/秒的速度围绕银河系中心旋转呢！那么银河系就不动了么？它以更高的速度400公里/秒的速度在围绕本星系团中心公转。本星系团的公转速度就更快，达到600公里/秒。各种大大小小的天体都在自转、公转着，据说在小行星带还有个别的小行星在自转，它的周围还出现了更小的卫星现象。

我们惊叹地发现，旋转是宇宙间的基本形态，大概一切宇宙现象的分析从此就离不开旋转这个基本运动了。既然旋转具有如此的普遍性，那我们在探索宇宙时就应该时时把它摆在第一位。我们应该在周围去寻找、研究类似的物理现象，毕竟相似的东西才会有更多的共性，才更容易相通一些。没有旋转运动的物理现象（比如苹果由树上掉的地上），肯定不会比前者更容易找到最基本的规律。在自然界中最为类似的旋转现象是水中的旋涡，也许它能揭开宇宙的奥秘。

### 2. 水中的旋涡

西方著名科学家开普勒在《新天文学》中说：行星是由自旋太阳发射的辐式磁力所驱动……笛卡儿用以太粒子的旋涡运动来统一解释各种天体运动。……科学家莱布尼兹惊讶牛顿为什么放弃研究产生重力的原因——以太旋涡，因为它可以将引力降为力学的原因。

伟大导师恩格斯也在《自然辩证法》第91页中说：麦克斯韦尔的理论，是以旋涡运动的各种最新研究为基础，以各种不同的方法从旋涡方面去说明它的。这样一来，老笛卡儿的旋涡又重新在知识的最新领域中受到人们的敬重了。

笛卡儿、莱布尼兹、牛顿、开普勒、麦克斯韦尔、恩格斯都曾经对从旋涡的角度探索宇宙寄予过极大的希望。但都由于以太理论的不完整性，终究没能深入研究下去。但躲开了旋涡，他们将处于一种没有任何一种物理模型更适合天体形态的尴尬局面。今天看来，旋涡理论毕竟是牛顿物理、流体力学中不好研究，不好数学化的理论之一。我们不必过于忧愁的是，我们对于宇宙的解释，对宇宙未来事件的预测，很多不是定量的而是定性的。预测时重点也不在时间，而在对各种客观条件具备与否的分析上。古人说："大道至简"其意是说，最基本的道理、规律不仅是简单的，而且是最简单的。这个道理、规律可以解释宇宙中的一切现象，而且并不需要跨过中间多个步骤才能达到目的。我们曾经看到从自然界总结出的许许多多的规律、理论，但它们始终不具有解释一切的能力。看来只有等同于宇宙中大大小小天体形态的旋涡，才有可能担此重任。

我们每个人都见过水中的漩涡，它有很多特性，这是我们都已经了解的，宇宙也是如此。大大小小的漩涡充斥了整个宇宙空间，银河系是漩涡，太阳系是漩涡，行星也是漩涡。典型的如土星。漩涡有漩涡的共性，漩涡有这举一反三的漩涡规律。当我们认真分析掌握了水中漩涡的规律，我们就可以把它用于宇宙大大小小的漩涡的研究。这就是全息。如果我们细致观察过几个漩涡，那么规律是明显的。

（1）转。每一个漩涡都必须转，这是它的根本特性。不转，不能称其为漩涡。虽然漩涡旋转得有快有慢，但转是必须的。

（2）大。我们发现漩涡有大有小，这是有区别的。但不同大小的漩涡，它们的转速是不同的，小漩涡转得快，而大漩涡则转得要慢得多。因为漩涡是在流体中形成的。正如科学家们所说：流体就怕搓，一搓，就搓成了涡。所以漩涡都是搓出来的。流体都有一定的黏滞力，也正因为如此，转速快了就带不动较大范围的流体运动了，所以漩涡就小。反之，慢一些，由于黏滞作用，它可以把旋力传到更远的地方，漩涡就大了许多。

（3）力。漩涡是流体被搓之后产生的运动形式，但实际情况也不尽然。比如洗衣机中的水流，它就是由于中心涡轮的转动才带动整个洗衣机中的水流进行漩涡运动的。宇宙中的太阳系、银河系的大漩涡不也是中心体的存在并转动，才搅起这巨大的天体漩涡么？外力当然是搓，或者是搅，不过是在外围搅。我们生活中，在锅中煮饺子，不是开始要用勺子沿锅水的外围搅一搅么？那时饺子的漩涡就是由外力引起的。

（4）吃。漩涡是很危险的，尤其是水中的漩涡，常常要把路过的船只、游泳的人吞入它的口中，沉入水底。所以说，漩涡是要吃东西的，只要是属于它势力范围的东西，它都要慢慢地吃掉它们。漩涡是以旋转来产生它的势力范围的，转速快，旋力强，但势力范围小；转速慢一些，旋力较弱，但势力范围却能变得很大。可是漩涡要是不转了，消失了呢？那时漩涡没有了，旋力没有了，势力范围也没有了。

（5）生。漩涡不但会吃，还会生。在大的漩涡中，往往会在边缘地带产生一些小的漩涡。我们常常看见水中的漩涡旁掉下一片树叶，那片树叶在水中漂浮着，自己还打起转来。这种现象就是小漩涡存在的证明。

（6）停。小漩涡生成后，会慢慢地向大漩涡中心靠近。在这个过程中小漩涡越转越慢，最后会停止转动。当然我们看不清小漩涡的这些变化，但我们看到的是树叶转动着并慢慢靠近中心，自转逐渐变慢，最后就没有自转了。此时它围绕大漩涡的公转运动却越来越快，最后被大漩涡吃掉，所以停是小漩涡靠近大漩涡的结果。

这就是我们生活中的漩涡，相信每个人都会有这方面的经验。漩涡的六大特点或规律，就是：转大力，吃生停。如果以小见大，使用全息理论，那么我们可以由此及彼地推出，宇宙也应如此。实际上，如果我们真正了解了水中的漩涡，我想，我们也就极有可能了解宇宙。

### 3. 宇宙的旋涡

就像水中的漩涡一样，宇宙间也充满了旋涡。但深究起来，哪一类的天体像旋涡呢？太阳系虽有九大行星绕其旋转，但它没有水中旋涡的旋线，倒像一个个的同心圆。有点像旋涡的是土星环，但那也是同心圆。真正像水中旋涡的是星系，不过也只是指旋涡星系，因为它有旋臂。透镜星系像运动员扔的铁饼，椭圆星系像一个橄榄球，都与旋涡的形象有一定的区别。而且水中的旋涡像一顶头朝下的草帽，而星系等天体中心都是一个球，与土星类似。原因何在呢？

在地球上，水中的旋涡有旋线，有中心的凹坑，这是由于地球的引力造成的。旋涡吃下的东西也是由中心向下沉入水底的。这一点我们会在天体中看到类似的现象。在宇宙中的天体不会像水中的旋涡一样单向受力，所以它像两个草帽对扣在一起一样，中心是个球体。水中的旋涡聚集的是能量，而宇宙中的旋涡聚集的是天体。也许天体的形成正是宇宙旋涡的作用呢！如果真是如此，那旋涡就不仅仅是天体形成的力量，也是天体演化的原因呢？也许我们应该把目光转向天体周围的环境。天体真是上帝踢了一脚就开始以一定速度自转，以后的变化全是依据角动量守恒原理来调节天体的自转么？

太阳系中的行星周围都在刮大风，而且越往外似乎风刮得越大。比如类地行星，金星风速是300公里/小时，地球风速是400公里/小时，火星风速是500公里/小时，而在类木行星中差别更是明显。土星风速是木星风速的4倍，海王星的风速是木星风速的6倍。这些大风的风向全是逆时针的，与行星自转的方向相同。你能说行星的自转与大风无关吗？如果有关，那么是否我们就不必劳驾上帝去踹那一脚了。问题是风是从哪儿来的？在太阳系中它是如何分布的？也许这风才是宇宙运转的真正动力呢！

什么是宇宙之风？宇宙之风又是怎样变成宇宙的旋涡的？谈起风，在地球上那是空气的流动。风小时微风拂面，风大时树倒屋塌。刮风时我们关心的是风速，其组成我们并不关心。什么氮气、氧气、二氧化氮……什么比例，就不再管它了。但风中携带的沙尘、负离子、花香、毒气什么

的，我们倒会给予特别的关心。

对于宇宙之风也是如此，风的大小必须关心，因为它与天体的演化密切相关。风的组成无非是宇宙中能够自由漂浮的粒子。细分下来会有一大堆，也许只谈它们的名称、基本物理数据，就够我们头疼半天的。正像美国科学家马克·布查纳在《临界》（吉林人民出版社，2009，第112页）一书中所说：物理学家们提出一条深奥的教训：世界比看上去的要简单。当人们要理解什么事物的时候，细节是绝对无关紧要的。我们不正是要理解宇宙之风对天体的作用么，其风的组成自然是它的细节，也绝对是无关紧要的了。

在地面上的风，不管它东西南北风，只要是单向风，它就会沙尘随风走，狂风卷落叶，一切轻浮的东西都会被大风吹向一方。只有冷暖两股风相会，才会形成旋涡，形成台风或龙卷风。那么两股风为什么不各行其道、井水不犯河水呢？比如，当两艘轮船在水中航行相遇，相距又较近时，两船之间会产生更快的水流，因而压力会小于两船外侧的压力。这种情况下，两船就都会向对方扭头撞去。同向是如此，相向更甚。

我们也可以做一个小实验来证明流体的这种性质。把两张纸平行地拿在手中，然后我们向两纸间吹气。如果你认为我们越使劲吹气，两张纸就会相距越远，那就错了。相反的是，我们越使劲吹气，两纸间的距离反而越近。这就是流体的动压永远小于静压的道理。

我们大概都有这样的经历，在冰面上飞快地滑冰，突然要与对面的滑冰者相撞时，那时不管认识与否，也不管男女有别，我们都会快速用双手抓住对方，两人马上在冰面上旋转起来。几圈之后，两人都站稳了，一场碰撞、摔跤避免了，然后双方又各自滑开去。

其实，浩瀚的宇宙中，迎面刮来的风也经常演绎着同样的游戏。两股风之间包含的空间、宇宙尘埃越大，它们形成的旋涡也越大，形成的天体也就越大。在宇宙中到处存在的是双风还是单风呢？我们知道，单风是造不成旋涡的，它只会把东西吹向前方，在宇宙中它也只会把天体吹向前方。如果这股风是宇宙旋涡双风中的一支，那它就很可能是使天体围绕中心天体旋转的动力。

既然天体的形成离不开旋涡，我们是否可以在这里立下天条：

**第一个天条：所有的天体都曾是风卷旋涡的中心。**

第四篇 万物一理

使用"天条"这个名词,似乎带有点神仙世界的味道。天条是不可触犯的,神仙触犯了天条都会受到天庭的严厉惩罚。这里强调的是它神圣的方面。我们不愿把它等同于基本原理、定理、规律什么的,因为那些是西方的东西,我们希望这一套理论更具有东方色彩。再有,它强调的是天体共有的状态、过程,并不具有数学上可操作的性质。

4. 太阳系的旋涡

科学家说过:流体就怕搓,一搓就搓成了涡。在太阳系内是哪两股风搓出了这许多的旋涡,这风是永远存在的么?它们的大小如何变化,对天体又有何影响?我们一起来分析一下。

在太阳系的九大行星周围都有大风刮过,而我们经常听到的名词就是太阳风。太阳风当然从太阳刮起,与太阳光一样。至于太阳风是由哪些粒子组成,我们前面说过,不做研究,因为那是细节,无关大局,无非就是最基本的一些粒子(太重的东西比如人类非常喜欢的黄金之类它也刮不出来)。

起初,我们认为是太阳风造成了九大行星周围的大风,后来发现并不是这样。因为太阳是个球体,随着距离的增加,它刮出的风只能越来越弱,而不可能越来越强。不可能在地球周围风速是每小时400公里,到海王星风速反而增大了6倍。那一定是有一股太阳系以外的大风刮了进来。这股风我们叫宇宙风,其特点是基本风力不减,比较平稳。正是这两股风造就了太阳系中的涡旋。

宇宙风是自古就有的,是永恒的,但太阳风不是。它是有了太阳,太阳发光之后才能产生出的太阳风。因此,在四川成都道教青羊宫中有一副对联写着:日乃众星之母。我们说这个众星当然是指太阳系之内的众星,之外太阳就管不了那么多了。

太阳风与宇宙风的交汇形成了许多旋涡,于是就形成了九大行星和许多大大小小的卫星。在火星和木星轨道之间有一个小行星带,它就像一个环套在太阳上。这与土星环一样,但没有土星环那么亮,却比土星环大得多,环中的物质也大得多,是可以称之为小行星的。环外的旋涡要比环内的大得多,也转得快得多。这使我们感到环内外的旋涡似乎有着本质的不同。要更明白地解释这种现象,我们有必要先了解一下场的基本知识。

场是物理学中比较特殊的一种理论,它基本上是为电学服务的。我们

·155·

把它的一些概念应用到太阳系中，是因为太阳可以看成宇宙空间的一个点，它发出的太阳光、太阳风都具有场的性质。在太阳周围是一个旋度场，因为太阳也在自转，大约是27天转一圈。离太阳远一些的空间，我们称为散度场，因为它是太阳光发散比较明显的一个阶段。要说太阳光线，它与传播距离的平方成反比地减少。距离增加一倍，光线的根数就减少为原来的1/4。当太阳光照射到地球上时，已经走过了1.5亿公里的路程，再说散度场已经不大明显了。我们会把这时的光线看成平行光线，此时太阳光就进入了一个可称为梯度场的区域。梯度就是像梯子一样，爬一个阶梯就高了一步，这是线性关系。随着距离的延伸，光线的衰减就成为一种线性比例关系，不会再成几何级数衰减了。

太阳系中的三个场区，可以根据距离，外加行星运动状态的明显区别加以大体划分。太阳系的旋度场区包括水星、金星的公转轨道，它们的特点是基本没有自转。散度场向外至小行星带，包括地球、火星，其特点是都有近24小时的自转周期，有卫星，但较少。小行星带外是梯度场，那里的气态行星都有较高的自转速度，行星的表面都有厚厚的大气层。

因为太阳是众星之母，又因为旋涡要吃东西的特性，我们有理由怀疑在九大行星中年龄最老的是水星，最年轻的行星一定是在最远的地方。它们之间的差别，很有可能是行星诞生、演化的各个阶段的形象大使。

最近科学家们开会投票开除了冥王星的行星资格，所以我们只研究八大行星的变化情况，当然也更为典型了。八大行星可分为四组，因为它们的共性太明显了。我们来找出四个行星作为代表。第一组是最远的两颗行星，共同点是行星的成分比较混沌，我们用海王星作代表；第二组行星的共同点是巨大、自转速度最快，气、液、固三态分明，我们用木星作代表；第三组共同点是一天转一圈，都有卫星但很少，我们用地球作代表；第四组的共同点是基本没有自转，密度最大，我们用水星作代表。

从构造混沌的海王星到三态分明的木星，从有厚厚大气层的木星到脱掉棉衣的地球，从开天辟地万物繁荣的地球到死一般寂静不动的水星，行星就是这样演化，这样从年轻走向死亡。太阳是众星之母，但从长远说，太阳也是众星的地狱。不过那是很遥远的事情，我们不必杞人忧天。

中国有句成语叫"天旋地转"，它一般用在喝醉酒的人或头晕的人身上。他们深深地感觉到了天旋和地转。其实这成语不仅是一个形容词，也是一个宇宙真理！它指明了一种天与地的因果关系，天旋在前，地转在后；天旋是因，地转是果；旋是公转，转是自转。是双风造就了旋涡，是旋涡聚集了星际物质，是一股几乎看不见的气，聚成了有形的天体。有了天体才能开天辟地，有了天地才有万物生长的环境。所以中国有句古话叫："世上万物生于有，而有生于无。"还有"聚则成形，散则成气"。

什么是真理？"天旋地转"就是真理。既然每一个天体都是在旋涡中形成的，而且大风一直存在着，我们就不能把天体的自转与大风分开。因此大风的变化也就是旋涡的变化，其必然会引起天体自转运动的变化。自然天体自转运动的变化又必然会涉及天体内部一系列的物理变化，可根源还是那股风啊！

用场论来分析太阳系，在梯度场内是宇宙风起主要作用的地带。这些旋涡产生了4颗气态行星，通俗点说就是气球。这4个气球从外向内，一个比一个大，木星大到了顶点，它的质量是其他太阳系内所有行星之和的2.5倍。科学研究表明，在木星轨道上是宇宙风与太阳风的平衡点。所以木星就最大，木星的自转轴立得也最直，轴偏度为3.12度。4个气球在排列顺序上也启示我们，气球在演化过程中太阳风与宇宙风所产生的旋涡不但为它们提供了自转的能量，同时也提供了长大的营养。木星最大，立轴最直，但也达到了距太阳环（小行星带）最近的距离。这将严重影响到气球的寿命。

太阳环内的火星、地球轨道是太阳系散度场的范围，其特点是行星的自转周期由10小时左右变成了24小时左右。自转慢下来了，厚厚的大气外衣也不见了，气球常有的环没有了，伴随着的那么多的卫星也不翼而飞。它们的分界就是太阳环。如果说环外的行星我们统称为气球的话，那么环内的4颗行星我们可用泥球来概括它们，因为它们都有固态岩石的行星表面。

科学家说过地球原来自转非常快，大约4小时就能自转一周。我们推测，如果地球真的有过那样一个历史阶段，那么它就极有可能当时是一个气球。不但有环，也有一大堆卫星，而且必然在太阳环之外。4小时一周的转速，这是比木星还快得多的自转速度，它怎么能不具有气态行星的独特性质呢！

既然跨越了太阳环，行星的自转速度就有了质的改变，那我们就有理

由推出这样一个定理：天体距中心天体的距离减少，会导致天体自转速度减慢，而不是相反。起码在太阳系内，此规律是如此不动摇。因为进入旋度场后，天体的自转速度又发生了质的改变：它们基本上不转了。

在水星、金星的轨道内是旋度场的天下。在那里，散度场、梯度场都会让位于旋度场，而旋度场是一种单风场，它不产生小旋涡，只会拆毁小旋涡。它只是推动着行星向前飞跑，去围绕中心的天体——太阳而公转。因为这里是太阳旋涡的中心，是太阳要吃掉它的子女的地方。

太阳的旋度场是如何产生的？自然是太阳27天一周的自转产生的，这里好像与太阳的质量无关。这突然使我们想到哪一天太阳不转了，那它的旋度场还会存在么？真到了那一天，太阳的旋度场没有了，它的散度场、梯度场也不存在了吧。三场都没有了，太阳的子孙们还会围着它转么？真是太可怕了！那时我们地球的兄弟姐妹就会孤独地漂浮在宇宙之中，无家可归了。

太阳系的旋涡为我们演示了一个宇宙的缩影。如果我们承认它绝不是一个宇宙中的特例，而且可以从小见大，蕴含了宇宙中的普遍真理的话，那么"大道"就在眼前了。

### 5. 星系的旋涡

让我们离开太阳系，把眼光转向更广阔的世界——星系的世界。我们的太阳系也生活在一个星系之中，那就是银河系。对于银河系我们已了解了很多，但对它的形状却绝对无法直观地看到。"不识庐山真面目，只缘身在此山中。"让我们用望远镜看看其他的星系。

星系大体分为三种：旋涡星系、透镜星系、椭圆星系。这是中心为球的三种星系，中心为棒状的星系，也有三种。这三种星系中透镜星系容易使人理想到透镜的功能，这是一种误导，不如说它像草帽，像铁饼。我们干脆称之为饼星系吧。椭圆星系呢，又不是一个平面，形象像橄榄球，还是归于球星系为好，不过有的不那么圆罢了。

据科学家研究，三种星系中涡最年轻，球最老。从金属丰度看，球最高，饼其次。从在星系团的位置关系看呢？球最靠近中心，或就是中心，饼在中，涡在外。那么它们是如何演变的呢？其实，三种星系中只有涡具有最完整的形态，它有起码两个以上的旋臂，旋臂之内它又有饼的样子，中心又是一个球。整体上就像一个具有多个飞边的草帽。

第四篇　万物一理

　　人间的红绸舞，一方面模仿了大自然中的惊涛骇浪，另一方面在旋转中也模仿了星系的旋臂运动。西方的华尔兹舞、朝鲜的"象帽舞"，（舞者戴有特制的头盔，上有可旋转的长缨）也都在模仿天体的运动。藏传佛教的转经筒更为天体运行的经典代表。大家公认这就是美，这也是一种天人合一的表现。

　　原来我们一直认为星系的旋臂是甩掉的，甩掉以后，涡星系就变成了饼星系。可甩掉的那些恒星跑哪去了？是在广袤的空间飘荡么？后来我们从旋涡的性质考虑，旋涡是要吃东西的，它的本质是向内的，聚集是它唯一的行为。既然旋涡聚起了星系，那它就不会甩掉旋臂。相反，它要把旋臂都聚集到饼的结构中来。

　　涡聚成了饼，饼又聚成了球，星系的体积在缩小，密度在增大，金属丰度在增大，位置也就更靠近中心了。那么多的球挤在一个较小的空间里，它们相互碰撞的机会就大大增加，于是碰撞后球就更加巨大，体积反而常常大于饼和涡了。

　　在物理学中有一个角动量守恒的定律。是指一个物体在做自转运动中，角动量是不变的，是一个定值，所以叫守恒。我们常见的例子就是冰上舞蹈者的表演。当他伸直双臂做快速旋转时，那是非常优美的，这时随着转速的下降他会突然两手抱肩，转速一下子又变得飞快起来。这就是角动量守恒的最好体现。

　　据此定律科学家们坚持认为，天体的运动也必然如此，体积缩小的天体，自转一定会加快，否则天体就违反了角动量守恒的自然规律，这是他们不可思议的行为。角动量守恒的定律是不错的，但前提是旋转的物体是自由的，丝毫不受外界环境干扰的。如果达不到这种条件，也就不能使用角动量守恒定律去分析这种物理现象。

　　可惜的是天体并不自由。天体是在旋涡中诞生，在旋涡中成长，在中心体自转产生的三场中运转。当小旋涡的旋力大大压缩了自己形成的天体时，它也远远离开了能够高速自转时的空间，向更大旋涡的中心靠拢了。当顶头上司发威时，下级也就没有了自己。这时天体反而自转慢下来，但公转更快了，这也就是能量守恒的作用吧。

　　科学家陈秉乾在《星系世界》（湖南教育出版社，1993，第48、194页）一书中说："虽然人们一般认为椭圆星系的椭圆形状是由于快速旋转而产生

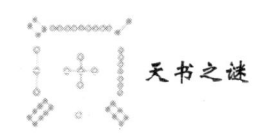

的,但已有的测量表明它的旋转要比预期慢得多。""宇宙是怎样逐渐演化产生出星系,星系团等等,这就是星系演化理论也是宇宙学最终要回答的基本问题。这也是目前尚未得到解答的最重要的问题。"

下面我们就来尝试解答这些问题。

## 三、在密度的光环下

### 1. 我们的太阳

恩格斯在《自然辩证法》一书中第223页中说:"辩证法是从事物的相互关系来考察事物而非孤立地考察事物。"在第193页中又说,"黑格尔曾经说过,相互作用是事物的真正的终极原因。"

美国科学家卡尔·萨根在《宇宙》(吉林人民出版社,1998年,第257页)一书中写道:"银河系的旋臂有缠绕其核的趋向,并且旋涡在不断收缩,而气体和尘埃则以更大密度的旋涡形式而聚集,它们又成了那年轻炽热和光亮的恒星的形成场所。"看来美国科学家也认为恒星是由旋涡生成的。但他们忽略了黑格尔的教导,相互作用才是事物的终极原因。没有相互作用,旋涡不会产生,常挂在科学家嘴边上的引力塌缩也不会发生。科学家们可真有点儿自力更生的气质,一切事物的变化都只想到自己,不想环境,不想相互的作用。这导致了科学界宇宙观的畸形发展,不能不认为是一种极大的遗憾。

任何天体包括星系团、星系、恒星和卫星等等都是在旋涡中产生的,而旋涡是搓出来的,搓是由两只看不见的巨手才能完成的事业。

能够产生满天星的旋涡,其风的组成差别不是很大,有时原材料的金属丰度大一点的情况也是有的。它们之间的主要差别是在于跑马圈地的大小,圈得大一些,自然形成的天体就大。中国有句老话叫"二龙戏珠"。"龙"就是宇宙中的风,中心天体刮来的风叫做中心风,外部环境刮来的风叫做宇宙风。比如地球,它的旋涡是由太阳风和宇宙风共同形成的。太阳风可称为阳风,宇宙风就是阴风了。阳风我们一般用白色来代表,阴风呢,用黑色代表,黑白二龙就是阴阳二风。那个"珠"字包含二重意思:第一它是一个宝贝,第二它是一个圆球的物体。哪一个天体都是宇宙的子女,都是宝贝,都需要精心呵护!龙是东方的象征,龙的作用只在"戏珠"。我们是龙的子孙，宇宙中的任何天体也都是龙的子孙！

我们的太阳在刚形成时是不发光的，它只是星际尘埃的堆积，只是密度稍大于周围的宇宙空间。因为旋涡的主要运动是向内的压缩，太阳的初期就是粒子间距的减小。我们强调相互作用是压缩，所以我们不再使用"引力塌缩"这个名词。"收缩"是一种物理过程，"压缩"是强调它是由外力引起的物理变化，而"塌缩"则完全强调是由内力引起的物理变化。哪一个更适合于天体形成的过程，读者自己可以去分析判断。

恒星旋涡围住的宇宙尘埃主要成分是H，接下来的过程就是美国科学家卡尔·萨根在《宇宙》（吉林人民出版社，1998年，第231页）中说的："4个H核结合成一个He核，并释放出γ射线、光子。光子被上面的物质交替地吸收和发射，逐渐向恒星表面移动，而且每移动一步都要损失一部分能量。光子这种漫长的迁移过程需要100万年的时间，最后才变成可见光到达恒星表面，并向星际空间发射。"

这个过程的描述多半是真实的，科学家说太阳一直在燃烧它的H，直到哪一天H烧完了，太阳收缩一下，然后开始烧它的He。我们感到此话有些问题。H可以烧吗？大家一定会齐声说：H可以燃烧！那么既然H可以燃烧，在木星周围有那么多的H，为什么没有燃烧起来？是不是我们用火箭在木星上点一把火，木星瞬时就会变成一个大火球，变成第二个太阳了？彗木相撞时，产生了多么巨大的高温，也没有点燃木星的大气，不正说明在宇宙中H是不会燃烧的么？

要想燃烧H，必须有O的配合，燃烧后才能生成水，只有H是真的燃烧不起来。那么在太阳上，在一个基本由H组成的天体上，到底发生了什么反应呢？其实就是"简并"。"简并"就是简单的合并，没有其他。至于合并后的种种变化，各种名称，那也只与"简并"有关，完全扯不到其他原因上去。

在简并中4个H核结合成1个He核，这能完成么？大概还得有中子参加吧，可中子由哪里来呢？H原子中并没有中子的地位呀！仔细一看，原来还有2个电子参加进这个反应。当电子一头钻进质子时，它们就变成了中子，并放出2根γ射线来。这个反应才是宇宙中最基本的物理反应，名称叫"核聚变"。但由于质子带正电荷，所以它肚子里还有一个正电子，刚才那种核反应如对电子来讲，是正负电子对的反应，反应结果又叫"湮

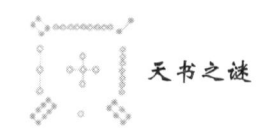

灭"。"湮灭"就是灰飞烟灭，什么都没有了。但同时它们大叫一声，发出2根γ射线来，作为它们临死前向宇宙发出的最后信息和能量。

一旦有了中子，质子们才愿意团结起来，形成更大的原子核。中子是质子们的黏合剂，是产生除H以外的所有元素的基本条件。中子是万物之母，但也像旋涡最终要吃掉它的子女一样，中子最终又成为消灭万物的魔鬼。成也萧何，败也萧何，在宇宙间万物的生成与灭亡的循环中也是如此。

在宇宙尘埃的简并过程中，本来是没有中子的，是外部的旋涡向内的持久的压力，产生了中子这种基本粒子。按科学家们说，中子是不稳定的，其寿命顶多只有10分钟，很快就会衰变，变成一个质子和一个电子。只有质子是最稳定的基本粒子，它几亿年也不会改变。这话在地球上说是可以的，在宇宙中它就不一定正确了。尤其是在正处于被旋涡压缩的中心，质子就不那么稳定了，反而中子可以相对地得到长期的稳定状态。这里问题的关键是压力，在常压下中子衰变快，不稳定，而在天体的高压下，就改为质子不稳定了。因为压力会使电子进入质子内部而形成中子。压力不变，不减小，中子是没有衰变的条件的。它会一直维持到天体爆炸，或一直活到成为中子星成员的那一天。

我们的太阳何时才能发光呢？当形成太阳的大旋涡在不断收缩时，压力会向内部传递。内部压力会大于外部压力，这一点在科学界是公认的。当内部压力达到H的电子不再围绕称为质子的H核旋转的时候，太阳开始发光。电子一头撞进质子，二者简并为中子，并发射出2根γ射线。这γ射线就是太阳光的祖宗。为了让大家更形象一些认识原子，我们这里打一个比喻：据科学家计算，如果质子有小孩子玩的弹球那么大，那我们就要在2公里以外才能找到那围绕原子核旋转的电子。可见，那该是多么巨大的一个空间啊！还是旋涡的压力打碎了这个空间，把方圆4公里的空间挤压得只剩下一个玻璃球了。也正是H原子的这种巨大变化，极大地缓解了外部的压力，本来应该随着挤压而快速升高的温度，没有那样狂奔不止。

太阳中心的那2根γ射线此时并没有来到太阳表面，它们还要爬行100万年的时间。这是什么速度？据说电子在导体中的爬行速度也很慢，别看电流速度与电磁波速度一样，是30万公里/秒，可电子在电线中每秒也只能爬行10厘米。据我们的计算，科学家把光子的爬行速度也定为每秒

10厘米了。所以光子要从太阳中心爬到太阳表面，也真的要有100万年的时间才行哦。

可为什么电磁波（电流）可以在电线中以光的速度传播，太阳中心的γ射线产生的电磁波，按科学家说是光子，非要用100万年的时间爬到太阳表面才能施展自己的手脚，用光波传播呢？省去这个步骤，简并产生的光子为什么不立刻就用波的方式去传导呢？是波在太阳的旋涡中走不动么？

当太阳中心第一个H原子因受不了压迫而转变为中子时，中心以外的地方还远远没有达到这个标准。压力是分层传入太阳中心的，每层的压力也是逐层增加上去的，按照这种分析，当恒星的原始质量越大时，它开始发光的时机就越晚。因为压缩如此巨大的星云，是一定会需要更长的时间的。

当太阳可以发光了，第一，太阳表层的压力并没有说也达到了简并的最低标准压力；第二，太阳中心此时已逐渐超过了简并最低标准压力。因此按科学家说烧H的地段已开始向外转移了；第三，在太阳中心的高压下，基本粒子已经开始向更重元素的产生努力工作了。

太阳中心既然压力有了进一步的提高，它就等不及整个太阳的H全部转化完了，满足一个条件，它就上一个台阶，存在决定变化的等级，"一部分人先富起来了"。因为在太阳内部各种元素基本都是以电离状态存在着，它们还没有形成完整的元素。这种状态科学家称为"电浆"。这个名称很形象，就像一锅八宝粥，里面什么都有，但在没能单独分离出来之前，它们只能是乱七八糟，或者好听一点是丰富多彩的一锅粥。

一旦太阳放射出它的万丈光芒，太阳的周围就会因太阳风而逐渐产生出新的旋涡来。太阳的子女们开始在这些旋涡中诞生成长。一个称得上太阳系的天体就这样诞生于宇宙之中。

**2. 太阳系外的天体**

中国科学家曹天元在《量子物理学史话》（辽宁教育出版社，2011年，第32页）一书中写道："在浩瀚的星空之中，我们必须借助量子论才能把握恒星的命运何去何从：当它们的燃料耗尽之后，它们会不可避免的向内塌缩，这时支撑起它们最后骨架的就是源自泡利不相容原理的一种简并压力。当电子简并压力足够抵挡塌缩时，恒星就变为白矮星。要是电子被征

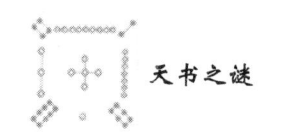

服而要靠中子出来抵抗时，恒星就变成中子星。最后，如果一切防线都被突破，那么它就不可避免地塌缩成一个黑洞。黑洞也会产生辐射而逐渐消失，这就是'霍金蒸发'过程。"

这些话也是科学界的统一论调。他们认为恒星的始末就是如此变化的，区别是开始恒星质量的大小，动力都是塌缩，但最终结构有所不同。白矮星是电子晶格，中子星是一肚子中子，黑洞呢，还不知道是什么呢，或者猜出一些，却起不出名字来。

曹先生又说，"所有的物理学家都相信上帝——大自然的创造者——他老人家是爱好简单的。"（曹天元著，《量子物理学史话》，辽宁教育出版社，2011年，第304页）

科学家们却好像并不爱好简单。"科学"让我们理解就是分科的学问，谁能在自己研究的领域把研究的对象分得更细更多，谁就取得了更辉煌的成绩。但如此的努力只能使我们的认识更加复杂。

"一定存在着那样一个终极理论，它可以描述所有的四种力（这里指万有引力、电磁力、强核力和弱核力），进而可以描述宇宙中所有的物理现象。这是上帝最后的秘密，如果我们能够把它揭示出来的话，无疑就最终掌握了万物运作的本质。"（曹天元著，《量子物理学史话》，辽宁教育出版社，2011年，第325页）

宇宙的本质是简单的，"大道"是"至简"的。可是"大道"是为整体服务的，并非有必要通过那么多的中介机构才能解释宇宙、把握宇宙。如果必须通过中介机构，否则他们就没有饭吃，那样一来最本质的理论还有什么意义？岂不更加复杂了吗！

法国科学家皮尔·卢米涅在《黑洞》（湖南科学技术出版社，1997，第103页）一书中说："中子星的密度从外壳向核心增大，在某一中间点达到原子核的密度（铁壳—结晶幔—超流中子液—内核）。那么质量更大的恒星，引力塌缩的产物是什么？"

看看科学家为中子星内部的构造区分出多少种不同的名称。黑洞，科学家都认为是更高的高密度天体，那里究竟是什么东西呢？中子已经挤在一起了，周围没有了间隙。如果再压缩下去，是否中子球也要瘪下去，都成为小立方体了呢？空间挤满了中子，这时达到了物理学的极限，这是不能超越的。所以黑洞内部的物质我们无法形容，起不出名字来。实际上也是我们过早地在中子星上把我们对密度的探索之路走绝了。话不可说得太死，办事要留有点余地，那样道路还是可以走下去的。

在前面我们说过，密度是宇宙的主角。实际上千变万化的宇宙不过是密度改变的阶梯。在恒星形成后的内部，由于压力的不断增加，产生中子会越来越多。单纯地说，每产生一个中子就为恒星的发光提供了2根光线。更为实际的情况是，由于中子的增多，恒星内部的电浆也一刻没有停止新元素的制造，这也会产生出一些光线来。由于密度的不同，恒星会在内部不同的层面上产生不同的元素，越深入恒星的内部，产生的元素就越重，这全看那里压力的大小。恒星不会是把H完全烧光了才去燃烧He。层层递增的压力使实际情况远比科学家们估计的要复杂得多。但规律却又是极其简单的——只有简并。

恒星内部不停的简并过程表明，在宇宙中天体是一直都处在"二龙戏珠"的旋涡之中，并没有改变这种周围的环境。有句古话说"天不变，道亦不变。"现在天未变，旋涡还在，外部的压力还大于天体表面的压力，简并就不会停止，此道就会继续下去，"道亦不变"么。

在宇宙的旋涡中，天体在持久的压力之下不断地改变着自己的结构。天体由外向内密度是不断增加的，但它不是无极变化，而是阶梯状的增加。每个阶梯的差别比例也有着自己固有的规律性。随着初始天体的大小，阶梯的数量也有所不等，大天体阶梯数量就多些，小天体阶梯的数量就会少一些。因此在外力大体相同的情况下，核心的压力、密度就会相差很悬殊。按密度增大的顺序排列，小的核心是岩石，大一点的是铁，再大一点是白矮星，最大密度的就要数中子星和黑洞了。

在太阳系中，小卫星的核心是岩石，大一点的卫星核心是铁。对于行星，天王星、海王星由于年龄尚短核心还处于混沌状态，而其他六颗行星的内核均为铁质。太阳核心是什么呢？也许像白矮星一样。但我们想分得那么细，就要起好多的新名词，就要解析出它的许多具体的物理构造来，而且一不小心把话说绝了，自己还下不了台了。不如我们找出其中最本质的东西，用它来解释这一切的变化。

在宇宙的旋涡中最本质的东西就是中子的产生，就是核聚变。由于中子的增多，天体内电浆中重元素会逐渐增加，电浆密度也会上升，电浆中也会出现分层的现象。但因为它们都是电浆，都是离子态，或许并没有一个完整的重元素产生。但随着时间的推移，中子产生的越来越多，天体的密度越来越大，天体的体积反而越来越小。电浆中产生的各种离子态的重元素，由于质子在重压下的不稳定，它们反而越来越少了。过多的中子使天体的核心更纯洁了，铁是早就没有了，剩下的只有中子。从这个角度来解析天体的核心，就都是一个中子球。区别呢，也就是中子球的大小，或内含中子数的比例不同而已。

天体发光也好，辐射也好，都与核聚变有关。核聚变越剧烈，发光辐射就越强；反之，就越弱。中子在高压的天体中，是一种稳定的状态，中子太多了，核聚变必然会减少，因为它缺乏聚变的原材料——H了。一旦天体中已没有别的基本粒子，只有中子，而天体还处在高压之中，那它就真的无光可发了。这样的天体不是已经可以看成一个黑洞了么?!

在天体的演化中，压缩是一个长期的过程，而膨胀是一个短期的事件。天体不仅会收缩，也会膨胀。年轻的时期，壮年的时期，天体都是在收缩；到老年了，它也会膨胀的。这里的原因全看天体内外压力的对比结果了。外力大于内力，天体就收缩，外力小于内力，天体就膨胀。外力等于内力的时候，天体就会停止变化。

天体的发光也会因为处于不同的场的区域，而有所不同。天体收缩时，是聚变的核反应发光。天体膨胀时，是裂变的核反应发光，后者的光度还往往大于前者。而较弱的状态恰恰是内外压力相差较小的阶段，各种核反应都比较弱，发光强度自然也大不了。当然最严重的还是天体达到中子星的阶段，已没有什么原材料可以参与核反应了，天体也就黑了。大概黑与黑之间也有区别，辐射红外线到宇宙背景辐射，都是我们眼睛看不见的一种黑呢!

天体的膨胀又叫爆炸，比如宇宙大爆炸，超新星爆发，红巨星的膨胀，其实各种形容词的使用无非就是人类感到此时天体演变的速度比较快而已。据说，宇宙大爆炸还是因为中国人在翻译上不够准确，或急于求变，把宇宙大爆发翻译成宇宙大爆炸了。"大爆炸"一词很容易让人理想到火药的爆炸，那可是一瞬间的事情，但宇宙中的大爆炸是不可能有这么快的速度的。

西方科学家肯·克罗斯韦尔在《银河系》(海南出版社，1999年，第5页)一书，中说道："一颗恒星若其诞生时质量小于8倍太阳质量，将产生行星状星云，大于 8 倍太阳质量则爆发为超新星。"

8 倍太阳质量成了两种天体的分水岭。小于 8 倍太阳质量的恒星在老年时先会膨胀为红巨星，这已是上亿公里的直径了。天体从红巨星的阶段再爆发，它就没有那么大的爆发力了，它就慢慢形成了行星状星云，也就是形成一个比较有规矩的弥漫形天体。

超新星爆发就不同了，它是由大于 8 倍太阳质量的天体在老年时形成的。那时也是由于天体的内部压力比较大，外部压力的失去的也比较突然一些，所以它的爆发力就厉害得多，一下子就炸得没形了，甚至有可能把自己的内核都炸没了，这个过程要比红巨星的爆发快得多。据说大恒星都是短命的家伙，那么巨大的天体，反而会燃烧得很快，没多久已经开始爆发了。为什么越大的天体燃烧得越快？这也违背了我们世界的一般规律，也许它是另有苦衷吧。

恒星的最后结局是高密天体。高密天体是白矮星、中子星、黑洞的统称。它们的密度都极高，它们是否就是大小恒星的坟墓呢？科学家说不。科学家克·罗斯韦尔在《银河系》（海南出版社，1999 年，第 76、10 页）中说："白矮星能够接收从另一颗恒星来的物质，由此爆发为超新星而毁灭自己。""70％ 的恒星是又暗又冷的红矮星……启动宇宙开始膨胀的大爆炸被认为是平静的，爆炸时物质的扩散是各向均匀的。"

在这些高密天体中黑洞也会产生辐射而逐渐消失，这就是"霍金蒸发"过程。那么唯一没有归宿的就剩下中子星了。中子星是超新星爆发后的遗留天体，它还能再爆发吗？好像不能。按科学家所说，中子星转得飞快，快到最高每秒能自转 1700 多转的速度。快速自转意味着恒星的年轻，可中子星毫无疑问的是老年恒星，这矛盾如何解决呢？

### 3. 密度洋

密度洋是本书的理论篇章。它是我们在对宇宙的研究中发现的一种现象。利用这种理论我们能够更简明地解释宇宙中的各种行为。所以要做一点详细的说明。力争让大家明白它的实质是什么。

在宇宙中各种天体由外向内压力都是逐步增加的，密度也各不相同。天体的气态部分，密度由内向外是逐渐减小的。这里不但包括大气层，也包括大气层外的宇宙空间。在那里有我们看不见的真空物质，它们也有一定的真空密度，只要是在中心旋涡的势力范围之内，这种密度梯度的变化

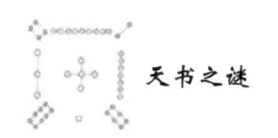

就是无处不在的。每一个天体在围绕它的上级天体稳定地公转时，它实际是前进在或形象点儿说是漂流在一个有固定密度的空间中或称河流中。

英国科学家约翰·巴罗在《不论》（上海科学技术出版社，2000年，第242页）一书，中说："当旋转弹性膜上的一个球时，它的旋转会扭曲这张膜，从而导致临近的物体扭向这个球旋转的方向。"

法国科学家皮尔·卢米涅在《黑洞》（湖南科学技术出版社，1997年，第135页）一书中说："靠近黑洞的时空被不可抗拒地扭曲成旋涡状，黑洞是一个宇宙大旋涡，这是它的第二特征，仅次于对光的捕获。"

爱因斯坦也说过：在大质量天体周围的空间是弯曲的。这也是相对论的一个成果。

三个科学家说的都是旋涡，但英国人强调的是中心体的旋转，法国人强调的是黑洞，而德国人强调的是天体的大质量。这里我们最赞成英国人的观点，因为它更具普遍性。他强调的中心体的旋转点到了事物的本质。

只要天体在自转，它就具有了属于自己的势力范围，就有子女们围绕它来旋转。但天体不转了，那就不管它质量有多大，势力范围都会大大缩减。至于这个势力范围能缩减到什么程度，它与天体质量有着什么样的函数关系，我们还不知道。我们只知道，这是一个趋势。

因为旋转天体周围的空间具有360度的相似性，所以我们不妨只取一个很小的角度，即很小的一个扇形来研究其中的变化。这个很小的扇形我们可以把它近似地展开成一个矩形的平面，其中可以分成许多层。最下面一层为天体的中心，而最上面的一层为天体势力范围的最远的空间。另外，我们用可见光中的七色光来分别填充这密度不同的七个空间。这样就完成了密度理论中的基本图形。那些在距旋涡中心不同距离公转的天体就可以转化为漂浮在不同颜色层中的浮球了。它们与旋涡之间的关系大体可转化为浮力与密度的关系。

在这里我们又要引用中国的古话。在东方古老的文化中，常常有寓意极为深刻、极具哲理的语言。虽然表面看来，它们时常是在论述社会人间之事，但我们发现，许多寓言、成语，用在大自然中同样无比正确，甚至可以看成大自然中的根本规律和真理。比如，我们现在要引用的古语，"清气上升，浊气下降"，也可简称为"清升浊降"，科学家们都承认这种规律。遗憾的是他们始终没有打出中国古语的这张王牌，不愿为现在西方

第四篇 万物一理

统治下的宇宙研究添加一些东方色彩。

天体的演化是简并、膨胀，但在演化的过程中更为明显的变化是清升浊降。下面我们会更为详细地论述这个过程。至此我们提出**第二个天条：天体演化，清升浊降，简并膨胀。**

我们共同来监督天体的演化是不是如此发展的。

在密度的洋理论中，由于天体密度的不同，我们可以看成不同颜色的小球，飘在属于自己颜色的层面中。这里我们所说的密度与现在科学家所认定的天体密度不大相同。他们的天体密度只考虑天体质量和天体体积。而我们认为其中必须要增加一些物理量，比如天体的角速度，天体的卫星情况，包括大小、距离、质量、公转速度等因素。因为它们都会影响天体在轨道上的表现。

阳光七色是赤橙黄绿青蓝紫。我们用绿色作中间状态，一个绿色的球漂在绿色的海洋里。这里我们再打一个比方，在油水具有的一个容器里，我们把它们混淆了。这时容器里的水会很快沉入到容器的底部，而油会很快从水中浮到表面上来。这个过程就是最明显的"清升浊降"。而我们把一比重同油相等的小球放在这个容器中，它就会浮在油中。当我们用力把它压倒水中时，一抬手，它又会浮在油中了。这说明在密度洋中，各种球只适合在同种颜色的海洋层面漂流，轻易地改变它是不可能的。在爱因斯坦的大质量天体周围弯曲的空间里，正是小天体最适合漂流的空间。形象地说，这是它最容易走的道路，走其他的道路，它会遇到更大的阻力，同时也会使它还回到原来的轨道上来。这里我们研究的是常态，是一种相对稳定的状态。

要改变这种状态，就必须改变天体的密度，或者改变密度洋的结构。达到这两点，此天体就会改变自己所在的层面，换到密度更高，或密度更低的层面上去。中心天体的自转速度是改变密度洋的主要条件。当中心天体自转速度加快时，它的旋涡会缩小，密度洋各层的间距也会减小，颜色上会产生兰移。正像液体流速越快，压力越小一样。快速旋转的天体，会减小向外的浮力的。换句话说，它周围的小天体会因为浮力不足，更容易掉下去。这对中心天体来说，小天体靠得更近了。

反之中心天体转得慢了，密度洋会更大，各层间距会扩大，颜色会红移，小天体也会因为浮力加大而被推到离中心天体更远的空间去。这就是

· 169 ·

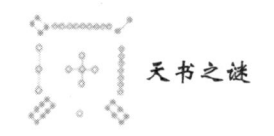

对密度洋理论的基本分析。

**4. 各种天体的海洋**

各种天体都有自己的不同的密度海洋，它们的子女们也会因为年龄大小的不同而漂流在不同的层面上。卫星也有自己的密度洋，因为大多数的卫星也是球形，这是旋涡的作用。它们的子女们基本上已被卫星吃掉了，形成了自己坚硬的外壳。木星、土星的大一点的卫星，还有火山爆发的现象，虽然在火山口中喷发出的不是炽热的岩浆，而是冰碴，但这同样表现的是"轻升"的规律。

在太阳系中的行星上密度洋更为明显。天王星、海王星是两颗混沌的天体，天地分的也不甚分明。在中国，这件大事是由盘古来完成的，他用一柄大斧把天地一下分开了。"自从盘古开天地，三皇五帝到于今"，东方文化的很多文章都是这样开头的。盘古手持的是一柄阴阳大斧，他的行为是让天体加快了"清升浊降"的脚步。我的一首诗的开头是"大风起兮云飞扬，阴阳二气造四方"，描述的也是这件事情。

持续的清升浊降，使天体分出了多个层次。木星、土星就是代表，它们有厚厚的大气层，有液态的地幔，也有固态的核心。我们生活的地球是太阳环内的行星，是经历过长期清升浊降的磨炼的天体。地球的行星密度达每立方厘米 5.52 克，为太阳系内所有行星之最大，层次也分的最多。我们想一定是人类生活于其中，对其了解的也最多的原因。木星的层次也不一定比我们地球就少，只不过我们人类了解得太少。据说天有九层，地狱有十八层，光看这 27 层的分类，该有多么精致啊！地球密度这么高，如果不是有这么多的层次，那地球外圈的 H 是绝不会心甘情愿地陪伴在那里的。

这里我们又要引用中国古代的一句古语，叫"同声相应，同气相求"。其中"同声相应"指的是共振，"同气相求"就是指天体多层次的密度洋中相邻两层的密度差是较小的。在这里密度差决不能太大，大了两层间就没有了吸引力，相反会产生斥力。这就是"异气相斥"的道理。

在化学里有一条定律——相似者相溶。对于液体，比如酒精和水，它们的密度比较相近，所以它们可以用各种比例混合，都很成功。但密度相差较大的油和水，就死活不愿合在一起了。

在人世间"同气相求"是指志同道合脾气相投的人，愿意聚集在一

第四篇 万物一理

起。这就是一种力量，一种聚合的力量。它比万有引力更具有普适性。一旦两者密度相近，它们之间就会产生一种不可抗拒的引力，使它们在空间移动靠拢，结合在一起。而一旦在宇宙中密度相差巨大的二者，把它们放在一起，它们之间也会产生巨大的斥力，会把对方推得远远的。

这个道理可以解释月球上的一些现象。大家都知道地球上每天海洋潮汐的变化与月球有关。但有人问月球能吸动地球上的海水，引力不能说不大。但为什么它吸不住比海水轻得多的空气，而让空气跑得精光呢？据科学研究月球上原来有空气，后来才跑光的，但那已是很久以前的事了。

根据第一天条，"所有天体都曾是风卷旋涡的中心"。月球初始阶段也必然有厚厚的大气层，是一个名副其实的气球。由于时间的推移，密度的不断增加，也由于天体的不自转，月球基本丧失了自己的势力范围。高密度的月球表面与空气密度形成巨大反差。"异气相斥"的法力威胁到月球，强大的斥力把空气推到遥远的宇宙空间了。

我们再看太阳系的密度洋的分布情况。在太阳系中，木星是最大的行星，土星第二，其他依次排列。在木星所在的轨道之处，太阳风与宇宙风相对平衡，实力均等，所以木星才最大。我们认为原因不仅如此，跑马圈地也是一个原因。当初这里圈出了最大的一块地盘，因此才可能形成最大的一颗行星。从密度洋的角度分析，太阳环外密度是递减的，就是布满了星际物质，这里也是密度最高的地带。假如是星云的话，木星祖宗的星云也是最大的一块，毕竟一块大的星云要比多个小星云的密度要高一些。

再有，木星是太阳环外第一行星，如果要脱衣变成泥球的话，木星也是排第一的。这点就注定了它是短命的。在恒星中越大的恒星寿命越短，其原因也与此有类似的情况。

水星是不转的，这里是太阳系密度洋中密度最高的地带。水星内核是空的，所以水星的地幔才有更高的密度。月球也是中空的，这也与它没有自转有关。在水星上近期人类发现表面有硫黄的痕迹，我们认为它一定经历过像金星那样的二氧化碳和硫酸雨的大气构成阶段。因此我们说金星是水星的过去，水星是金星的未来。

当我们把眼光转向星系时，同样看到了密度的影子。星系中只有旋涡星系的旋臂中才是新星诞生的摇篮。据科学家在《国家天文》杂志中说，有理论认为恒星形成的过程主要由气体分子云外部的明亮大质量恒星的强

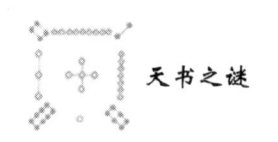

烈辐射所触发，现有观测结果与该理论模型预言完全一致。

在这里，气体分子云不会停留在星系的中心附近，它是密度极低的天体，必然存在于星系的边缘。在那里由于二龙戏珠而形成旋涡，由旋涡而形成有形的天体——恒星。大质量恒星的强烈辐射是一种催化剂呢，还是二龙之一呢？也就是说它是旋涡的制造者，还是旋涡的助推着，我们不得而知。

在星系的密度洋中，蓝色的海中是蓝色的新星，黄色的海中是主序星中的中年黄色恒星，橙色的海洋中当然是老年的恒星，密度洋的颜色与恒星的光芒是如此的一致，这也使我们思考：这是为什么？天体发光颜色的变化是天体主体元素的不一致吗？还是另有原因？如果从金属丰度来考察恒星，就像美国科学家卡尔·萨根在《宇宙》（吉林人民出版社，1998年，第224页）中所说："一个星球就像一个宇宙灶，能把H原子烧成较重的原子。"科学家肯·克罗斯韦尔在《银河系》（海南出版社，1999年，第98、118页）一中说："恒星这种特殊丰度的产生，是由于恒星把自己的外层吹散了，暴露出在星体内部加工出来的C、N、O。""真正制造出元素的大概是恒星，而不是大爆炸。"

恒星能够自己制造元素，它的诞生地又多半在星系的边缘。因此新星所含金属丰度的多少就不十分重要了。大体上说，越是较大的恒星它越能制造出更多更重的元素，因为中心压力会更高。

运用密度洋原理，在星系中蓝色的新星一定是在边缘产生，在旋臂中、密度波中成群地产生出来。中部是黄色的壮年恒星，而老年的橙色恒星一定会聚集在星系的中心附近。如果哪一颗恒星不高兴发光，早早脱掉自己的外衣，那它的密度就会大大增加，金属丰度也大大增加。它就会像水中的铁球一样，很快就会沉到水底。天体的高密度也会使它迅速改变自己在密度洋中的位置，一头扎向星系的中心，即使不沉底也会停留在橙色的海洋中漂流，因为"清升浊降"。星系中的恒星还没有胆大妄为到敢于违反这个定律的地步。

在跑马圈地中产生的星系，其原材料大体是一个定值。待到星系壮年时，它能够制造的新星越来越少，于是旋涡星系的旋臂慢慢消失了。它们都形成了恒星，并且由于密度的不断增加，它们都已卷进星系的饼中来了。旋涡星系从此变成了饼星系。又过了一段时间，饼星系中的恒星都变成了老年恒星，它们就一起聚在中心。星系就由饼星系最后转为球星系了。球星系中具有最老的恒星，最慢的自转，最高的金属丰度。因此在由许多星系组成的星系团中，球星系是永远处于星系团的中心附近的。

一层层的天体就是这样存在着，永远是中心的密度高于周围的密度，周围天体的转速高于中心附近天体的转速。一旦违反了这个定律，天体就会自动进行调整。这个自行调整的过程就是天体的演化，调整所依据的是密度洋理论。

首先，大恒星会燃烧得更快，寿命更短，这一直是我们不可理解的一个难题。直到今天，我们才有了一个合理的解释。大恒星在诞生时必然要有一块大的星云。在星系中大的星云比多个小的星云密度还是要高一些。因此在星系周围多个星云中，大星云由于密度高就会离中心更近一些，就像太阳系中木星距太阳环最近一样。

其次，星云在旋涡中所受到的压力是要慢慢传入内部的，因此越大的星云，压力传导的过程越长。这就意味着它形成得越慢，发光也会越晚。

再次，一方面恒星发光晚，另一方面它又距中心近，因此它脱去外层大气的时机就会更早一些。这些因素合起来就使人们感到越大的恒星好像燃烧得越快，寿命也越短，还没等到燃烧光就爆炸了。但寿命短并不等于它来不及制造更重一些的元素，那个时间、压力还是具备的。

在星系中还有一个品种叫棒状星系，据说在宇宙中70%的星系是棒状星系。经考查，棒状星系的产生与太极图有关。在太极图小环中的A区那曲线的形状就极像一个棒状结构。待到星系走向壮年时棒状周围已聚集起大量的老年恒星，棒状也就演变成一个球了。开始是一个椭球，慢慢变得圆了起来。所以我们认为任何星系诞生的初始阶段，大概都是棒状星系呢！

对于更为巨大的天体，"以M84、M86为主有一长串星系组成一个星系链，称为马卡莱恩星系长链，它贯穿室女座星系团的中心。"科学家肯·克罗斯韦尔在《银河系》一书中说："超星系团在空间排列成串，恰似一缕缕不尽的蛛丝。"（海南出版社，1999年，第9页）

开始我们并不理解，为什么巨大的天体竟是如此的形状，既不是涡、饼，也不是球，完全丢掉了旋涡的特征。后来我们才恍然大悟，这才是天体旋涡的精华。只有那类似易旋线的旋臂形状了。不管是马卡莱恩长链也

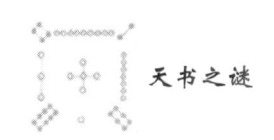

好，还是一缕缕不尽的蛛丝也罢，它们都是巨大天体的密度波的最好体现。因为我们不可能在一个最佳的角度去观察它们，所以我们看不到它们的正面图是否也是一个太极图的形状，但我们想八九不离十吧。

5. 简并大众

简并就是简单地合并，在宇宙中这是最基本的东西，它的动力来源于旋涡，它的微观形式就是电子湮灭。H的减少，中子的增加是简并的主要变化，多种元素的产生不过是简并中的副产品罢了，而且简并的极致又消灭了一些重元素，大家都变成中子了。

不同的元素是密度改变的阶梯，不同的天体也是密度改变的阶梯，密度、旋涡、简并，构成了宇宙中"聚则成形"阶段的三要素。削弱了旋涡之力，另外二个要素都要向相反的方向转化，密度变低，简并转化为爆炸了。这就是宇宙，一个生生不息的宇宙，一个有生有死、有聚有散的宇宙。

密度洋理论不仅仅是天体内部构造的理论，它也可以看成多种元素的阶梯理论。密度的改变是多种元素的源头，也是各种天体的源头。正像英国科学家约翰·葛瑞本在《深奥的简洁》（湖南科技出版社，2008年，第96、98页）一书中说："极度复杂的事物可用非常简单的式子以迭代方式产生。""要由简单规则创造出复杂形状的方法就是重复。"

恩格斯在《自然辩证法》一书第164页中说："牛顿仍然让上帝来作'第一推动力'，但是禁止他进一步干涉自己的太阳系。神甫赛奇只允许他在关联到原始星云的时候有一次创造行为。"

英国科学家约翰·巴罗也在《不论》（上海科学技术出版社，2000年，第160页）一书中说："我们还要揭示自然界的巨大复杂性，而这个复杂性是宇宙通过非常简单的定律产生的。"

现在我们找到了这个定律，它就是简并。我们也找到了产生宇宙中大大小小旋涡的动力——二龙戏珠。

科学家们给出了燃烧元素的重化反应表，其中谈到烧H要有几亿度的高温，H烧成He需要几亿年的时间，当把C燃烧成Ne和O时，需要600年的时间。当把O燃烧成Si、S时，则需15亿度的高温和半年的时间。当要把Si烧成Fe时，则要30亿度的高温，但时间很短，只要一天的时间即可完成。

可是法国科学家皮尔·卢米涅在《黑洞》(湖南科学技术出版社,1997年,第60页)一书中说:"简并压的特征是与温度无关,不像通常的气体压强那样与气体温度成正比"。

我们也说过,方圆4公里的地盘被压缩得只剩下一个玻璃球大小,巨大空间的丢失阻止了简并中温度的升高。所以我们同意法国人的观点,"简并与温度无关。"

在简并中正负电子的湮灭是变化中的主体,中子是主要生成物。正像美国科学家卡尔·萨根在《宇宙》(吉林人民出版社,1998年,第229页)一书中所说:"中子只产生核引力而不产生电排斥力,它像胶水一样把原子核粘在一起。"一个He核中就需要2个中子,更重的元素中需要的中子就更多,因此产生的重元素数量是大大小于电子湮灭的数量的。所以我们有理由说中子是简并的主要产品,重元素不过是少数的副产品罢了。宇宙有光的主体也是电子湮灭的功劳。

既然简并是冷压缩,与温度无关,那燃烧各种元素,使元素重化的理论也就不成立了。由此推论,恒星的内部核心也不会有极高的温度,它只是维持了核心的中子球温度和那一锅粥样的电浆的温度(电离温度),而这是不需要有多高的温度就可以实现的。

在这里我们有必要提到热力学第二定律。我国科学家王兆强在《两大科学疑案:序与熵》(广东教育出版社,1995年,第224、222页)一书中说:"1850年28岁的德国物理学家克劳修斯认真总结了卡诺等人对热机研究的成果,首次提出热力学第二定律,将其表达为:热量不能自动地从低温物体流向高温物体。""如果发现你的理论与热力学第二定律相对立,那我不能给你任何希望。它只有垮台,别无出路。"

为此,当科学家们发现太阳表面温度为6000度而日冕的温度高达10万度时,他们目瞪口呆。这里温度怎么会从6000度传到10万度呢?也许科学家们一时没有想通,可还有一种可能就是科学家们用此问题来钓天文爱好者们的兴趣,其实他们自己早就明白其中的道理了。

"热力学第二定律只是描述热转化为其他能量的转化率不能是100%,然而却不能描述其他能量转化为热。其他能却可以100%地转化为热,也可以从低温到高温。如化学的放热反应,星云到星体的聚合过程等。"(王兆强著,《两大科学疑案:序与熵》,广东教育出版社,1995年,第283页)比如燃

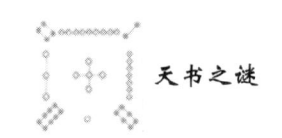

烧的蜡烛，外焰的温度就高于内焰的温度，这与在太阳上发生的情况大体类似。这问题大概早就解决了，不过这里再挑逗一下爱好者而已。

## 6. 高密天体

高密天体是我们对白矮星、中子星、黑洞的总称。其实简并的许多矛盾都集中在高密天体上，不论是它们的结构还是它们的行为，科学家们都有不同的意见。甚至法国科学家约翰－皮尔·卢米涅在《黑洞》（湖南科学技术出版社，1997年，第265页）一书中也说："黑洞一词仍然常常只是掩盖我们无知的一件豪华伪装。"白矮星是太阳的坟墓，当太阳的燃料烧尽，它会变成一个红巨星，之后它会脱掉它的外衣——行星状星云，中心就变成一颗白矮星。类似太阳质量或小于太阳质量的恒星，命运都是如此。白矮星虽说已是恒星的坟墓了，但却还有两种变化。

首先，白矮星慢慢变成红矮星，最后变成黑矮星。其次，白矮星吸收周围恒星的物质，慢慢长大，超过钱德拉·塞卡极限时，变为超新星爆炸，从而毁灭自己。白矮星体积与地球类似，密度却达到每立方厘米10吨。据说它内部的电子简并成电子晶格，不能动作，但原子核还能在晶格内自由活动。科学家们在描述太阳的这一切变化中都是说太阳自己的行为并没有丝毫涉及银河系中心对太阳的影响。

对于中子星也是如此，中子星是大于8倍太阳质量的恒星最后的坟墓。当大恒星以更快的速度把自己燃烧尽时，它会产生超新星爆炸，把自己炸得一干二净，有时中心也会变成一个中子星。中子星密度更高得出奇，体积小到15公里直径，密度大到每立方厘米10亿吨。在中子星内部是简并中子态，中子挤着中子，就像一盆绿豆。科学家认为既然原子核与原子核都挤在一起了，那也就到头了。再收缩下去都无法想象了。

法国科学家约翰－皮尔·卢米涅在《黑洞》（湖南科学技术出版社，1997年，第95、98页）一书中说："中子星不可能在光谱的光学部分看到，因为它们的热光度虽然是由被加热到1000万度的表面发出，却由于表面积太小而极低。一个直径只有30公里的物体不可能在几光年以外的距离上被看到。""脉冲星磁场很弱意味着年龄很大，而这又与其极高的旋转速度完全不符，怎样调解这个矛盾呢？"

中子星也分为两类，一类是中子星，发光也看不到；另一类是脉冲星，因为它有强烈的γ射线脉冲，从每秒几十周到每秒几百周，科学家甚至说脉冲极值可达每秒1700周。每一周的变化,是因为中子星自转一周。因为科学家始终坚信角动量守恒原理在宇宙中同样有用,而且坚信天体的行为都是自己不安分造成的,从来怨不得别人。但他们在观测中发现情况相差太多,中子星不但自转远远没有那么快,而且磁场也很弱。那么科学家对角动量守恒、中子星自转慢、磁场弱,到底应该怀疑谁呢?

任何事物内因是变化的依据,外因是变化的条件,缺一不可。所以我们更关心的是宇宙中天体变化的外因是什么。首先,我们关心的是中子星的位置在哪里。在星系中的外围旋臂中,在饼中有没有它的身影?科学家好像并不关心中子星在星系中的位置。但我们用密度洋理论去分析天体时,高密天体只能在底层,在靠近上级天体中心的地方,在中层与外层它是待不住的。

散度场会使天体脱去外衣,旋度场会使天体爆炸。只有残留的天体才是高密天体。天体密度升得越快,它的向心速度相应也会越快,不到与之相应的密度洋中,它是不会停止的。依据科学家对天体的观测,我们这里立下**第三个天条:高密度排斥高温,排斥电磁场**。

在过去,不少人可劲儿描述高密天体内部的高温,从几亿度到几十亿度,他们大概把高密天体内部比作氢弹爆炸了。原子内部广阔空间的退让,消除了内部压力与温度的直线上升。"异气相斥"的原理又使高密天体失去了强大的磁场密度。这一切其实都与天体的自转状态有关,慢了,会失去一切。

中子星是怎样形成的?科学家说是8倍以上的太阳质量的大恒星在老年时,因为超新星爆炸,内核就退缩为中子星。科学家一致认为天体的爆炸是天体中层向内外共同发动的,如果是从中心向外发动,那必然会炸得一干二净。如果从中层发动,那爆炸力向外形成超新星爆炸,向内为天体中心的压缩提供了快速强大的动力,因而成为中子星。因为中子星太小,一般发光也看不见,脉冲星的脉冲主要是γ射线,但听说中子星也有低频电磁辐射。因为只有新星才会有较高的自转速度,正是这个标准使科学家开始怀疑由脉冲频率来推断中子星的自转速度的想法是否正确。但如果有问题,那脉冲辐射的γ射线又是怎么回事?

中子星是完全由中子组成的么?科学家说不。中子星也分层,铁壳—结晶幔—超流中子液—内核。在这4层之中,结晶幔是什么?是否与白矮

星的电子晶格相同？内核是什么？是一个固体的中子球么？铁在一般行星中是作为内核存在的，在这里作为外皮了。多层次由外向内密度增加的结构是宇宙间天体的普遍规律。密度洋理论在这里又一次被证明是正确的。

中子星是大恒星最后的坟墓，也应是核聚变发光的终点。只有简并电离了H后，又使电子撞进了质子的内部，才有了核聚变式的发光。H没有了，全变成中子了，发光的原材料就没有了。但是当事物走到了极点，它会突变为相反的运动的，这就是"物极必反"的道理。当核聚变的发光形式结束时，一种全新的发光形式又产生了，这就是核裂变的发光过程。矛盾转变的关键点在于天体内外压力的对比上。外大于内，就产生核聚变的发光形式，反之，则会产生核裂变的发光形式。

中子星是复杂的，很多疑问在这里得不到解答。比起中子星，黑洞则更加让人扑朔迷离。

第一、黑洞的第一特征是黑，任何光线也没看到，所以科学家就认定可以从光线的逃逸速度来推断黑洞，那一定很小，不会大于直径30公里。

第二、黑洞是宇宙的旋涡，有极强的磁场，能吃下任何天体，并在同时辐射出X射线来。

第三、黑洞有最高的密度，必然大于中子星。但是什么结构，科学家还暂时取不出名字来。

第四、黑洞是由反物质组成的，黑洞吃东西反映的是正反物质的湮灭过程，同时辐射出大量的X射线。这是黑洞的蒸发，黑洞因此减少了质量。此过程又叫"霍金蒸发"。

对于黑洞的疑问是非常多的：

第一、就是光线逃逸速度。在黑洞中引力极大，连光线都逃不出来。那我们为什么不能换一个角度，不是光线都逃不出来，而是黑洞为什么发不出光线来？发光也是需要原材料的，没有H了，就没有了核聚变，也就停止了核聚变形式的发光。没有发光的原材料了，与光线逃逸速度又有什么关系呢？而且发光也可统称为电磁波辐射，X射线也属于电磁波，属于紫外光么。黑洞一吃东西就发紫外光，不是也可以叫发光了么！就算黑洞由其赤道区域吃进天体，而由两极辐射电磁波，被吃的天体临死前发出的紫外光由黑洞的赤道溜到两极，然后由两极发出，这就不算黑洞辐射么？如此看来由光线逃逸速度来界定黑洞的大小，就依据不足了。

第二、黑洞是宇宙的旋涡，它会吃下自己附近的任何天体，同时辐射出 X 射线。旋涡的说法是正确的，星系的中心一般都是黑洞。星系是旋涡，星系的中心当然也是旋涡。它会吃下自己附近的任何天体，这里的问题是黑洞的附近会有什么天体呢？会有多种天体么？按照密度洋理论，能在黑洞附近存在的天体，必是高密天体，密度小的天体是不会闯入这个领域的。所以说吃任何天体，实际上是吃不到的。在这里说什么我们的宇宙飞船会钻到这里来，就像潜水员不利用潜水球是无法潜到一万多米的太平洋底一样，那里的密度太高，飞船密度太低，它飞不进去的。第三条黑洞有最高的密度，这点科学界公认无疑。但最高的密度是什么？谁也说不上来。据说中子球已达极点，那么反物质密度能否大于中子球呢？再说正反物质湮灭就一干二净了，宇宙间这种湮灭反应多了，那正物质岂不越来越少了？

我们说过，黑洞起码有六点：

第一、它是物极必反的生成之物，存在于由中子星组成的高密天体环之内，是由反物质组成。

第二、它是能量最大的储存仓库，因为正反物质相遇，除湮灭外，释放出的能量最大。

第三、它有斥力，并不像电子那样可正负相吸，即黑洞并不贪吃。

第四、黑洞在哪里？它在星系的中心，有自转，周围有大密度的天体围绕。

第五、恒星级的黑洞应存在于星系中心附近，而绝不会存在于旋臂之中。如果用球星系和涡星系相比，恒星级黑洞在球星系中更多一些。

第六、星系级黑洞的结局，将会因为强大的正反湮灭而爆发，那就会产生星系级的大爆炸了，那将是星空中最大的宇宙事件。

把黑洞看成是由反物质组成，宇宙可形成一个完整的循环。

首先，物极必反，正物质在这里因最高密度而转化为反物质。其次，正反物质的湮灭反应，使物质消失，完全转化为能量，真正完成了宇宙中的质能转化。仅这两点就使天文学在哲学范畴上增色不少。但正像皮尔·卢米涅所说：黑洞一词仍然常常是掩盖我们无知的一件豪华伪装。为此我们想脱下这件伪装，取消对黑洞的一些推断，甚至"一词"。

在星系的中心肯定有一个高密天体，它是星系的灵魂。它有缓慢的自转运动，常会吃掉周围附近的子女，在两极地区会有长长的射流，它是星系中大部分恒星的归宿，它的组成只是由更纯洁的中子来担当就可以了。

一个纯粹的中子星就像人间的纯爷们儿一样，它完全失去了 H 的补充，丧失了核聚变，因而也发不出光来，因此可以看成是连光线都逃不出的高密天体。因为它在星系的中心，所以有着比周围中子星快得多的自转运动。因此它必然是一个宇宙旋涡的中心，具有较强的磁场和自己强大的势力范围——整个星系。它会吃掉周围密度较小的中子星，为自己补充营养，并把其中更轻的物质化作直冲天际的射流由两极排出体外。

它与中子星的区别一是纯度高，二是自转快，因此从磁场强度上，从吞噬天体的能力上，从势力范围上，从更黑暗上，从寿命上，都强于中子星。

这里没有反物质，也可以解释一切。虽然我们曾想把物极必反的原理用在正反物质的生成上，但因实在想象不出这个过程是怎样才能发生的。而且一份正物质变成反物质了，另一份正物质又与此份反物质发生湮灭，宇宙间一下子损失了两份正物质。如此下去，宇宙中物质岂不越来越少，这难道是一种正常现象么？

也许物极必反的原理不应该用在这里，而该用在"聚则成形，散则成气"的现象上。中子星也好，黑洞也好，最终还会因压力减小而发生裂变反应，生成大量氢气，从而回归宇宙。宇宙中主要成分的 H，一是来自天体脱掉的外衣中，二是来源于高密天体的裂变之中。谁轻谁重，我们就说不清了。

一旦取消了黑洞，它那些依据光线逃逸速度推出的光怪陆离的性质也就随之消失了。

### 7. 原子构造

说起原子的构造，在不少人的头脑中还是那个代表科学的符号——卢瑟福的原子模型。这是一个中心为原子核，四周有 3 个电子沿空间三维的轨道围绕原子核旋转的模型。它主要强调的是电子像地球围绕太阳一样地有一个大体固定的公转轨道。

但这些年来人们对原子的构造有了不同的认识，主要是对电子的运动方式有了不同的认识。因为西方科学是以实验为基础的，在实验中，科学家用电子显微镜是看不到电子有什么固定的运行轨道的，而是在原子核周围左一个、右一个、里一个、外一个，毫无规律。只不过时间长了，里面的电子显得多一些，外围的电子显得少一些，形成一幅电子云的图形。

我在上大学时曾就此问题问过老师，电子从 A 点到 B 点，是连续的变化，还是跳过去的？有没有中间的轨迹？老师说没有中间的轨迹。这种结果就只能是观察到的，却是无法想象、不合逻辑的。在电子显微镜下，我们是用发射电子的手段去观察电子，那么用电子撞击电子，就必定会影响到被观察电子的正常运动。因此这种观察方法是不可取的，科学家还因此提出一个"测不准原理"。

既然电子撞击电子动静太大，那么科学家就应该找一些更小的粒子来撞击电子。比如在基本粒子中大名鼎鼎而又小到极点的光子，岂不可观察一切基本粒子，无人可逃了么？科学家可以想办法做一个光子显微镜来研究原子结构，为什么至今做不出来呢？大家会说，什么光子显微镜？这与我们平常使用的光学显微镜有什么本质的区别吗？问题在于科学家至今玩不转光子，它太难了，一到关键时刻，就掉链子，始终不肯表现出一个费米子的纯爷们来。

又有科学家提出原子的能级跃迁理论。这种理论认为原子中的电子有不同的轨道，用 H 原子举例。电子一般在最低能级的轨道上运动。当这个电子吸收到一份能量时，它就会跃迁到高一级能量的轨道上去，电子吸收的能量越高，它跃迁到的轨道能级也越高。然后它又会放出同样的能量，回到原来的轨道上去。这个过程叫电子的能级跃迁。

这种理论可以很好地解释 H 原子的电子轨道变化和它产生的光谱现象。但对于其他原子，这种理论就力不从心了。所以对于所有的原子，我们至今还未找到一个合适的模型。近几年北京中关村科技园区的标志也因此改为表示生命的 DNA 双螺旋模型了。

我国科学家李映华在《物理学的几个重大理论问题》（华南理工大学出版社，1997 年，第 111 页）一书中说："原子有一个到现在仍未被人们认识的核心。这个核心高速地旋转着，并牵引周围的真空物质形成磁场，核外有电子围绕它旋转。电子并非在虚空中运动的，它是在实实在在的真空物质携带下绕核运动的。"

在前文大家已经了解了密度洋理论，密度洋理论可是一个很有用途的理论，它很有效地解释了宇宙中的天体演化运动规律。但正像民间所说

"手握利器，顿起杀心"。我们既然手中握有如此所向无敌的利器，何不用它再杀向微观世界呢？

在过去的原子构造中一直使用着粗糙的太阳系模式，不管多少中子和质子都包含在原子核内，然后所有的电子都围绕原子核公转。这么多电子不能乱七八糟地运动，于是也分了层，这个层就是化学元素周期表中的周期。第一周期为 K 层，最高只有 2 个电子。第二、三周期为 L 层，最高有 8 个电子，称为主族元素。第四、五周期为 M 层，最高有 18 个电子，其中就多了副族元素。第六、七周期为 N 层，最高有 32 个电子，又多了镧系、锕系两个稀有元素族。

在各种元素中又有许多元素有同位素，其中最高的是锡，这是我们常见的一种金属，它的同位素却有 10 种之多。同位素是什么？就是有一些元素，质子数相同，但中子数却不同。据科学家说，中子是质子的黏合剂，没有中子，两个质子是死活不愿意生活在一起的。但具有多个同位素的元素好像并不限制中子的数目，多几个，少几个都无所谓。而且元素的序数越高，中子就越多。从中子数等于质子数，到中子数成为质子数的 1.53 倍。这给人的印象是越是重元素，好像需要的黏合剂越多似的。

原子构造是什么样的？我们如何理解才更接近于真实？各种原子又是如何形成的？当我们手握利器时，不妨试试它的威力。由密度洋理论，我们定下几个原则：（1）原子核也应分层；（2）原子分层后内层密度要大于外层密度；（3）电子轨道各自独立；（4）谱线电子数或化合价电子数都小于质子总数。

在我们的手上现在只有一本元素的发射谱线光谱，还一时找不到元素的吸收谱线光谱。吸收谱线反映的是电子的基波，而发射谱线反映的是电子的拍波。拍波之数总要大于基波之数。就像器乐中的和弦一样，波形会复杂得多。但就从元素的发射谱线来看，它的规律也出乎我们的意料之外。比如氖，原子序数为 10，电子轨道也就是第二层 L 层，8 个电子。如按老规矩，它们是占满了 2S 和 2P 轨道的，是一种很稳定的电子结构。它是一种惰性气体。这 8 个电子是在同一个电子轨道上运行的，能级跃迁也必然是比较单一的。但实际情况却大相径庭，会产生那么复杂的发射谱线。这足以证明这 8 个形成壁垒的电子其实并不在同一个轨道上，而是各自为政的。

我们的推断是以元素谱线为依据的，因为在电子显微镜下我们也观察不到原子中的电子轨道，而只是一团电子云雾，在光谱分析中我们大体可以得出如下规律：

（1）在周期表中谱线较为简单的为主族 A1、A3、A4、A5、A6 族，副族为 B1、B2 族。

（2）在电子轨道中满了 S2、P6 电子数时，谱线较为复杂。

（3）在 d 级、f 级电子轨道发生作用时，元素谱线较为复杂。

（4）p 级、d 级、f 级满额后的两族元素，也就是 B1、B2、A1 的谱线反而比较简单。在这 3 族元素中高一级的 S 级电子就像牧羊犬一样，使内部的羊群都更老实一些，不再喜爱参与本元素的发射光谱活动了。

从光谱分析来看，元素中主族元素相对谱线少一些。大部分的元素并不是所有的电子都参与了光谱活动，它们对此无动于衷，当然它们更不会参与元素间的化学反应了。这些电子由于所处位置的特殊性，必然会在原子中有一种特殊的结构和运动方式。这是它们不同于那些活跃的电子的地方。

对于原子的内核，我们一直认为中子与质子是混杂在一起的。因为中子是质子的黏合剂，它必须夹杂在质子中间，才可达到此目的。过去我们还有一个认识，那就是当外力达到一个阀值时，H 原子中的电子是一下子就钻到质子内部，与质子内部的正电子发生湮灭，同时产生两根 $\gamma$ 射线的。

直到最近查了资料才发现质子的直径是电子直径的 30 倍，质量之比大约 2000 倍。如果质子比作一个大西瓜，那电子也就是一个樱桃小丸子。如果质子是一个孩子玩的弹球，那电子不过就是一粒砂子。当弹球大小的质子在中央时，一般电子在什么位置呢？科学家说要到 2 公里以外的地方去找那粒砂子。这该是多么巨大的空间啊！

而且原子半径也有大小之分，越是复杂的原子，其直径越大。最简单的 H 原子，直径为 37pm，较大的原子铯，直径为 260pm，两者直径相差近 7 倍。铯原子核中有 78 个中子和 55 个质子，它们合起来有 133 个小球，从立体来说也就是一个小球的 5 倍多一点，但原子直径却能相差 7 倍，也许还有一些奥妙在里面！

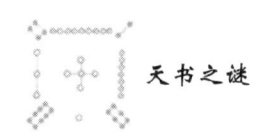

有了这些感性认识，再加上密度洋理论的几个原则，我们大体可以描述出一种全新的原子结构了。在宇观世界中大量的氢云在外界的压力下聚集成了天体。在微观世界中大量的 H 原子在外界的压力下形成了与压力对应的大小团块，当压力是一个不变的定值时，团块的规格也是一个定值，此时这个地带就成为制造某一特定元素的工厂。"天不变道亦不变"，外界条件不变，生成物当然也不会变。

但是一旦团块形成了，就会在内外各层之间产生不同的压力。当许多 H 原子形成一个小旋涡时，由于 H 原子间的黏滞作用，会形成多层次的滚动现象。外层之力向内传导，此时外层的速度也必然大于内层。由于压力永远是静压大于动压，所以压力必然是内层大于外层，在中心处达到顶点。这种压力跳跃式的增加方式，导致了 H 原子间的距离减小，进而导致 H 原子内电子轨道的缩小。

在 H 原子中电子轨道不可能一下子就消失掉，只有过大的压力才能使质子与电子结合，只有过大的能量才能使电子与质子彻底分离，而产生电离现象。随着压力的增加，电子轨道不断缩小。在电子轨道已经很小，但还没有发生核聚变之前，我们称这种状态为亚中子态。只有 H 原子球即团块的产生，才可能使团块中心的压力大于亚中子的压力状态，而使电子彻底掉入质子的旋涡中心，形成中子。所以中子必在 H 原子球的内部才能形成，而不可能是从外部钻入 H 原子球内的。

就像饺子皮越大，就越能包住更多的肉馅一样，但这并不成比例。五个小饺子皮做成的大皮，是可以包住比五个小饺子馅更多的肉馅的。所以，氖元素，10 个质子包住了 10 个中子的芯。但到了铅元素 82 个质子却能包住 125 个中子，比例高达 1.53 倍。这 125 个中子并不是与 82 个质子夹杂在一起的，因为中子密度大于质子密度，中子是饺子馅，而质子才是饺子皮。中子是更高压力的结果，与黏合剂无关，因此也与强作用力无关。

在质子外围生存的是亚中子。因为还有电子围绕质子运动的亚中子，它的密度是必然小于质子的。也许亚中子还有多种形态，因而占据不同的公转轨道。这些亚中子总数是小于原子序号的，剩余的部分才是分离后的质子与电子。质子成为原子核心的皮，而这些电子才成为本原子的自由电子，或称为化合价电子。当然它们也必然会参与原子的光谱活动。在化学元素周期表中，每一元素的更深一层电子（更小周期的电子），大部分是以亚中子态存在的，它们并不热衷于原子的光谱活动，更不会参与原子的化学反应活动。

有时一种质子皮是可以包住几种不同数量的中子芯的，最多者金属锡元素的质子皮就可包住10种不同的中子芯，真是一个奇迹！正是质子皮的这种弹性，造成了许多元素都有不少同位素的奇观。

我们所描述的原子结构是与太阳系极为相似的：

原子——中子——质子——亚中子——电子

太阳系——太阳——水星——地球——小行星带

有人会说，你这是照搬太阳系模式。我们说"大道至简"，"天下一理"。为什么两者之间不可以是同一个原理？！既然原子中自由电子是由原子核中质子和中子因"异气相斥"而排斥出来的，那么不能不使我们联想到小行星带中物质产生的原因。大约也是环内的泥球们在由环外进入环内时，丢掉的外衣和卫星所形成的吧。

总之，原子要分层，要清升浊降，要从中心向外减小密度，因而达到与外界的平衡。要从外向内增加密度，增加压力，中心由中子组成，达到密度的顶点，合成一个中子球。这是一个原子级的中子球，虽然很小，但它是所有元素的核心。不但如此，中子球也是恒星的基础，是中子星的祖宗。

什么是宇宙？宇宙就是质子与电子在无限时空中的表演。质子与电子结合在一起，叫核聚变，原因是高压，过程是简并，结果称为中子。质子与电子跳舞（电子绕质子公转），原因为俘获，过程叫有了结构，结果是形成H原子。而质子与电子的分离原因是热能，过程叫电离，结果是形成电浆。中子星的爆炸叫核裂变，结果是形成H原子。

宇宙就是在这"分久必合，合久必分"生生死死，而又生生不息地变化着，发展着，从远古走来，又走向无限的未来。

## 四、光辉的顶点

这里我们讲光，讲电磁波，讲光是怎样产生的，又是怎样传播的。从某个角度讲，没有光，没有天体辐射，我们就会对周围的天体对宇宙一无

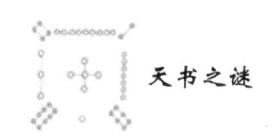

所知，是光告诉了我们天体的几乎全部的知识，是光使我们与各种天体建立了愈加深厚的友谊，谈起它们的形态，它们的变化，我们滔滔不绝，我们豪情满怀。虽然与社会上各种行业相比，我们几乎是最小的一支队伍。但值得我们骄傲的是从古以来，天文学在每个历史时期中都对社会做出过不可磨灭的贡献。

### 1. 光的波粒二相性

光是粒子还是波，这是几百年来科学界一直争论不休的话题。光是粒子，这是大名鼎鼎的物理学家牛顿给光下的定义，并起名为光子。光子是基本粒子中最小的粒子，它占据了一个极端，再往下走，也许就是"无"了。光子的静止质量为零，这不能说是有。光子的动质量不为零，或者应该说动量不为零，但又不能用 mv 来表示。光子尺寸说不出，质量说不出，真有点占据阴阳两界的味道。光子在核聚变中是由 H 压缩后，电子钻进质子肚里时那一声喊叫中产生的。那时电子与质子中的正电子相遇而湮灭，于是产生两根 γ 射线，或叫两个光子。后者我们感到是两个小球，而前者只能感到是一种冲动而已了。光子有点像数学中的无穷小，你说它有多小，它比你想象中的还要小。你再说小一点，它还能小。小到你不可思议，小到你急不可耐，小到你气急败坏，可它还在一点点小下去。在科学界宇宙弦理论已经建立了，可一根弦要摆出怎样扭捏的姿态才能等价于一个光子呢？我们一无所知。

科学界已经找到了上百种的基本粒子，就像一百多个蓝色的小精灵，它们一齐闹起来，一定会让我们眼花缭乱，找不到北。俗话说"龙多不下雨，鸡多不下蛋"，管事的政出多门，是要天下大乱的。我们无法管理这么多的蓝精灵，还是让它们选出几个代表，其他大部分休息为好。俗话说"大道至简"，如果一百多个蓝精灵一齐闹起来，我们也许永远也找不到那个"至简"的"大道"了。

光电效应是科学家证明光的粒子性的最具权威的实验。情况是这样的，当我们用一束光打在一块金属板上，金属板上没有电子被打出的现象。加大光的强度，还是没有反应。但是我们提高光的频率时，发现有一些电子被打出来，频率越高，被打出的电子越多。科学家就此认为光子的能量是与光子的频率成正比的。只有高能量的光子才能从金属板上打出更多的电子。

这个实验有几处不足：

首先，每种元素的吸收谱线不同，所以换掉实验中的金属板，那个能够大量打出电子的频率就会因金属板材料的不同而改变。其次，假如某金属板只有一条吸收谱线，那么当光频率达到要求时，打出的电子数目就与光的强度成正比了。但是频率高到一定程度时，此规律失效了，被打出的电子反而会变少。能使电子飞出金属板的原因一是被粒子直接击中，但粒子不可能是光子；二是光频率与电子在轨道上的固有频率相同，产生共振，是共振之力把电子打出去的。这是"同声相应"的物理现象。

因此我们看到金属板的吸收谱线频率决定了照射光的准入门槛，一个能够产生电子轨道共振的频率窗口。准入了，才能有光电效应，小了大了都会无效的。吸收谱线也决定了此金属原子发光时的基本颜色。

光是波而不是粒子，就这样定了。光是波，它与水波、声波就应具有极大的共性。光波在真空里的传播速度为 c，这由真空中的电导率和磁导率就可以求出。这也就是说光的传播是离不开电与磁的。电与磁在宇宙空间的分布称为电磁场，它决定了光的传播环境的好坏。虽然中国科学家李映华把它叫真空物质，但我们认为还是叫电磁场更好些，比真空物质和以太都好。

一来电磁场比较容易被西方科学家接受，因为这是他们早已熟悉的东西；二来电磁场的来源、分布情况科学家们都清楚，而电磁场的密度分布又与光的传播大有关系。所以下面我们就离不开电磁场来研究光了。

## 2. 电磁场

既然光的传播离不开电磁场，那么我们就必须认真地谈一谈电磁场的产生与分布了。宇宙中的大部分空间是真空，但又充满了电磁场，充满了真空物质。场是无处不在的，这是科学界公认的事实。宇宙空间可以没有天体没有星际物质，但不可以没有场。在宇宙浩瀚的空间里，在距离天体较远的地方，场似乎是一种均匀的存在。就像宇宙中 2.7 K 的背景辐射，虽有各向的差异，但毕竟是很微小的。也正是这种均匀性，使我们认为光在这种场的传播速度是一个定值 c。但真正值得研究的天体附近的场不是这样，不但有密度大的分布现象，也有密度小的分布现象。这就不能不影响到光的传播，光速、波长、频率、连续性、谱线红移等种种有关光的传播中的变化，都显现出来了。

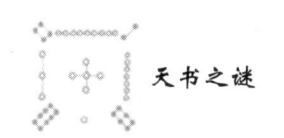

一块条形磁铁，它的磁力线是从北极流向南极，其形状就像我们从正面观看一个大圆灯笼。我们用磁铁上的白纸表面撒铁末的分布情况就可以形象地看到这一点。这种磁力线的分布形状是宇宙间所有天体磁力线分布的基础，也同样是所有天体电磁场的分布基础，可以想象这种磁力线的分布，在赤道区和在两极区，何处磁力线更加密集，何处磁力线最为稀疏，那是一目了然的。

波的传导是需要媒介的，声波是这样，光波也是这样。我们说太阳发光8分钟才能到达地球。可到达地球的是光子吗？不是，是光波。太阳发出的光子据说每秒只能爬行10厘米，它不过是抖动了一下，而光波能量才是以30万公里/秒的速度传到地球。

声波在空气中的传导速度为340米/秒，而在铁轨中它的传导速度可达5200米/秒。这说明在波的传导中，媒介的密度越高，波的传导速度也就越快。声波如此，光波也是如此。

在炎热的马路上，我们开车时常可看到一种海市蜃楼的现象，前方发现有一洼清水，水面上清晰可见汽车的倒影。但当开车走近时，我们只见一片灼热的阳光，哪有水洼的影子。这就是远处汽车的光线走了一条曲线，而地表高温的空气，使光线产生了向地面的弯曲现象。这证明光波生性匆忙，爱找密度高的介质跑路，哪儿快走哪儿。这也说明光线在宇宙空间传播时产生的弯曲是因为路途上遇到了场密度更高的区域。场密度高才是问题的本质，大质量天体与高密度天体倒在其次。

从整体的场密度来说，科学家都认为新星有较高的自转，较强的磁场；老年的恒星自转较慢，磁场较弱。矛盾的是脉冲星，据观测磁场较弱，这是老年恒星的表现，大家都认为顺理成章，没的说。问题是脉冲星的自转速度是由脉冲频率推导出来的，又高得可怕，竟然可达每秒几百转、上千转。这与老年恒星的特征是极不相符的，不可思议！如果能够换一个角度，脉冲星的自转与脉冲并不相干，那接下的问题是脉冲星的脉冲是如何产生的呢？它的机制又是什么？

既然脉冲星、中子星的磁场都很弱，又有脉冲现象，那我们就会想到弱的磁场与脉冲频率会不会有一种必然的联系呢？中子星是高密天体，在周围却有着很弱的磁场，这是观测到的事实。所以我们立下了第三个天条：高密度排斥高温，排斥电磁场。

对于电磁场在天体周围的分布情况，形状就像个正面观看的大圆灯笼。天体上的纬度越低处，场密度也越低；纬度越高处，场密度也越高，在两极处达到了此天体场密度的顶点。各种天体只要有喷流现象，都是由两极喷出，不管它是恒星还是星系。

当我们知道了各种天体周围的电磁场密度，也知道了电磁场在天体周围的分布情况，我们就可以由此出发干净利落地分析光的传播了。

3. 光的诞生

《圣经》上说，世界本无光，上帝说："要有光。"于是世界便有了光。

在宇宙中最基本的粒子质子和电子因受热能而分离，此为电离，其生成物为电浆。成群电子的移动，此为电流。因为电流，产生了磁，此为电子流动而生磁。因磁力线的灯笼形分布，决定了场的分布。又由于场密度分布的不同及变化，调控了光波。

电子和质子由于高压而结合，这叫简并，又叫核聚变。其结果是电子 + 质子 = 中子 + $2\gamma$ 射线。中子由高压而生成，失去高压变为低压时，中子又会变为质子和电子，这叫核裂变。成群的大规模的核裂变叫核爆炸。质子在爆炸中又俘获了电子，我们叫跳舞。从此因为圆舞曲的旋转，它们又有了结构。此结构是宇宙中最简单的，最常见的也是宇宙中含量最高的 H。

从某种角度看，是电子的不同行为产生电流，产生磁力线，产生场。电、磁、场，是它们变化的三部曲，而光不过是电子行为的副产品罢了。

光的诞生原因在地球上好像种类繁多，但在宇宙中却简单得出奇，就是简并与爆炸。不过是电子钻进质子中，或者再钻出来，各能生成两根 $\gamma$ 射线，而且等级还挺高。其他的发光大概都是次生波，次生光而已。电子的行为是钻进钻出，客观上压缩了玻璃球大的质子外方圆 4 平方公里大的空间，或者是又占据了如此大的空间。原因呢？就是看内外压力的对比，外大就生聚变，内大就生裂变。不过如此简单！

光是电磁波的一小段，从波长小于 0.01nm 的 $\gamma$ 射线到大于 mm 级的射电波段，可见光只是占据了 500nm ~ 900nm 的一小段。据科学家说，天体在新星阶段时，它发出的光是蓝色的，稍成熟一些的恒星发白光，然后随着年龄的增大变为黄色光，到老年时就只能发红光了。恒星死亡之后变为黑矮星，则发黑光，就是红外光了。黑洞也是发黑光的一种，奇怪的是

中子星到没有人说它发什么光，大概也属于是发黑光的天体。

中国科学家李映华在《物理学的几个重大理论问题》（华南理工大学出版社，1997年，第111页）中说："光是一种波动过程。那么原子是如何发光的呢？笔者认为，原子有一个到现在仍未被人们认识的核心。这个核心高速地旋转着，并牵引周围真空物质形成磁场，核外有电子环绕它旋转。电子并非在虚空中运动的，它是在实实在在的真空物质携带下绕核运动的。一般情况下，电子绕核运动的速度与所在轨道上真空物质的绕核运动速度相同，处于稳定状态，既不发射电磁波，也不会落入原子核。只有在电磁波的作用下，或原子间发生碰撞，引起电子在固有轨道附近振动时，才发出与固有轨道运动相近频率的振动传播，这就是原子发射光谱中的基波。"

虽然质子与电子的合与分都产生了能量最大的γ射线，但在宇宙间最多的并不是γ射线，而是多种多样丰富多彩的电磁辐射，是彩虹一样的可见光。它照亮了宇宙，照亮了世界，也照亮了我们人类世世代代的生活。可见光是如何产生的？虽然它们的原料单一，但因为场分布的多样化，场密度的多层次，γ射线才有了多姿多彩的演变。这可就是光线传播中的奥秘了。

### 4. 跨出国门的第一步

每一个天体周围都有一个电磁场，一个各向异性、密度不同的电磁场。这个磁场密度的最大值在两极。最小值在赤道。恒星的磁场强度与它的年龄成反比，随着恒星的演化，场密度会越来越弱。比如说，如果我们把场看成场粒子的话，就可以较形象地来描述场密度的不同状态了。

场密度不同可由场粒子间的距离来表示，这距离可分为四级。一级距离是紧密相接，民间叫无缝连接，粒子不能再形变、压缩，这是场密度的最高状态；二级距离是场粒子之间有间隙，但不大。它的大小范围所对应的是电磁辐射中所有频率的变化幅度范围；三级距离是场粒子之间距离加大，成为断续分布，它所对应的是脉冲式的电磁辐射，并与脉冲频率相对应；四级距离是场粒子间距超出了电磁辐射传播的最大能力，天体彻底黑了。正是场粒子间隙的种种变化，极大地影响了光线产生后踏出恒星国门的第一步就改变了自己，之后漫长的星际航行倒在其次。

整个恒星的诞生成长壮大衰亡的过程从大了说是压缩的过程，从小了说就是让所有H中的质子和电子一步步结合的过程。天体在简并过程中密度逐渐增大，而天体周围的磁场却在向相反的方向演化，即密度场逐渐降低。恒星发出的光线随着场密度逐渐降低而演化，由蓝变白、由白变黄，最后变红、变黑（红外线）。光线的波长也越变越长。这两种变化的同步，不能不使我们联想到光线的波长与场密度的必然联系。

我们观察会发现，小孩子的眼白有着淡淡的蓝色，随着年龄的长大，孩子眼白中的蓝色慢慢褪去，变为一种纯白色，这是青年时代；等到壮年时，眼白会慢慢发黄的；到老年的时候，黄色更重了。我国有句成语，"人老珠黄"。恒星的光芒从诞生到衰亡不也是蓝白黄红的演变么，这也是红移的表现啊！我国民间还有一句成语，"地老天荒"，虽然它常常是青年男女在表示爱情坚贞时引用的一句话，但此地用来描述宇宙却也显示出无比的形象与正确。

我们看太阳系，类地行星泥球是由类木行星——气球演化而来的。每一个天体都是风卷旋涡的中心。气球不但都有厚厚的大气层，也都有众多的卫星陪伴。但是一演化到泥球，厚厚的大气层没有了，卫星也急剧地减少了。火星还有2个卫星，到地球位置时只有一个卫星了。到了金星和水星，一个卫星也没有，这岂不就应了中国的一句成语"地老天荒"么。"天荒"就是指天体以外的空间物质的减少，其中也包括场密度的减少。厚厚的大气，众多的卫星是物质，电磁场也是物质，它们的荒芜同归于"天荒"二字。

经过上一节的论述，我们或许可以定下**第四天个条：宇宙是天旋地转，人老珠黄，地老天荒。**

光的传导离不开场，明确地说离不开电磁场。虽说可见光是从属于电磁波的，电磁波是既有电又有磁，但可见光是中性的。这可是件怪事。科学家说可见光属于电磁波，那电磁波要依靠电磁场传播就是天经地义的真理。电磁场的不同状态必然会影响电磁波的各种物理特性，也应是真理了。光的典型物理参数是光速、波长、频率、颜色。当场密度变化时，它们都会有相应的改变。场密度大时，光波的频率就高。因为光诞生时就都是最高频率——$\gamma$射线，所以在场密度高的介质中光的传播失真度就小，损失就小。

真空中的光速是 $c$，这里的介质是真空，是远离天体的广阔宇宙空间。但是在靠近天体时，场密度就有了多种的变化，有场密度高的地方，也有场密度低的地方。当介质密度升高时，声波的传导随之加快，对于光波也是如此。介质密度大，光速也快，而且超过了我们一般所认为的光速极限。当作为介质的场密度降低时，光速也随之降低。都说"光阴似箭"，当光都走不动时，也就是箭都走不动之时，那么代表光阴的时间也会走不动的。这就是中子星、黑洞周围的时间都会停止不前的物理原因。因为"地老天荒"，高密天体排斥电磁场。中国古语又说，"同声相应，同气相求"，相反的是"异气相斥"了。所以在高密天体周围电磁场会被高密天体排斥得远远的也就顺理成章了。

当场密度降低，也就是场粒子间隙加大时，它会把光波的波长也调控得更大了。而波长在可见光阶段时，就是光的颜色的变化。蓝、白、黄、红、黑，是波长逐渐增加时可见光依次展现出来的不同颜色，也是天体演化过程中依次发出的不同颜色的光，同时也是科学家因此而称呼不同年龄段的天体名称的由来。蓝光——新恒星，白光——主序星，黄光——壮年恒星，红光——老年恒星，又叫红巨星。小的高密天体又叫红矮星，黑光——又叫红外辐射或电磁辐射，是死亡之星，高密天体、中子星、黑洞的特征。

这里特别要指出的是脉冲星。当我们排除掉——不但从理论上而且从天文观测上——排除掉脉冲星高速自转的可能性后，电磁场密度的三级距离状态就为我们指出一条新的理论道路。脉冲星很可能与间断的场密度存在有关。如果真是如此，那频率较高的脉冲必然对应的是场粒子间距较小的状态，低频率脉冲对应的是场粒子间距较大的状态。而场密度降低，场粒子间距大是中子星的壮年态，毕竟脉冲频率高的脉冲星会更年轻一些的。

这样从中子星的脉冲发光状态，我们把中子星分成了几个阶段：（1）快速脉冲星；（2）低速脉冲星；（3）中子星；（4）中子球。为什么我们把中子星又分出个中子球来？这是一个新名词，无非是说中子球中已没有其他东西，只有中子，是个纯爷们儿。而中子星还是分层的，由内向外，密度降低，核心是中子球。外围是大小不等的中子团块。而纯粹中子球因已完全丧失了核聚变的原料——H，所以就真的发不出光来。从这点说它完全等同于黑洞。

至于说到黑洞，那是宇宙的旋涡。它有较强的磁场，因为黑洞是处于星系中心的天体，它有一般高密天体比拟不了的自转，有着整个星系的势力范围。白矮星和中子星绝对做不到这点，它们只是靠近星系中心的高密天体，自转很慢，甚至不转，因此磁场很弱。这是它们与黑洞的最大区别。

在天体中还有一种现象，这就是喷流。所有的天体不管旋转的还是不转的，两极的磁场密度都会高于赤道。因此只要有物质要发出去，一定是两极优先。地球两极有极光，太阳两极太阳风速大于赤道每秒 200 公里。星系有喷流，可达 n 个光年的高度。有的天体喷流更为巨大，在距天体挺远的距离上还形成了被天文学上称呼的极为壮观的——瓣。它们在物质上是丰富的，在电磁辐射方面又是频率偏高的波段。就连黑洞吃东西时不也是从赤道吃进，X 射线要溜到两极才喷出么。

如果我们认可了场粒子的间隙大小决定了天体发光的波长，那么天体上 H 原子的发射光谱也会因为场粒子的密度降低而拉长。这也就是天文学上常说的谱线红移，这样一来谱线红移的产生原因又多了一个，不但快速飞离我们的天体之光可以产生谱线红移，天体周围场密度的降低也可产生谱线红移。那么在真实的情况下哪一个原因为主呢？是各领千秋么，还是可以精确地分账计算呢？当然我们希望的是后者，因为那样一来我们就会更加准确地知道了宇宙的膨胀速度。

### 5. 漫长的旅途

经过上文的论述，我们是否可以定下**第五个天条：电子变轨而生光，光速、频率与场密度成正比**。

天体周围的场密度严格调控着走出国门的光波的各种物理参数，各参数之间又有着固定的函数关系。正是我们感觉到了这些光波，分析了它们，我们才间接地了解了这个宇宙。

走出国门的光波就像一个无比兴奋的孩子，在无边浩瀚的宇宙空间飞奔，有时遇见一个大质量的天体，他也会高兴地去串一个门，拜访一下。因为波的传导喜爱高密度的媒介，哪里密度高，它就爱往哪里跑。光速是更快了，但其他参数可能变化就不大了。这种能使光线弯曲的天体，科学家叫"引力透镜"。

引力透镜的表象是光线遇到了大质量的天体，产生向内的弯曲。而光线弯曲的物理原理是光线遇到了场密度高的传播介质。这里就出现了 4 个疑问：（1）场密度高的传播介质是必然与大质量的天体在一起么？（2）大质量天体与高密天体有什么关系？（3）光线与引力透镜的角度如何？（4）引力透镜会出现光线负弯曲现象么？

引力透镜是指我们在天文观测中发现有光线正弯曲现象时推断出的天体。从本质上说哪里有场密度高的区域，哪里就会有引力透镜现象。反之，哪里有场密度低的区域，哪里就会出现光线负弯曲的现象，是不是应该起一个名字叫斥力透镜，或叫凹透镜呢？

前面我们讨论过高密度场与高密天体的关系问题。高密度场是新生恒星的产物，当然恒星越大，质量越大，场密度也越大。对于星系也是如此，一个旋涡星系场密度就大，而一个老年的椭圆星系，周围几乎没有气体，当然场密度也不会高。高密天体会有很大的质量，密度也很高，但场密度并不高，甚至很低。所以场密度与天体的电磁场有关，或者说与天体的自转有关，并不是与大质量的天体有直接的关系。

比如，黑洞是星系的中心，有自旋，有强磁场，就有资格成为引力透镜。但中子星就不能，因为它自转慢，磁场弱，不但成不了引力透镜，还可能成为斥力透镜！再有，引力透镜与我们的观测角度也是大有研究的问题。当我们用太阳做引力透镜实验时，我们永远是在黄道面上进行的观测实验。这时由于太阳的自转，太阳黄道左右的密度场，其运动方向是相反的。当太阳左边的密度场向我们移动时，太阳右边的密度场是远离我们移动的。因此当我们用太阳做引力透镜实验时，太阳左边的光线做正弯曲（向内），太阳右边的光线就做负弯曲（向外）。

当我们使用星系做引力透镜实验时，我们往往是从两极看待星系的。因此我们接收到的光线都会表现出正弯曲现象，这与用太阳做引力透镜实验是有明显的区别的。

光线在漫长的旅途中奔走，它也会劳累不堪的。光线劳累的表现就是谱线红移，路途越是遥远，红移量就越大。但有一种天体，就是因为科学家过于依赖这一个参数的变化，而有些歪曲了对它真实的判断。这天体就是类星体。

科学家们对类星体的第一声惊叹，就是它的红移量巨大。按照上述理论推断，它的光线一定是走过了漫长的征途所致，于是推断它一定生活在宇宙最遥远的地方，一定有150亿光年的距离以上，是宇宙早期的恒星。

它看上去极像一颗恒星，在如此遥远的地方还能发出像星系一样的光芒，它也太厉害了，一定有巨大的动力来源，来提供它如此强烈的辐射运动。

现在我们换一个角度来分析类星体。如果按宇宙大爆炸的理论推理，巨大的红移是因为这个天体正快速地远离我们而去，这是目前最流行的正宗的谱线红移解释。那么类星体就不会在宇宙边缘那么遥远的地方，而只不过是在快速远离我们而去的一颗普通恒星。它发出的光芒也不会推断成为与整个星系相同了。

如果按高密天体会有极弱的电磁场来分析，那么发出的光芒也会产生巨大的谱线红移现象。但如此一来，我们推断出的就完全又是另一种天体了，是高密天体在发光。三种原因都会产生巨大的谱线红移现象。在推论宇宙大爆炸时，科学家坚持的是第二种，在推断类星体时科学家又改为坚持第一种原因了。那么第三种原因怎么办？我们至今还无法对同一种物理现象的三种原因进行精确的分账研究。我们不知道它们之间的比例如何，但我们知道的是，三者共同考虑的结果必然是一个折中的产物。

正在我们左右为难的时候，一个新的发现支持了我们的判断，这就是产生严重谱线红移的元素是 H，别无他物。由此我们断定这是高密天体二次爆炸的产物。

高密天体并不是恒星的最后坟墓，就像人死后最后还是要回归大地一样，天体最后还要回归宇宙。高密天体是恒星完成了简并过程后的结果，也是它完成了核聚变后的结果。从此以后，天体停止了核聚变，如再发光，必然会有一种新的机制，那就是核裂变。条件呢？就是外部压力降低，直到小于天体的内部压力，于是物极必反，天体走向了简并的反面，开始爆炸了。发光机制也走向了当初的反面，核聚变发光转变为核裂变发光了。这其中外部的压力条件的变化是主要原因。条件变化了，质子的不稳定便转化为中子的不稳定，而这又与在地球上的环境类似了。中子不稳定会裂变为质子和电子，之后质子和电子又会跳起交际舞来，H 又产生了。裂变时它们会大叫一声，2 根 γ 射线就这样产生了。这就是中子的裂变发光，它组成了高密天体发光的主体。

类星体是核裂变发光，γ 射线爆也是核裂变发光。据科学家观测，宇宙中一个高能 γ 爆起源于 M87 中心的特大质量黑洞附近。前面我们已经讨论过，在旋涡的中心区 A 区（不是指涡眼，是它的附近），天体在旋度场

内所受的力是单向力——旋力。它只能促使天体更快地公转，但基本停止了自转。而停止了自转后的主要物理变化就是外部压力小于内部压力，天体开始膨胀。膨胀的速度小时，我们叫膨胀，速度大时，我们就改叫爆炸了。由于爆炸后的生成物是 H，大量 H 的生成又促使了场密度的升高。因此 γ 射线爆形成了，否则它一定会衰减成其他小于 γ 射线频率的电磁辐射。比如类星体的可见光频段的电磁辐射现象。

科学家说黑洞也会因产生辐射而逐渐消失，这就是"霍金蒸发"过程。黑洞会因吃掉星系中心附近的中子星而增加自己的质量，也会因为辐射——只听说是两极有 X 射线辐射——来减小自己的质量。这种新陈代谢，就看哪一方面更强大了。吃的多，自然就胖，拉的多，自然就瘦了。究竟哪一种趋势占上风，就看黑洞内外压力的对比了。

天体的辐射是我们认识宇宙的基础，辐射频率的多样性（包括间断性）使我们看到了一个五彩缤纷的宇宙，但究其实质还在于场密度的变化。而在宏观上却是一个天体位置的问题，它所受到的场力的种类问题。综合分析这些因素我们找出了一个能够基本联系它们之间关系的逻辑公式。

$L\downarrow$ —（μ、ω、Q、C、f、t、R）$\downarrow$ — E$\uparrow$

L—向心距 μ—粒子间距 ω—角速度

Q—场密度 C—光 速 f—辐射频率

t—时间流逝速度　　R－天体半径　　E—谱线红移

这里没有运算符号，只有相互之间的关系是正还是反。当天体距离上级天体更近时，括号中的各项参数都会缩小，只有谱线红移会加大。

此公式牵扯到一个时间流逝速度的问题，这是一个大家常常关心的问题。人类都想长寿，"山中方七日，地上已千年"是人类之所以羡慕死神仙生活的主要原因。但在哪里时钟才会走得慢一些呢？法国科学家皮尔·卢米涅在《黑洞》（湖南科学技术出版社，1997年，第48页）中说："引力也会使时钟变慢，一楼的时钟比二楼的慢。"科学家认为高密天体的引力是最大的，在那里时钟最慢。爱因斯坦说：一个物体的速度越接近光速，它上面的时钟越慢。我们对爱因斯坦的这段论述始终理解不深，但对卢米涅的说法有些认可。

什么是时间？时间是对天体周期的记录，而在天体的周期中第一位的便是自转。自转快，时间流逝得就快，当然这与天体的场密度低，时间流逝得就慢是一致的。而场密度高的为新星，场密度低的才是高密天体。在高密天体上，已没有多少质子和电子了，纯中子星上也已没什么变化了，天体也不转了，时钟也就走不动了。从这个角度考虑，要想长寿就得生活在高密天体上，要是去木星上生活，那里自转10小时就一周，所以肯定要比在地球上死得更快些。看来古人的说法是有道理的。"山中方七日，地上已千年。"这种相差5万倍以上的差距只能在白矮星上找了。也许那里真有长生不老的神仙居住，是我们的古人永远向往的地方。

## 五、破解太阳系

### 1. 描述银河系

银河系是我们人类了解最多的星系，它的生成与发展中就有许多的奥秘。西方科学家肯·克罗斯韦尔在《银河系》（海南出版社，1999年）书中说："银河系起源于一个密度均匀，迅速塌缩的巨大气体球。各别气体，冷凝并收缩，形成了首批恒星——银晕恒星。由于那时的气体贫金属，则恒星也贫金属。又由于气体向银心俯冲而降，它们的轨道是极端椭圆形，偏心率极大。在形成后，这些恒星的爆发给气体增加了金属。……直到银盘开始出现，只有两亿年，不到银河系目前年龄的2%。""银河系的核球是自转的，晕旋恒星作为一个星群却不自转。……那么银河系就是一个棒状星系。""跨过银盘边缘就进入了环绕银盘的广大领地，它发光极少，却不可思议地藏匿着银河系的大部分质量。""在更大的距离上，另外还有至少十个被银河系的引力牢牢抓住的星系，它们受银河系的统治，是强大银河王国的殖民地。这些跨度超过100万光年的远方荒野，才是银河系的边缘。"

这些精彩的描述为我们透露出一些很重要的信息：

（1）银河系的初期是一个巨大的气体球。

（2）银晕恒星是银河系中的首批恒星。有公转，轨道很扁，不自转。

（3）银河系中心的核是棒状的。

（4）银河系周围有大量的暗物质，它们占总质量的份额最大。

(5) 银河系外还有十个较小星系绕其运转。

我的一些观点就是在这5点基础上来描述银河系的。

银河系是宇宙中本星系群中的第二大星系，它们都是在宇宙蛋的漩涡力和爆炸力的影响中成长起来的。因此银河系开始就具有了形成漩涡的力量来源。一个巨大的气体球是天体的自然形状。当这个气体球旋转起来时，其中心必然是一个棒状体。这自然使产生银晕恒星的地方更接近旋转的中心。首批恒星的诞生条件就是这样形成的。在运转的过程中，棒状核心也不断地在缩短其长度。银晕恒星在丧失其绕转中心后，自然向不断缩短的棒状核心靠拢，这就是科学家说的"向中心俯冲"。

俯冲的结果一是丧失了星群本身的自转，二是必然造成了极扁的公转轨道。这使我想起太阳系中的彗星来，它们很像银河系中的银晕恒星团。一是不自转，二是公转轨道极扁，三是它们与漩涡平面的夹角都较大，不属于漩涡平面的天体。这种现象使我们看到了天体间的共同点，它们之间确实存在着更为普遍的规律性。不管银河系是从宇宙蛋算下来的第几层天体，太阳系起码是比它更低一层的天体。只要共同选定了一种漩涡的模式、规律，成因就应该是大体相同的东西了。

银河系的起源是巨大的气体球，那其他星系呢？基本上也应该是如此，或许是稍扁一些的气体球。稍扁一些，如果以短轴为中心旋转起来的话，自然轴是要短一些。所以所有的星系严格说起来都是棒状星系，只不过这些棒有长有短，有的已经缩短得接近圆球罢了。

银河系周围有巨大的暗物质，这说明两点：

第一，这就像水中的漩涡一样，相比之下，漩涡周围的空间还是巨大的。

第二，银河系的这种特征表明银河系还是一个年轻的星系，还远没有走到末日的那一天。因为宇宙还在膨胀，还在成长，只有收缩的到来，才是它的晚年。

银河系的周围还有十个小星系围绕其旋转，这说明我们的银河系就像太阳系中的太阳一样，有九大行星围绕其旋转。行星与恒星是不同的，绕转体与中心体也不应该使用同一个名称。我们的天文学家在对宇宙的分类上，是有一点点失误的。我们的银河系是高于周围的小星系的，我们应该使用更高一级的名称来呼唤我们所在的银河系。或者银河系是星系，那些小星系称为亚星系。

靠近超星系中心的空间是大量的椭圆星系，外围的空间是漩涡星系。椭圆星系都是较老的星系，金属丰度也较高，位置也靠中心近些。而漩涡星系较年轻，金属丰度相对较低，位置较靠外。这是我们观察到的一种现象，原因是什么呢？对于一个超星系团，当然靠内的星际物质是会首先产生漩涡的，先形成的星系必然会在长期的发展过程中增加自己的金属丰度，而且漩涡形状也会逐渐由有悬臂的漩涡变为没有悬臂的椭圆状。根据漩涡理论，这些椭圆状的星系也会比形成之初更靠近中心。年轻的会变老，变老的又会逐渐被中心吃掉。中心就越吃越黑，成为可怕的黑洞。

2．描述太阳系

太阳系是我们人类生活的摇篮，是我们了解最多的恒星系统。它有九大行星，但因最远的冥王星与其他行星差异较大，最近被天文学家开除了，于是太阳系只有八大行星了。八大行星是：水星、金星、地球、火星、木星、土星、天王星、海王星，这八大行星各个不同，但细分析起来又有很多共性。这些共性再加上相邻之间的个性差异，倒是为我们找到了一条行星诞生、成长、老化的道路来。以小行星为界，内外行星的差异是较大的。内行星又叫类地行星，它们的特点是都有陆地的表面，所以可以简称为泥球。而外行星又叫类木行星，它们特点是都有极厚的大气层，找不到陆地的表面，所以它们可以简称为气球。如果再分下去，它们又两两相同。水星和金星基本没有自转，地球、火星都有薄的大气层和陆地表面，有卫星，但很少。木星、土星是典型的大气球，自转最快。天王星和海王星又都是典型的混沌组成结构。

我们一般分析太阳系是从水星开始，从里向外分析各个行星。但这种方法是一种倒叙手法，我们首先分析的是一位老者，而最后分析的才是一个婴孩儿。这种分析不利于找到行星的成长道路，而从外向内的分析才可达到目的。从外向内，我们换一种计数方法，由二进制来统计由外向内的行星，它们之间的变化就慢慢显现出来了。

二进制与十进制的对比关系如下：（保证三位数）

1－000，2－001，3－010，4－011，5－100，6－101，7－110，8－111。

从这8个数来分析，前4个行星数字的百位数都是0，后4个行星的百位数都是1。古人说：在天形与气，在地柔与刚。在天0就代表形，1就

· 199 ·

代表气。在地而论呢？0就代表柔，1就代表刚。外行星的百位数都是0，它们都是气球，内核都不是刚体的结构。而内行星的百位数都是1，它们都是泥球，都有一个刚体的内核。内核的刚才可能造成中层的泥，而内核的柔必然造成中层的气态。因为古人说：这在地球上是开天辟地的行为，在其他星球上则是分层的过程。而在更大的超星系团中呢？则是指椭圆星系、金属丰度高的星系在下降，漩涡星系、金属丰度低的星系在上升吧。也许这是两个相反的运动，也许是一种运动的两种不同的观测角度吧。

把八大行星分成两两相邻的四个部分，我们再看它们的百位数和十位数的组合。海王星和天王星是00，土星和木星是01，火星和地球是10，而金星和水星是11。海王星和天王星的00，说明行星开始形成之时，内核柔，中层也柔，是一种典型的混沌状态，这在古人说，就是天地未分之时。但天地总是要分的，这里需要的是时间。时间到了，外部环境变了，手巾又拧紧了一扣，天地之分才达到了可行的条件。于是土星、木星就出现了天地分开的状态。01，这是"清气上升，浊气下降"的结果。百位数的0表明它们已形成了一个内核，一个不同于中层的，密度更高的内核。而中层呢？由于浊气的下降，它的密度更低了。

我们再说火星和地球，它们的标志是10。在对泥球的分析中，1代表地下的刚。这就是说，从火星开始形成了刚性的核心。这当然又是手巾拧紧了一扣的作用，再拧下去，行星内部全被压缩成刚体了，行星也就走到了老年。火星和地球，十位数是0，这是柔的标志，因此它们的表面是不太坚硬的泥土层。火星与地球是内行星中的外部行星，它们自转速度的减慢是太阳漩涡力的作用的结果。再靠近太阳，漩涡力更大，于是金星和水星就基本没有自转了。

下面我们再来两两分析太阳系中的八大行星，因为它们实在有着太多的共性。它们之间的比较，能使我们更好地认识每一颗行星。

（1）海王星与天王星

这是两个小孩子，是幼年的行星标本。它们自转速度比木星、土星稍慢，但行星外围的风速却达到了太阳系中的极大值，每小时2400千米。这显现的是宇宙风的威力，是在以宇宙风为主的漩涡中塑造出的新星。它们的百位数、十位数是一致的，均是00，说明它们的中下层是一片混沌，程度是基本相当的，根本没有分层的现象。海王星的符号是000，这就是上中下全部混沌。而天王星符号为001。1在天为气，这是清气上升的表现，外部开始分层。虽然天文学家并没有观测出两星天空气体成分的差异来，但我坚信天王星的天空比起海王星的天空会更纯洁一些，更轻一些。天王星比海王星大，但质量却比海王星轻，我想清气上升总会占据更广阔的空间的，其主要原因在此吧。（地球质量为1，密度为1。海王星质量为17.204，密度为1.64，半径为24600千米。天王星质量为14.50，密度为1.29，半径为25400千米。）

(2) 土星与木星

这是太阳系中最大的两颗行星，木星的质量是其他行星质量总和的1.5倍。土星又是太阳系中唯一用小望远镜可以看见光环的行星，也是最美丽的行星。它们自转速度都很快，木星为0.41天，土星为0.43天。木星的自转是最快的，土星稍慢，但土星的外围风大，是4倍于木星的风速。在如此大的风速下，土星的漩涡就很紧，土星环紧紧地围绕在土星周围，就像一个草帽一样，异常美丽。土星的符号是010，木星的符号是011，它们都有一颗正在形成的核心。虽然并不坚硬，但也会控制着中层的性质。这就是共同的1，在气球中是气的符号。于是它们的地表不是泥质的，而是厚厚的大气。在这中层大气的上面，木星的符号是1，这是清气再次上升的现象，于是木星的外层是最轻的金属氢。而土星的外层符号是0，这在天是形的现象，在这里所指的是土星周围的光环。这些由小物质组成的土星环，因为可见其形，所以是形之物，是0的特征。

在这里我们将谈到一个规律，古人叫"同声相应"，化学上叫"相似者相溶"，天体上叫"分层原理"。古人的"同"并不是指完全的相同，也是指相似。"同声相应"是共振，"同气相求"是相溶。天体的"清气上升，浊气下降"是分层的动力，而分层的规律则由"分层原理"所调控。相邻层间的密度比是按黄金分割的比例排列的。它们不能大于这个比例，大了，就不能共存一处，就要体现出排斥的现象。月球可以吸动地球上的海水，却吸不住月球周围的空气，其原因就在于此。月球表面是坚硬的岩石，密度很大，而空气密度很小，所以它们之间表现的就不是引力，而只会是斥力了。

(3) 火星与地球

这是小行星带内的两个天体，它们的符号火星是100，地球是101。百位数是1的行星是有着铁质内核的行星。这符号是"在天形与气，在地柔与刚"，1在此是刚的性质，是核心由多种元素组成慢慢变化到铁质核心的过程。自从有了铁质核心后，火星与地球也就丧失了那厚厚的大气层，地面也由液体转为固体了。它们都可称之为泥球了。

在所有的内行星中，地球有着最厚的大气层，而火星有着最多的卫星（两颗）。这与它们的符号都有着很好的对应。地球符号是101，个位数是1，是气的状态。而火星符号是100，个位数是0，是形的状态。火星只有很薄的一层二氧化碳大气层，不能算气，它明显的特征倒是围绕它旋转的两颗卫星，火卫一和火卫二，这是典型的天上之形的状态。地球是我们人类的家园，也是泥球中最漂亮的一颗星，而气球中最漂亮的是土星。

地球的表面70%是海洋，30%是陆地，它的大气层80%是氮气，20%不到为氧气，外加很少量的二氧化碳气体。而火星的表面是岩石，其比重是大于地球表面的，所以它也吸不住以氮气、氧气为主的大气层的。它只能吸住比重更大的二氧化碳气体。这也是"分层原理"所决定的东西。地表的比重越大，硬度越高，它所吸附的气体比重也必然越大。否则就会出现严重的排斥现象，气体也会飞散得一干二净。

地球至今仍是我们人类生活的唯一家园。我们研究太阳系，研究气球、泥球，研究火星、金星，无非是想了解地球的过去和未来，最终还是关心地球的未来会变成什么样子。因为我们离不开地球，地球的一切变化最终都要反映到我们人类的生活中来。年年的灾害，甚至百年不遇、千年不遇、万年不遇的大灾，我们都必须有所防范，有所准备。因为不是万年不遇的大灾就一定要等一万年才会来临。现在我们已经感到周围环境变化得太快了。是的，我们地球已经到了一个大的拐点，至于是千年不遇还是万年不遇，我们尚不能准确掌握，但急迫感可是大大增加了。"山雨欲来风满楼"，我们在楼中已经嗅到那山雨的味道了！

（4）金星和水星

金星和水星是太阳系中距离太阳最近的两颗行星，它们受到的力有明显的变化。其他的行星受到两种风的作用，一是太阳风，二是宇宙风，正是这两种风在不同的地段塑造着不同构造的天体和它们不同的运动方式。而在金星和水星地段，太阳风就让位于太阳漩涡之力了。当然叫旋力也行，在场论中这叫旋度场。在漩涡的中心（不算涡眼的范围），是旋度场

第四篇　万物一理

的天下，一切天体都丧失了自己的自转。它们现在的那种所谓自转，是好比我们用一根长绳去抢一个水桶。长绳一端在我们手中，另一端拴在桶的提环上。长绳转一圈，水桶就转一圈。由于长绳、提环的限制，水桶的桶口永远向着中心。这样水桶不转也是转，桶口被迫转一圈，水桶也就算自转一圈了。水星自转周期为59天，公转周期为87天，大约是公转一周时，自转了一圈半。而金星自转周期是244天，还是反转，公转周期为226天。自转周期是公转周期的108%。金星公转一周多，它才自转一圈。水星和金星都是基本不转的天体，在自转上还有着这么多的差异性，都不符合水桶例子中完全不转的特点。这当然也应该归于环境的影响。如果没有金星，水星不会有这么快速的自转。而没有地球，金星也不会自转比公转还慢，而且是反转。水星、金星、地球是内行星中几个主要行星，它们是太阳系中距离太阳最近的三颗行星，也是相互距离最小的三颗行星。这种环境就决定了三颗行星的运动，必然要受到相互的影响。金星离地球最近时只有0.4亿千米，而且总是以同一面孔朝向地球，就说明地球对金星有调控的作用。在机械中两个齿轮之间有一个介轮时，介轮的转向与其他两轮的转向是相反的，其他两轮的转向是相同的。金星在地球与水星之间，正像一个介轮一样。所以金星的自转是反向的，而水星的自转则是受金星的影响而快了一点点。

　　水星的符号是111，金星的符号是110，它们的百位数和十位数是相同的，都是11。这明显的是地心、地幔刚化的表现。《行星探索》(万同山著，上海科学技术文献出版社，2001年，第51页)书中说:"在不考虑重力压缩的情况下，水星的密度将会比地球还大，这意味着水星的高密度铁核比地球的大，或许占水星的大部分。由此推断水星有比较薄的硅酸盐地幔和地壳。"这非常符合漩涡理论和行星的分层原理。书中又说，"根据水星上又多又长的断层可以判断，在水星形成的过程之中，其表面有很大的压缩。"(同上，页58)这力从哪里来？就是漩涡之力把手巾又拧紧了一扣。

　　对于金星，这些外部环境是同样存在的，只不过旋力没有水星那么大，但表面的风力可不小。大风一直刮不停，风速可达每小时400千米，4天可以绕金星一周。"金星高层大气的这种快速环流的机制目前尚不清楚。"(同上，页61)但我认为这是漩涡理论中太阳风的作用，由于金星基本不转，越显风速之大。"上层大气运动快速，但靠近金星表面的风速却

· 203 ·

很缓慢，仅能吹动砂粒和尘埃。"（同上，页61）这种风速上大下小的高梯度的表现，我想是和金星的大气结构有关。浓重的二氧化碳加上硫酸雾，使金星永远像雾中的仙女一样，让人看不清芳容。这种看不透就是色，就是形，对应符号就是0。所以金星符号为110，道理就在于此。

是浓重的二氧化碳大气层阻碍了风速的下达，是太阳的巨大旋力不让金星自转，于是才有了这种高梯度的现象。如果假设金星表面的大气层比重轻一些，那大气就会被吹跑很多。如果金星也有地球般的自转，那风速也会相应地减慢许多。但事实是太阳不让金星动，高层的太阳风又不肯散去，所以结果只能是上面刮大风，地面不许动，风速消耗掉，热气像蒸笼。

书中又说："金星上没有经过水冲刷和风化的迹象。"（同上，页69）"大约3亿~5亿年前，金星上形成了新的地面。其形成的过程和原因现在仍是科学家们争论的问题。"（同上，页71）书中作者实际上指出了金星之所以没有经过水冲刷和风化的迹象，原因就是3亿~5亿年前，金星形成了新的表面，是新的表面覆盖了原来的地面。新的表面是什么呢？是大量的几乎覆盖全金星表面的火山灰，也就是3亿~5亿年前，金星上有一个全球火山爆发的历史阶段。火山的爆发是地下压力过高，喷发的物质是内部把较轻的物质抛到地面上来。这实质上是清气上升，浊气下降的表现。动力呢？就是漩涡，就是手巾在不断地拧紧。这种力量迫使金星表面不断地变小，这就是金星表面更换地面的根本原因。

据科学资料讲，水星表面有一点点氦气，这是气之状，所以水星符号是111。这里几乎是漩涡的中心，太阳已经不允许水星再有什么动作了，也许那里是宇宙风力也达不到的地方，保留了一片平静的天地。

8个行星与8个符号的对应，表明了行星的演化规律。8个符号正是从000到111的一种递进的规律。百位数和十位数是行星核心与地幔进化的规律，个位数是行星表层的进化规律。行星表层的混沌，环带、近地卫星、浓厚的二氧化碳大气层，都是形，是0的表现。行星表层的通透，气体成分的H化，丰富多彩的大气层和那一点点可怜的氦气层，都是气，是1的表现。由海王星到水星，由气球到泥球，太阳漩涡一直施展着她无穷的魅力和魔法。这只巨手把包裹行星的大手巾拧得一扣紧似一扣，于是行星就天也变、地也变、心也变。8个行星是无级演化的8个阶段，是8个中国京剧中亮相于我们观众的 8 个演员。我们是第三个演员的粉丝，因为那里是我们须臾不能脱离的家园。

(5) 行星的警卫战士

每一颗行星都有自己的警卫战士，只不过在演化的过程中有的在增加着，有的在减少着，有的已经丧失干净了。其原因就是行星漩涡的变化和与太阳距离的变化。太阳系中行星的卫星，本应该差别不大，但实际上却不是那么回事。首先，它们数量不同；其次，它们公转周期不同；再次，它们的公转方向不同。

卫星是行星漩涡的产物，从这点来讲它们都遵循漩涡理论。它们的分布规律，也与太阳系是相同的。自转快的行星卫星就多，就近。前面讲过，漩涡之动力有内外之分，而判断其区别就在于漩涡速度快还是涡眼转速快。一个由行星作动力的漩涡是不可能在它周围的卫星上产生比行星自转速度还快的运动的。因此卫星公转的周期与行星自转周期之比较，就成为漩涡动力的判断标准。内快，则动力在行星；外快，则动力在行星之外。行星动力的转换，由外动力向内动力的转换，也成为行星是否成熟的一个标志。地球绝对是一颗成熟的行星，它上面生命已存活了几亿年。它的卫星公转周期是 27.6 天，这是大大慢于地球自转周期的。比地球更远的行星，都有一颗或几颗较近的卫星，它们的公转周期小于行星的自转周期，这不能不说是漩涡外力造成的现象。也说明它们的年轻与幼稚。

火星有一内行星，公转周期为 0.32 天，而火星的自转周期为 1.03 天。木星有 2 颗内卫星，公转周期最长为 0.3 天，而木星的公转周期为 0.41 天。天王星有 8 颗内卫星，公转周期最长为 0.56 天，而天王星的自转周期为 0.6 天。海王星有 5 颗内卫星，公转周期最长为 0.55 天，而海王星的自转周期为 0.66 天。

火星、木星、天王星、海王星最内的卫星公转周期均在 0.3~0.5 天左右，是否可以推断是宇宙风进入太阳系后风速变化不大的一个证据。也许行星表面的风速与行星自转速度、行星直径、行星位置都有一定的关系，甚至与行星大气的成分即密度有关。这还需要更为深入的观测研究。

在这之中，土星是一个特例。土星没有任何一颗卫星的公转周期小于土星的自转周期，原因何在呢？原来土星有很多环，而且距土星都不远，所以土星永远像一个戴着草帽的农夫。土星环最著名的卡西尼缝距土星中

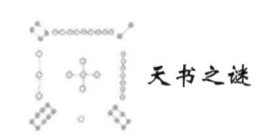

心距离为 2 个土星半径。卡西尼缝内就有 3 个环，分别是 B 环、C 环、D 环，它们都紧紧围绕在土星周围。而土星最近的编号为 18 的卫星，其与土星中心的距离为 2.22 个土星半径。这说明此卫星并不在卡西尼缝以内，而在以外的土星环 A 环内。既然靠近土星的位置都被土星的 BCD 环占领，我们推断土星之天为形，为 0，指的就是这几个环。而且环的公转周期，起码最内的 D 环，应小于土星的自转周期。土星表面有 4 倍于木星表面的大风，风速达 1600 千米/小时，那么是否可以推断 BCD 环的公转速度也就不会太低。

有多个卫星的行星，都有中间的几颗卫星是正常地运转的。它们在行星的漩涡中飘流，公转周期大于行星的自转周期。比如火星有 1 颗，木星有 10 颗，土星有 13 颗，天王星有 7 颗，海王星有 2 颗卫星。但是在这些行星中都有一个奇怪的现象（火星除外），就是行星最外的卫星它们的公转方向是顺时针的，是逆行于行星漩涡之中的。这与漩涡理论相违背，而且往往不是一颗卫星，木星有 4 颗，土星有 1 颗，天王星有 2 颗，海王星有 1 颗。卫星竟能反转，真是视主人如无物。

太阳系中的每一个行星都是靠内行星近，而靠外行星远。我推断类木行星中最外卫星的反转现象是因为靠内行星漩涡的影响的结果。靠内行星漩涡的外沿是逆时针旋动的，它影响邻居的外行星时，必然会产生顺时针的动力。这与我们常见到的机械齿轮啮合原理是一样的，相邻齿轮的转向是相反的。这些反转的卫星，其公转周期都比相邻正转卫星的公转周期长很多，其比值从 3 倍一直到 7 倍，在天王星中比值竟然达到 80 倍。真是慢得可以！相对于天王星 0.6 天的自转周期，反转卫星 3 年半才肯围绕天王星转一圈，简直是罢工不干活了嘛！

海王星中还有一个特殊现象，它的反转卫星外面还有一颗正转的卫星，真是独一无二，与众不同。我想这也许与冥王星的公转轨道有关。冥王星是一颗运动近时挤入海王星的公转轨道，运动远时又进入柯伊伯带的特殊天体。也许是它的作用，引起了海王星最外卫星的正转运动吧。

### 3. 大四季

我们的地球，尤其是地球的温带有着明显的四季变化，这就是春、夏、秋、冬四季。虽然太阳一直照耀着地球，但因地轴有一个 23 度半的偏角，太阳光的直射点在一年中就有了一些变化。夏至阳光直射北回归线，冬至阳光直射南回归线，而春分和秋分时阳光直射赤道。四季的变化制约了地球上生命变化的规律，即春发、夏长、秋收、冬藏的规律性。

我国科学家王兆强在《两大科学疑案序与熵》（广东教育出版社，1995年，第47页）一书中说："还有研究指出，地球上生物演化还呈现出与银河相同的约为2.4亿年的更长周期。震旦纪以来，出现了第四纪、石炭二叠纪，奥陶纪和震旦纪共四次大冰期，每次冰期时隔也约2.4亿年。这种冰期很可能犹如太阳年中的冬季一样，是银河年中的冬季。"

因为太阳系围绕银河系中心旋转时，其轨道也是一个椭圆，这样就出现四点，远银心点、近银心点和两个特征点。由于这四点的存在，就如地球上的冬至、春分、夏至、秋分四点一样，把太阳的变化也分为了四季，科学界称之为"大四季"。因为每一季都有六千万年左右，所以真是大得很呢。大四季影响着太阳，自然也就影响到地球。

我国科学家代敏编著的《春去春又回：地球上的周期性现象探秘》（武汉测绘科技大学出版社，1997年）一书中在"好大一个年——银河年"一章中对太阳系的大四季有着精彩的描述，这里简述如下。

太阳系在大四季中发光强度会发生变化。在一个银河年中，太阳的光强从大到小，从小到大周而复始地变化的。一般来说变化规律为：近银心点最小，远银心点最大，而在近远银心点之间的特征点上，太阳光强处于中等水平。而且，太阳光强的变化不是均匀的，在近远银心点，变化速率最小；在特征点，变化速率最大。

随着太阳发光强度的变化，引起地球一系列的地质、气候、生物的变化。在远银心点时，地球半径缩小，海水侵入陆地，地球上气候炎热，森林广布，这时地层中一般会发育大规模的煤层。引力常数G值最大，地球磁极也以正向为主。（以现在地磁方向为正向）

生物的变化。当太阳位于近远银心点附近时，地球上生物十分茂盛，尤其是位于近银心点时，大量生物门类诞生。但是当太阳位于特征点时，生物发生大规模灭绝。

……

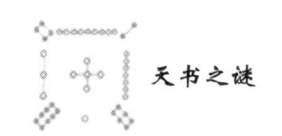

下面我们来看看3亿多年来太阳在银河系中的位置与地球上相应的变化情况。

3.45亿年前，太阳正好经过特征点，G值由大变小，变化速率最大。这时，地球上有许多地方地壳急剧隆起，海洋变成大陆，太阳的辐射量处于中等水平，生物发生大灭绝。

2.8亿年前，太阳正好经过近银心点，G值达到最小。地球上主要是比较稳定的大陆，太阳辐射量最小，地球上冰川广布，出现大冰期，生物十分繁盛。

2.25亿年前，太阳正好经过另一个特征点，G值正由小变大，变化速率最大。这时，地球上很多地方陆地沉陷，海洋面积逐步扩大，太阳的辐射量处于中等水平，生物发生大灭绝。

1.36亿年前，太阳正好经过远银心点，G值达到最大，地球上海洋面积扩大，太阳辐射量最大，气候炎热。地球上无论是赤道地区还是两极附近，绿色植物都是郁郁葱葱，生机勃勃。这时生物繁盛，尤其是恐龙等爬行动物正处于黄金时代。

0.65亿年前，太阳又一次经过特征点，G值正处于由大变小的变化率最大时期，地球上的海底急剧隆起，海洋变成大陆，太阳的辐射量处于中等水平，生物发生大灭绝，称霸地球1.5亿年的恐龙从此销声匿迹。

最近二三百万年（称为第四纪），太阳再次经过近银心点，G值达到最小。地球上陆地面积广阔而相对稳定，太阳辐射量最小，地球上出现了第四纪冰川，生物繁盛，出现了人类。

综上所述，再加上本文所述原理，我们对太阳系的大四季有更深的理解。当太阳处于远银心点时，也就是太阳距银心距离在增加，太阳发光强度在增加，实际上是太阳活动的能力在增加，也是太阳的自转速度在增加。这些变化自然会引起地球上种种物理参数的变化。太阳自转速度加快了，地球距太阳的距离就会缩小。地球被压缩得更厉害，于是地球半径缩小，自转速度减慢，密度增大，引力常数G值增大，地球表面温度升高。地球的磁极以正向为主，冰川融化，出现海侵。

而当太阳处于近银心点时，变化就是相反的。太阳自转变慢，发光变小，地球远离太阳，温度降低，冰川产生，地球略有膨胀，海洋面积缩小，称为海退。大量生物门类诞生。

地球和太阳的一系列的变化反映出一些问题：

（1）我们一直在寻找一个实验室，当我们的地球不在今天这个位置时，大自然会有什么样的变化？地球的前途如何？太阳的大四季为我们提供了历史的资料，解决了这个问题。地球相应的变化也为我们找到了准确的答案。

（2）鉴于地球几十亿年的历史，外加我们当今所看到的大自然的明显变化，使我们认识到不管地球是处于冰川期还是处于温暖期，都会有大量的生物的诞生和生存。它们不怕冷与热，不怕种族面临的各种客观环境，总有适合这种环境生存的生物。但是如果环境改变了，它们中的大部分是受不了的。它们身体的构造，它们的生存方式基本上是固定不变的，是只适合于当时的自然环境的。因此我们得出一个结论：天不怕，地不怕，就怕天地起变化。地球几十亿年的历史证明了这一点，地球今天的现实也还在印证着这一点。

（3）在旋涡中的物体最终会随着旋转的水流而进入旋涡的中心的。但在宇宙中各天体的运动是无极连续的变化还是阶梯的变化呢？今天太阳的大四季理论给出了较为明确的答案。

不知太阳在银河系中的运行是否是阶梯变化，因为我们没有留下太阳的历史资料。但地球就在我们身边，地球的构造使它被压缩后不太容易恢复原状。这就像物体的弹性模量，当外力超过了这个量值时，物体就发生了永久变形，再也恢复不了了。

地球密度的增加大约是只升不降的，起码也是升多降少的。当太阳自转减慢，发光变弱的时候，地球的主要反应大概是远离太阳，温度降低。但因为密度增加了，这种远离也许很有限，也许未改变。因此当太阳再度辉煌时，地球距太阳就会有一个台阶式的进步。正是这种阶梯式的跃进，使地球永远不会再回到原来的轨道上了。

如果真是如此，太阳的远银心点就成为地球密度增加的主要阶段，成为地球靠近太阳的主要动力。根据地球的现状和科学家的推断，我们的太阳正行进在大四季的春季中。这是一个太阳光照强度正在增强，温度上升，冰川消失，洋面升高，物种灭绝，物种再次更新的时代。

**4. 行星的难解之谜**

在行星中还有几个秘密，很让天文学家恼火。有的甚至让他们不屑一顾地说："我们早就不研究这个问题了。"其中以行星距太阳的距离为经典问题。再有天王星为什么是横滚运动？地球的密度为什么大于水星？土星的车辐现象是如何形成的？为何人类改变不了天体轨道？小行星带是如何产生的？下面我们就分别探讨一下这几个问题。

（1）类木行星与太阳距离

行星与太阳的距离一直是天文学研究中的首要问题之一。18世纪的德国天文学家提丢斯首先发现了行星与太阳距离的公式。他是以地球为基础的。在不包括海王星的前提下，他的计算总误差为21.5%，到现在天文学的教科书使用的还是这个公式。

中国的李映华博士在1955年就提出了"有核场中多体椭圆运动的最小相干轨道——太阳系行星及其卫星系统的距离规律"，他是以水星为基础的。同样在不包括海王星的前提下，他的计算总误差为12.4%，计算精度提高了73%，这应该是一个了不起的成就，也说明他的公式更符合行星的运行规律。

他们两个人的公式有一个共同点，那就是止于天王星。但是海王星是一个大行星，不包括它总是说不过去。因此科学界公认海王星的轨道太靠近太阳了，不合科学家们所掌握的规律性。怎么办呢？到底是谁错了，是海王星还是我们人类？应该说大自然永远是对的，错的只是我们人类对大自然的认识。

在太阳系的行星当中大致可以分为两类：类地行星和类木行星，也就是我们常说的泥球和气球。如果两者与太阳的距离有不同的规律性，也情有可原。我们再一次用他们两个人的公式来统计一下对泥球计算的总误差。提丢斯为11.5%，而李映华仅为7%，计算精度还是高了不少。我们生活的太阳系已经存在几十亿年了，以往的行星是如何运转的，人类并没有看到。今天它们展现于我们眼前的规律，一直没有得到较好的诠释。德国的提丢斯与中国的李映华都较好地揭示了部分行星的运行规律，而李映华比提丢斯更高一筹。提丢斯只提到行星是遵循一种规律，但内涵他说不清。1802年波得就说过："它纯粹是经验性的，将来或许会从分析和总结中推出。"李映华不但公式精度高于提丢斯，而且理论也高一些。他认为有核场中多体椭圆运动应该符合最小相干轨道的规律。因此他在类地行星的轨道上有更精确、更合理的描述。至于他们的公式为什么都止于天王星？这个问题有待于更深层次的探讨。

提丢斯公式以经验为主导，以地球为基础。李映华公式以最小相干轨道为理论，以水星为基础。我们的公式以黄金分割为理论，以木星为基础，建立了一个金环系统。在这里我们对三个公式都没有表述，因为据一位大作家说过，当书中出现一个公式时，读者就会减少一半。我们也最好听从这个忠告。金环是以流体中的旋涡为理论模型的，对它最为形象的描述是中国一位古人发明的图，叫来知德太极图。它分为三个部分：小圆、大园、易旋线。三个部分的曲线曲率是不相同的。小圆在太阳系中代表小行星带，易旋线代表一个环，大圆代表第三个环，而且代表了对易旋线曲率的一次压缩。因此第四环就被压缩了5%。正是这个原因，导致了海王星轨道的压缩。

金环系统对类木行星的轨道计算精度达到极高的程度。包括国外发现的第十大行星，即中国留法博士刘子华早在20世纪40年代就预测出的木王星，其误差总和仅为5.16%，而且利用此公式我们还预测出日本科学家前两年提出的第十一大行星与太阳的距离。他们预测为150亿公里到250亿公里之间，而我们的预测在190～200亿公里之间。预测精度提高8.3倍。这有望天文学家在将来的观测中得到证实。

(2) 天王星的横滚现象

多少年来，天王星为什么横滚？一直是太阳系中的头号之谜。至于谜底么，一是几亿年前，被一个外来的大行星撞了一下；二是被上帝踹了一脚。后者其实是用上帝代替了不知来路的大行星，意念上更权威了，操作上更灵活了。似乎我们应该高兴才是，可是如此一来，我们就更加不明白上帝是如何创造这个世界的。在现代天文学里，在上帝那里我们都找不到合理的满意的答案。倒是东方的古老文化给了我们一些启迪。

几千年前中国的老子就说过，"道生一，一生二，二生三，三生万物"。中国民间更有很多成语论说三四之间的关系，比如不三不四、推三阻四、颠三倒四、说三道四等等，总之三四之间似乎真有一些奥妙所在，大概三加一也并不等于四呢！在数学上所有地球人都会反对这个论断，但当我们面对千变万化的大自然时，我们之中那些善于观察的人们就不再坚决反对这个论断了。现代混沌理论就提出"周期三就意味着混沌"的科学论断。这是科学家从大量科学试验中提出的科学论断，我们现在就可以做一个极为简单的试验，来验证这个著名的科学论断。买一袋奶，剪去一个小角，然后把奶倒出。我们仔细观察这个过程时，就会发现奶柱形状的变化。奶柱由横到竖，到横，再到竖，周期地变化着。但这个变化是有限的，三个周期后奶柱变散了。为什么？我们至今也不清楚，只知道大自然就是如此，我们无话可说。

在我们日常生活中还有一个司空见惯的现象，那就是音乐中的简谱。简谱并不是一个等差数列，3 和 4 之间是半音阶，4 其实就是升 3。为什么？至今音乐界都回答不了这个问题，只是说只有如此音乐才好听。大家看，事不过三啊！只要到三四之间，事物的规律就不能照常进行，就必定要起变化。我们常说"天人合一"，既然我们人类都认为 4 就是升 3，这样音乐才好听，大概老天也是如此吧。

在我们研究的太阳系金环系统中，天王星是处于三环与四环之间地带的一颗行星。按照三生万物的规律，这里的天文环境一定不同于木星和土星的天文环境。于是天王星横滚起来。横滚的天王星自转速度也有变化，慢时为每周 15.5 小时，快时为每周 13.5 小时。为什么？好像也没有个答案。据我们研究，天王星这种现象表明它的赤道是正对银河系中心的。在这个天文环境中，本来负责这个天区的太阳风和宇宙风这两条龙因为三生万物的原因，让位于银河系风和太阳风了。由于太阳系平面平行于银河系平面，当天王星运行到近银点时，二龙是相对的。反之，当天王星运行到远银点时，二龙是同向的。在这两处，风速是不一样的，于是天王星的自转速度也有了变化。

（3）土星环的车辐现象

在人类飞船给土星近距离拍照时，意外地发现土星环有车辐现象。车辐现象就是发现土星环有固定不变的花纹，像车辐一样，它并不随土星环的运动而改变。这让天文学家大伤脑筋。按一般规律，距离中心天体近的物体要比远的物体公转速度快，土星环也应如此。车辐现象是绝不应该出现的。出现了就只有一种解释，环上两种物体具有同样的角速度，也就是说外环公转速度大于内环。而这是天文学家不可接受的推论。

事实上这个推论是正确的，这说明在土星这个旋涡中，正是外来的太阳风和宇宙风是土星旋涡的根本动力。这个现象也表明土星还不是一颗完全成熟的行星。土星外的风速是木星的四倍，也间接地说明了这一点。一切天体在形成的初期，都是外环速度大于内环速度，这是一种普遍的规律。待到天体成长为木星那样，本身向外辐射的能量大于自己吸收的能量，这种现象也就停止了。

（4）地球密度为什么最大

在太阳系的小行星带内，有四颗行星，密度相对都比较大。这是四颗成熟的行星，早已丢掉了那厚厚的大气层。它们都有岩石的表面，我们俗称为泥球。按一般的规律，排列在最里面的行星密度最大。但事实不是如此。水星5.43，金星5.25，地球5.52，火星3.95。为什么？好像也没有答案。按照密度洋理论，地球密度最大，应该最靠近太阳才对，可它却飘在金星的外面。这种现象曾使我们长期困惑不解。

经过我们进一步的研究，才初步解开这个谜团。原来在宇宙中，在各种天体组成的旋涡中，在中心天体所形成的由内向外逐步衰减的场密度洋中，天体的密度是不能像原来那样计算的。天体一旦有自己的卫星环绕，密度就是组合密度了。而且卫星的质量越大，距中心越远，公转速度越快，其结果是组合密度越低。正因为地球有一个月亮作为自己的卫星，所以组合密度就相对较低了。这就是地球现在能够飘在自己当前轨道上的原因。其实飞碟的飞行原理也在于此。

前一段时间有人呼吁要用人类的力量炸掉月亮，以除掉月亮对地球的灾难性影响。月球的引力会引起地球大海的潮汐，常常是地壳地震的导火索地区，调控着人类妇女经期的变化……这使他们很不满意，臆想着要炸掉月亮。他们万万想不到的是，没有月亮的运行，地球根本无法停留在现在的轨道上。由于地球的密度最大，它将会一头扎向太阳，跑到水星里面的轨道上。在这个倒霉的过程中，地球表面的温度将快速升高。我们人类已经尝到地球温度缓慢上升的滋味，如果加快一百倍的升高，只能导致人类在极短的时间里全部灭亡。这是极为可怕的前景，还何谈什么美好生活呢！

（5）为何人类改变不了天体轨道

几百年来人类最担心的就是彗星撞地球，因为那是地球生命毁灭性的灾难。多少年来地球经常与小天体擦肩而过，常常把天文学家吓出一身身冷汗。美国好莱坞也拍出大片《彗星撞地球》，以此警告地球上的人们：地球并不是一个永远安全的家园。人类必须放弃相互之间的战争，团结起来，集整个人类的智慧和财富来对付外来天体的入侵。据说已有科学家做过这方面的实践，发射一个宇宙飞船，靠近一个小天体，用力把它推离现在的运行轨道。但是结果却大大出乎科学家的意料：小天体过一段时间后，又回到自己原来的轨道上了。为什么？

如果我们用密度洋理论来解释这个现象，就比较容易了。在太阳系内每一个天体都运行在符合自己密度的轨道里。这就是爱因斯坦所说的太阳系内的弯曲的空间。也就是我们说的飘浮在符合自己的密度洋里。外力对小天体的作用是暂时的，小天体当然不会总飘流在改变后的轨道上。

这一方法不行，其他方法呢？比如发射携带原子弹的飞船去炸掉小天体，是否可以呢？也不行。因为小天体碎裂后，根本改变不了它们的密度。所以轨道还是改变不了。

有效的方法是只有改变小天体的密度，才可有效地改变小天体的原有轨道。

（6）小行星带是如何形成的？

从火星轨道一直到木星轨道间存在着大量的小天体，它们形成了太阳系的第一个环带。我们称为一环，天文界称为小行星带。在这个环的外端，飞行的多是碳质小行星。在这个环的内端，飞行的多是硅质小行星。小行星带中还有少数小行星有卫星绕其运行。小行星的公转轨道较乱，所以天文学家常常担心哪个小行星不守规矩，一头撞到地球上来，给人类造成灭顶之灾。

小行星带是如何形成的？这么多小天体怎么都跑到这里来了？至今天文学家有两种答案。一种答案认为这里原来有一颗大行星，有一天被另一颗大行星狠狠地撞了一下。这一撞非同小可，被撞行星一下子四分五裂，都成了小碎块。而且小碎块飞向各个方向，于是占据了2亿多宽的太阳系的公转轨道。另一种答案是这里本应形成一颗大行星，但不知什么原因没有形成，于是形成了一大堆小行星。

这两种答案中，后者是承认不知道，前者就是去劳驾上帝了。上帝在宇宙间行走，哪天因某件事有些气恼，偏偏就走到这颗不知名的大行星跟前。"好狗还不挡道呢。"上帝嘴里嘟囔着，脚下发力踢了一脚。那行星哪里禁得住上帝这一神脚,一下就散成碎片了。

宇宙已为自己找到运行的动力,这就是旋涡之力。在太阳系金环系统的5环之外有一个更大的环带,这就是柯伊伯带。那些小行星带的天体,大部分都是由柯伊伯带产生的天体,最后逐渐转移过去的。柯伊伯带太冷,气体都冻成了冰。在那里形成了许多冰球。在前面我们讲过,天体是内外分层的,而且内部的密度永远大于外部。当外部是气体时,内部可能是液体,液体下面才可能是固体。现在小天体外部已经是冰层了,内部只能跨过液体,直接转变成岩石了。这就是冰球的真实结构。

一旦冰球形成后,它的密度增大,它就不适合在柯伊伯带生存了。每一个冰球等不到再找几个朋友,自己就一头扎向太阳,寻找适合自己密度的家园去了。可是离开柯伊伯带后,离太阳越来越近,环境越来越热,冰球就转化为气球了。这一转化不要紧,冰球密度又变小了。它飞到哪里都找不到适合自己的家园,只好又长途奔袭回到冰冷的天区。可这里也无法安居,它只好再奔向太阳。这就是彗星轨道特别扁的原因。

直到彗星飞累了,也得不到那些冰时,它就停留在小行星带了。小行星带很宽,密度也存在一定的梯度。于是,密度低一点的碳质小行星就靠近环带的外端运行,密度高一点的硅质小行星就靠近环带的内端运行。这就是小行星带形成的主要原因。

如今地球自转速度正在减慢,月球因此也逐渐远离地球。虽然每年只不过远离三四厘米,但积少成多,总有那么一天,月球会远离地球而去。这点连天文学家都不否认。那么之后呢?月球会到哪里去呢?虽然月球脱离了地球,但它脱离不了太阳系,它会成为一颗太阳的行星。那么它的轨道呢?用密度理论判断,因为月球的密度比火星小,但比木星大,所以月球轨道应在木星轨道与火星轨道之间,也就是小行星带,从此月球将成为小行星带中一颗最大的天体。

# 第五篇　人类的家园

## 一、大地沧桑

### 1. 开天辟地

在西方，开天辟地这种大事是由上帝来完成的。上帝是万能的，因此上帝干这种事也是不太困难的。地球为什么会绕太阳转？那不过是上帝踹了一脚的缘故。很多终极的问题，西方人都把它们交给了上帝。事情倒是简单了，但是详情就永远也难以知道了。这阻止了人类对宇宙的探求。但东方不是这样，人们用各种形象的词汇，纪念那些神仙——各种基本规律的代言人，并用口口相传的故事来描述那个神秘宏大的变化过程。这种后代称为"神话故事"的事件，突出的特征不在于它们含有的先人丰富的想象力，而在于它口口相传永世不灭的生命力和尽可能真实地对历史事件的描述。口口相传是一种对历史事件最可靠的传承手段，文字可能毁灭，图画可能丢失，只有口口相传，只要人没有死绝还有一口气，它就能传下去！

在东方开天辟地是由盘古来完成的。就像王红旗在《宇宙的重构》（中国国际广播出版社，1997年，第224页）一书中说："盘古又称盘谷，含有环状结构之意，女娲的娲字则表示螺旋状结构。看来先民早已将宇宙的起源与旋转联系在一起，将其作为有生命或有活动的象征，并用神秘的太极图来概括这种宇宙间的基本现象。"

"盘古开天地，女娲造人。"这在中国民间家喻户晓。盘古为波，女娲为涡；盘古为能，女娲为质、为形、为有结构。波与涡就是其根本。盘古为圆，为同心圆，这与电波、声波、水波类似。而娲为涡，是旋涡，是宇宙中所有天体的生身父母，甚至也是基本粒子的生身父母。

盘古是波，是能，是向外的宇宙之风的源泉。女娲是涡，是风的产物，是向内压力的源泉。风是天体回归宇宙的过程，黑洞可以蒸发，其他天体也可以蒸发，电磁辐射就是蒸发的常规模式。涡则是无中生有，是把气聚成有形的力量与模式。天体诞生之时也就是成形之后，就开始了自己一生的演化过程。这其中最重要的规律就是"清气上升，浊气下降"，天地由此而开辟，万物因此而生成，它们都是清升浊降的丰功伟绩。

清气上升、浊气下降的规律，是我们在生活中常见的一种现象，也是一种规律，而且是宇宙中天体演化中的主要机制。我们没想到的是此规律竟有如此大的普适性。让大家感到稍有不适的是清与浊，这是古人对宇宙间万物的一种分类方法。清物的密度低，浊物的密度高。但清浊给人的感觉不像是固体，而像是流体，是气体与液体的综合称呼。因为升降是一种垂直的运动，能够流动的物质总会更方便一些。

太阳系中的八大行星是太阳的儿女，它们有年龄大小之分，密度高的肯定是长者，密度低的肯定是青年，而混沌初开的应是少年。八大行星的特征恰恰非常符合由小到大的秩序，因此八大行星成了八个演化阶段的代言人。它们的特殊形态是由于它们在运行中到达这个位置时，由于外部综合条件的决定，因此异常重要的是这个环境，而不是它本身。我们也因此固定了一种分析方法，这就是"认庙不认神"。这八大行星的位置就是八座庙，八大行星不过是暂时生活在八个庙中的和尚。不论哪个和尚经过这里，住在这里，都会受到此庙的严重影响而与庙同，这就是"天人合一"的道理。因此我们相信当火星走到地球的轨道时，它会具有更多地球的特征，空气会有的，水也会有的。而地球走到金星的轨道时，它也会失去许多自己的特征而更像金星一些。木星若穿越小行星带，它必然会脱去它那厚厚的棉大衣，并降低自己的自转速度。这就是规律，不可抗拒的规律。不仅太阳系是如此，宇宙也是如此。

拿八大行星的核心举例，海王星、天王星的核心是混沌的，清浊还未分开。等到木星、土星时，它们的核心就形成了，清物均有所上升，浊物又有所下降。但它们密度还不够大，硬度自然也不够。如老话所说：在天

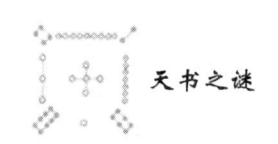

阴与阳，在地柔与刚。这时的核心是"柔心"。等到火星、地球时它们的核心才演变成硬质核心，可以称之为"刚心"了。这是核心刚化的表现。在金星、水星上，它们的核心又因"物极必反"而变空了。这也是发展的必然趋势，据科学家探测研究说月亮已是空心了。

在自然界这种现象也很多，比如竹子，年幼时还有心，较软，但越老外皮越硬，腹中却空了。檀木更是如此，俗话说"十檀九空"。因为檀树生长在热带，那里密度高，所以檀木极硬，据说开料时常常锯出火花来。因为中空，檀木开不出大料，只好讲究拼接技术。即使如此，人们还是非常喜爱檀木家具，因为它质地好，寿命极长，成为历代家具中的精品。

在天体中有一种"单凤朝阳"的现象，这就是有些天体总是一面朝向中心天体，最典型的就是我们最熟悉的月球。月球分正面和背面两部分，正面就是我们天天见到的模样，有月海、有少量的环形山，但月球的背面就大不一样了，几乎布满了环形山。据科学发现，月球正面的月海不是由岩石构成的，而几乎是金属构成，具有极高的硬度。

月球的这种奇怪现象表明了它质地的不均匀性，正面密度大于背面。这是如何形成的呢？是因为当初就质地不均匀，才单面朝向地球么？我们认为，从清升浊降的理论来分析，这个问题很简单。因为月球进入地球的旋度场内而失去自转。这时我们可以把地月系统看成一个整体，如果月球背面为外，那么正面可看成内。"清升浊降"一般是按上下来区分的，如果按内外来分析，就是清外浊内了。这种升降的机制使月球物质更集中于正面，于是正面密度上升，慢慢金属化了。金属是浊降出来的，这是密度上升的必然结果，是长期清升浊降的一种表现，也是密度上升后可以制造更多元素的一种证明。当然，在这里是不转在前、浊降在后。

### 2. 板块漂移

地球板块漂移理论是德国地质学家魏格纳在1912年提出的一种学说。因为各国都愿意把自己国家的版图放在世界地图的明显位置，所以西方地图的中心都是大西洋。当我们面对大西洋时自然很容易看到南美洲的东部海岸线与非洲的西部海岸线的形状几乎是一样的。这两个大洲原来是不是一块大陆呢？北美洲与欧洲也有此类的现象。这就容易使人联想到它们原来可能是一块大陆，后来才分离开来。板块漂移学说就这样形成了。后来发现，相邻板块间动植物有很多相同，更从另一个侧面证明了这个学说的

第五篇　人类的家园

正确性。西方地图的特殊性促使了欧洲科学家首先发现这个地球的秘密。

板块漂移学说认为两亿年前地球大陆只有一块，大陆的周围都是海洋。后来由于地球内部的活动，大陆板块开始分裂漂移，最后形成今天的七大洲四大洋。但古大陆为什么是一块呢？板块漂移是只有分裂，还是远古是分裂的，后来又聚在一起的呢？这使我们想到洗衣机中的衣物。

在洗衣机工作时，衣物有时是分散的，有时是聚集的。当洗衣机由正转转变为反转时，那一瞬间，衣物都聚集在了一起。这一点曾使我们怀疑过地球是否有过倒转的时期。正是地球正转反转的交替时期，使得大陆由分离又聚集成一块。但天文界科学家们坚决否定地球有过倒转的时期，这曾使我们迷茫了很多年。板块漂移的动力问题，一直是我们日夜思考的事情。我们并不满意动力来源于地球内部活动这样一个简单的结论。直到"清气上升，浊气下降"理论逐步完善，我们才真正找到了板块漂移动力的源头。这个源头是由天体表面的液体造成的。

天体上的液体，对地球来说就是海洋。远古时期，地球表面比较平坦，没有那么多的高山峻岭，因此全球表面几乎都是海洋，但并不深。在地表上，总有相对比较低洼的地方，于是那里聚集了较多较深的海水。海水对海底有一定的压力，在这种压力下，海底被压缩，密度增大，海底下沉。海底的下沉，造成了这里可以容纳更多的海水，而更多的海水对海底压力更大，于是海底再度下沉。这样如此反复，海底越来越深，这就形成了太平洋中的海盆。当大洋可以容纳更多的海水时，大陆显现出来。因此大陆很多地方都留有海洋生物的痕迹。

现在我们用一个气球来解释地球内部的变化机制。当我们用双手抱住一个气球，又用双手大拇指向内抠进气球时，我们就会发现双手抠进的地方，气球颜色变得较浓，这是密度升高、下沉的表现。它代表了海盆的作用，是浊气下降的证明。这时气球的对面部分，表皮颜色在变浅，而且稍有突出，这是清气上升的证明。我们的地球也在经历着类似的过程。

当太平洋正在下沉，海底海盆的岩石密度越来越大时，大洋海盆对面的陆地就在清气上升的动力下，经受着被撕裂的痛苦煎熬。这个地点正是现在大西洋的位置。于是古大陆开始分裂，历时2亿多年的板块漂移开始了……

在地球板块漂移的整个过程中，大西洋始终是分裂的中心地带。南北

· 219 ·

美洲为一方，非洲大陆、欧亚大陆、澳洲为另一方一直在远离而去。自2亿年前开始，却并不以今日终。南北美洲大陆的主要移动方向是向西，而大西洋东侧的几块大陆却不是向东为主，而是以旋转为主。就像一个弯成一个"门"字形的三节棍，非洲为它的第一节，它由赤道以南逐渐移到赤道的中部。欧亚大陆为第二节，它的主要移动方式是旋转，因为在北半球，它的旋转方向为顺时针。东南亚为第三节，它的主要移动方向是东南。

如果只有大西洋的东西扩展，各大陆也应该只有东西方向的移动，不应有旋转的动作。那其他动作的原因呢？原来我们一直在北纬30度上找原因，认为这是该地区有重力异常的现象造成的。几十年了，直到今天才在地球洋流上找到真正的原因。非洲大陆板块的漂移方向是正北，这是因为该板块受到南大西洋的逆时针洋流对非洲的几内亚湾的长期冲击而向北移动。还有就是印度板块的移动，也是洋流的作用。印度板块的西高止山脉就是长期受到北印度洋的顺时针洋流的冲击，不但形成了高高的山脉，而且产生了一股强大的推力，推起一个世界屋脊——青藏高原。并且把中国的本来向东流淌的怒江、澜沧江、金沙江和雅鲁藏布江都挤得拐向南方，形成了宏伟的横断山脉。

纵观板块漂移的历史，清气上升是它的动力，海洋的构造是它路途中的足迹。我们发现海洋中大陆周围的海盆是大陆漂移后的地质产物。比如非洲的北移，造就了由西向南向东的海盆：安哥拉海盆、开普海盆、厄加勒斯海盆、纳塔尔海盆、索马里海盆。这五个海盆是非洲原来的位置。

在三节棍型构造的东南亚和澳洲的岛链外则留下了一连串的海沟构造，这是大陆板块挤压海洋板块的结果。它们是：千岛海沟、日本海沟、琉球海沟、菲律宾海沟、马利亚纳海沟、汤加海沟、克马德克海沟。七个海沟的位置充分表明了东南亚外加澳洲的漂移方向，而澳洲大陆的西南海域则是西澳大利亚海盆和南澳大利亚海盆，也等于标明了澳洲大陆漂移的反方向。

在地球表面似乎形成了这样一个规律：

（1）低处挤压高处。高处更高，低处更低。这就像用一张报纸去推一个面包，面包还未移动，报纸已弯曲变形了。典型的地质如印度洋板块挤压欧亚板块，挤压的剖面形状正如一条正弦曲线，不过起始角度是180°。

第一弯曲是阿拉伯海盆和中印度洋海盆，然后是向上的弯曲，西高止山脉、德干高原和马尔瓦高原。第二弯曲是恒河平原，而那面包则是世界屋脊青藏高原。

（2）高处挤压低处。大陆挤压海洋，则形成深深的海沟，比如东南亚的一系列的海沟。大陆挤压海洋还是油田的形成机制之一，比如南海，比如北非。反之则不行，比如美洲西部，非洲的中南部。再比如在西亚，是红海挤压阿拉伯半岛，只挤出个阿拉伯高原，但无油田。但阿拉伯半岛挤压伊朗高原，因有波斯湾，则两侧全是油田。这也说明在三节棍结构中，第一节非洲是板块漂移的主力，所以北非有大量石油，在地中海北岸的欧洲就相差甚多。

不管是海洋挤压大陆，还是大陆挤压高原，洋流都是重要动力之一。而洋流则与地球的自转有关。地球自转呢，则与太阳风和宇宙风的合成有关。根本的动力还在于太阳，在于太空之中。

太平洋中的海盆日益在加深，太平洋东西两岸的大陆就在逐渐挤压太平洋，就像我们手心向上伸出的一只手。当手心慢慢向下弯曲时，五个手指会慢慢合拢起来。当手心慢慢向下动时就代表着海盆的加深，这是原动力。而手中五指的收拢动作代表太平洋四周大陆的收拢反应。这个四周大陆的收拢就是太平洋在收缩，这也是太平洋沿岸是地球上主要地震带的原因。它们的总根源在海盆的加深，更在浊气的下降。

太平洋沿岸向太平洋收拢的例子最近就有两个。一是 2010 年 2 月 27 日 3 点 34 分南美洲西部智利发生了里氏 8.8 级强烈地震。地震中的智利第二大城市康塞普西翁整个城市向西移动了 3 米多；第二个是 2011 年 3 月 11 日 13 时 46 分日本东北部福岛附近发生里氏 9 级强烈地震。科学家测出福岛向东移动了 4 米。大家可以看到，同样是地震，日本向东移动，智利向西移动。相一致的是都向太平洋方向移动。就是这股巨大的力量不但压缩了太平洋，而且撕裂着大西洋，它才是板块漂移的根本动力。

在大陆板块漂移中，非洲作为太平洋海盆的对立面，不但东西两侧经历了成功的分离，而且中部地区也经历了撕裂的痛苦，虽然没有完全断开，但也形成了世界最长的东非大裂谷。当时东非中部只好处于太平洋海盆的对立面，当时应该是清气上升的主要突破点，是地球上密度最小的一个地带。非常巧合的是，这里也是我们人类的祖先诞生的地方。这其中应

该有一些什么联系吧！

### 3. 元素工厂

前面我们已经涉及地球上元素的生成问题。现在我们再谈到太阳经过简并可以在内部生成许多元素，好像问题不大了。但还有科学家坚持认为太阳么，还在燃烧 H 的阶段，了不得核心是个 He 核，就是打开太阳恐怕也找不到比 He 更重的元素。我们早就说过，在太阳的内部已是液态的电浆。这个电浆是混合的八宝粥，但它也有层，每层的密度不同。越往中心，密度越高，生成的金属丰度越高，原子量也越高。

天体的形成机制基本上一致，所区别的是天体的大小。在天体演化的过程中都会发光，但有的是发可见光（因为它大），有的只能发红外光（因为它小）。太阳可能已有一颗中子球的核心，虽然并不大。但地球不能，它只配有一颗铁心，但它也有一肚子的电浆，这就是地幔，它也可在不同的环境下，一定的压力和万年以上的时间里产生出多种元素来。

这种环境并不单指地壳以下，地壳之上、海洋中，甚至大气层中都会有元素的转变情况发生。至于如何转变，就看外部的环境了。神仙点石成金的奇迹就在我们身边发生，但我们要不只看到了金子，却并不知道它原来的身份。要不我们只看到石头，却等不到成金的那一天。因为那需要万年以上的时间，是我们人类无论如何也等不起的。神仙点石成金的故事给我们人类传达了两个信息：第一，元素是可以转变的；第二，元素变化的主流方向是由轻元素向较重的元素转变。

在新理论建立起来之前，科学界对许多自然现象都有自己的解释，但也有没有去考虑或解释不清楚的。而我们还是从这些大家身边常见的大自然现象出发，从一个全新的角度加以考查，才得以建立起这个全新的理论来。在这个理论中，简并是动力，密度是真正的主角，其他所有的自然变化都在其次。

就拿前面我们提到的我国南北差别来说，虽然地质、气候环境可以解释一些现象，但没有说明事物的本质。比如，说南方遍地的红黏土，是土中本就含有铁，因为南方气候潮湿多雨，金属氧化得厉害，所以就成红黏土了。但为什么平地是红黏土，高山上却不是，这就无法解释了。又比如矿产，可以用各种地质变化来解释，但为什么北方煤多、南方铁多，为什么稀有金属矿几乎都在南方呢？还比如北方土壤多碱性，南方土壤多酸性等。我们只要用北方密度低，南方密度高；平原密度高而高山地带密度低的理论去分析，一切就都明明白白一目了然了。这就是抓住主要矛盾。只要抓住了主要矛盾，次要矛盾就迎刃而解了。

地球表面的物质是分层次的，各个层次之间有可观察到的区别。各层次的密度之间也是被同一种规律或同一种密度比例所支配的。而且从内到外，或叫从低到高密度是逐渐减小的。但是它的变化不是无极的，有明显的阶梯性质。黄土高原就表现出极强的规律性，成为密度理论的一个标本。

黄土高原横跨山西、陕西、宁夏、甘肃、内蒙古多个省份，东面通过太行山与华北平原相接，北面通过阴山与内蒙古高原相接，西面通过贺兰山与腾格里沙漠相接，南面通过秦岭与大巴山相接，西南又通过六盘山、祁连山与青藏高原相接。多个山脉成为黄土高原与其他地形相接的缓冲地带。

黄土高原海拔在800至1300米之间，略低于内蒙古高原的戈壁滩地带。黄土高原分为离石黄土、马兰黄土、下蜀黄土，其土壤颜色由下至上分为红黄色、棕黄色、灰黄色和褐黄色，总体趋势是下面最深、上面最浅。黄土高原有一个特征是由高原的西北向东南，沙土逐渐减小，土壤黏性逐渐增加，但这种变化又不是粗糙模糊过渡的，而是一种叠瓦阶梯状分布。这种现象是风成说解释不了的，可能是洪水所致。

黄土高原是如何形成的？科学家一般认为是西北风把戈壁滩和沙漠中的细小颗粒刮到东南方，落在黄土高原的位置后形成的。而水成说认为这里5万年前曾是一个大湖，黄土高原几百米厚的黄土就是湖底的沉积物。在黄土高原上是发现了有10万年前的水中动植物化石。但那时，大陆多处都是海洋，大陆是全球海洋退后形成的。水中沉积物最主要特点是分层的，因为四季气候的不同，水中的沉积物是有差别的，是分层的，但黄土高原没有。

黄土高原的现状极符合密度理论，它有密度上的土壤结构差别，有密度不同的颜色差别，又是叠瓦阶梯的地质构造，不由人不想到这是密度理论的标本，是地球按照密度理论自身创造的杰作。在大范围的地质结构中，从海拔高度加以区别时，高山→戈壁滩→沙漠→黄土高原→平原。在地球表面从大陆到海洋，从高山到平原到盆地，从大陆架到深海到海沟，

地壳从来没有表现出平缓的过渡，永远是阶梯，是台阶，是突变。这些不同地形的高度差、密度差，是否也遵循着某种同一的规律性，我们不得而知，也许只是一种猜测。

原来一直认为沙漠的海拔高度并不高，查看地图发现，沙漠海拔高度均高于黄土高原，而戈壁滩又高于沙漠。比如，新疆的塔里木盆地就是中国最大的沙漠——塔克拉玛干沙漠，而准噶尔盆地又是古尔班通古特沙漠。两个盆地两个大沙漠，在它们之间的狭长地带才是戈壁滩，戈壁滩是高山与沙漠的结合部分。科学家说戈壁滩是山体岩石长期风化形成的，沙漠是戈壁滩长期风化形成的，黄土高原是沙漠长期风化形成的。奇怪的是，岩石、戈壁、沙漠、黄土也没有中间状态，它们也不是渐变。风化应该是渐变，但它们不是。为什么？是同气相求么？它们的阶梯分布是否也表现出密度理论的特征呢？地势高处密度低，纬度高处密度也低，它们之间应该存在一种等价关系，一种换算关系，但我们现在并不知道。

中国的地形是复杂的，也是丰富多彩的。从板块漂移理论分析，中国大陆受力的复杂程度也是世界上独一无二的。中国地形总体趋势是西北高，东南低。这种地形的大趋势据说还是古代东方的神仙造成的。在远古时期，据说共工与颛顼争帝失败，怒而撞倒不周山，从此"天倾西北，地陷东南"，大地进行了快速的调整，造成了西北高而东南低的地势了。那么从西北高山、戈壁滩、沙漠、黄土高原、平原一直到东南沿海的一字排开又说明了什么？不正是不断降低的海拔高度与质地不同的地形之间一一对应的一种关系么！？

对于研究自然历史的演变，可喜的是我们不但从地形地貌上看到了这种结果，而且从人类千百年来的文化史上感到了这种自然演变的现在进行时。比如我国西北部的沙漠地区，它们的前途如何？科学家认为沙漠是戈壁风化的结果。那么随着时间的推移，会有更多的戈壁地区变为沙漠地区。但是，风化并不只是针对戈壁地区，它也针对沙漠地区，而沙漠风化之后也会形成黄土啊。如此分析，沙漠地区应向戈壁地区慢慢推进，在东南方向会让出更多的黄土地来。但实际情况好像正好相反，风化越厉害，西北土地沙化越厉害。沙漠呢，也越向东南长大着身躯。真是岂有此理！

从历史资料看，我国许多湖泊都有缩小的趋势，缩小的方向呢，大部是东移，西部先行干涸。典型的比如西北的罗布泊，原本是西域东方丝绸

第五篇 人类的家园

之路上的一个大集散地,曾有楼兰古国,人口众多,非常繁华。但因罗布泊的缩小、东移,最后消失,这个楼兰古国也消失得无影无踪。生命离不开水,水源没有了,这里就变成了死亡之海——沙漠之地。过去我们没有关注到湖泊东移、沙漠向东南方向沙化的现象,一直认为是气候变迁的结果,现在看来,它们很可能与地壳的抬升有关。因为抬升的是西北方,又因为西北方有过"天倾西北"的历史事件,因此值得引起我们怀疑的是"天倾西北"不仅仅是一个历史事件,它很可能是一个现在进行时的未完成的过程。

正是西北地势的抬高,才使密度下降,而更加存不住水。地势抬高,也成为湖泊东移的动力。当最后地势抬高到不适合存蓄水时,湖泊自然就干涸了。内蒙古一些沙漠的东侧,是地形低于它的土地。如果地势有所抬高,密度必然降低,这是有利于沙化的条件。但新疆的两个大沙漠都在盆地中,是低于周边的地形的,因此沙化不会扩大,自己的寿命也会很长。我们人类还没有能力大幅度地改变地形的海拔高度,因此也无法改变那里的地质情况。如果我们能够降低一片沙漠的海拔高度来与平原相同,就用不着人类去改造沙漠了。这其中强调的是海拔、是纬度,但根本上强调的还是密度,正是不同的密度才造就了不同的地表形态。当然,在不同密度的地表有着不同的气候条件,它们对地表的风化程度也有着不同的影响。能够形成当今的地表形态,一定是大自然与地质的共同成果。

说过地表我们再来说说海洋。在地球上2/3的表面积是海洋,在海洋中有许多丰富的矿产资源。我们现在只谈两点,可燃冰和锰结核。它们一个是清洁的燃料,一个是高科技不可或缺的稀有金属。在我国南海,上千米深的海底发现有大量的可燃冰,极具开采价值。而锰结核只有在三四千米的深海大洋底下才能找到。它们像洒满洋底的土豆躺在那里,内部结构又像洋葱头,一层包裹一层。在锰结核中含锰极高,外加铁、钴、镍等少量金属元素,是宝贵的工业原料,困难的是开采难度太大。

这里有一个有趣的问题,在2000米的大山下和在2000米的洋底,哪一个地方的压力大呢?大家或许会说,岩石的密度要大于水的密度,当然是山下的压力大了。可是我们想过没有,表面看是山下压力大,可是我们如果在山下向山中打一个大洞呢,洞里可能一点压力都没有了,2000米的高山压力被洞中四壁的岩石分担了。而在大洋底部却不是这样,我们无法

· 225 ·

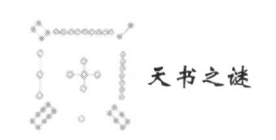

在海水中打什么洞，只要在2000米深的海底，我们就无法逃脱2000米深海水的压力。因此问题的答案是：在2000米深的海底压力更大一些。

既然如此，海底喷出的物质必然要比山中喷出的物质密度要大得多。大陆火山喷出的是硅、硫等在化学元素周期表上第三周期的化学元素。比如花岗岩，就是岩浆钻入地壳缝隙中缓慢冷却形成的。而大洋底部的喷口喷出的却是第四、五周期的重金属元素。人类需要重金属，但重金属却往往不在人类的身边，而在那波涛滚滚的大洋底部！据科学家说全世界稀有金属的储量，中国就占有了80%，为什么？是上帝格外垂怜我们中华民族么？不是，是因为我们中华大地处于一个多方受挤压的大陆地带。我们国家的某些地带的密度必然要高于其他国家，因此稀有金属的储量也就比它们多得多。

在南海1000米的海底发现大量的极具开采价值的可燃冰，这当然是极好的消息。可燃冰在那里出现当然是有许多具体的条件，但具有适当的密度，绝对是最重要的条件之一。它是在各种客观条件都具备后自然生成的产物。可燃冰是如此，其实万物何尝不是如此呢？

在天外陨石的研究中，找到陨石的落地点是一个首要任务。大陆上有很多坑洼之地，但大多数并不是由天外陨石造成的。但科学家发现在真正的陨石坑周围往往土中金属含量异常。这就是钌、铑、钯，还有锇、铱、铂共六种金属，它们都是化学元素周期表中副族B8族元素，前者是第五周期元素，后者是第六周期元素，它们的共同特点是化学性质极为稳定，这六种元素因为真正的陨石坑而分布异常，所以被科学家称为陨石的"指示元素"。从表面看这六种元素是陨石带来的，是天外来客，其实并不是陨石中都含有这些元素。这些元素是陨石在与地壳的撞击中产生的高压、高温中瞬间形成的。换句话说，它们是造出来的，又因为化学性质稳定而生存下来。这是无中生有的一个范例。

### 4. 水从何来

人类的生存离不开阳光、水和空气。但是它们是从何而来的呢？阳光，那是太阳发出的光；空气么，自来就有，是我们地球保住了它。但火星不行，因为个头小，引力小，留不住空气。可是水呢？这倒是科学家首先提出的问题，于是大家四处寻找答案。因为科学家发现彗星是个脏雪球，于是就宣布找到了答案。地球上的水是在漫长的几十亿年中因为多个彗星撞击过地球，为地球带来了大量的水，这才形成了地球上今天的海洋。为此科学家还详细进行了计算，估算出彗星撞击地球的频率。

如果我们问地球上的水从何而来，当然这不失为一种答案。但我们想了解的是上帝的想法，他是如何造出水来的？他是为了满足宇宙中生命对水的需求才造出水来吗？看来如何造水才是问题的关键。地球上水的来源找到一个出路，那彗星上的水呢？问题总要追到水是如何造出来的这样一个根本性的问题。

地球上的万物都是从宇宙中搬运过来的，这好像成为一种潮流，水是如此，生命似乎也是如此。虽然我们好像得到了地球生命的来源，但是实质上我们还是不知道生命是如何产生的。把生命与水的产生都推给了地外天体，如此推下去也会遇到麻烦。因为科学家认定一百多亿年前宇宙只是一个蛋，那时四方皆空，万物全无，是宇宙大爆炸才产生了宇宙，产生了天体。那生命与水肯定是大爆炸以后的事情，而不会从另外一个异于宇宙的时空，不能同名叫宇宙，叫别的名称又不合适的地方传来的。如果真是那样的话，在宇宙中可真是万物不灭，而不只是物质不灭了。

我们生活中常说"万物生长靠太阳"。其实不只是生命的生长，万物的诞生、首先是各种元素的诞生也离不开太阳。地球是太阳的行星，是太阳系中的星际物质在旋涡的聚集中产生的天体。这其中如果有金属丰度高的物质，它也会在形成地球的过程中沉淀于地球的内部，而不会停留在表层，因为"浊气下降"。因此地球上万物的产生、多种元素的产生都必须依赖于旋涡的力量。而旋涡的产生则直接依赖的就是太阳，是太阳风造就了这一切，因此太阳系内的一切天体都绝对是太阳的子女，有生命的和无生命的都包括在内。那些外来的金属丰度高的元素是几乎可以忽略不计的。

万物的生长都与密度有关，密度到了，万物自然会产生出来。密度不到位，万物皆无，什么也产生不出来。留下的没有天体，没有生命，只有星际物质——无边无际的星云。

水从何来？水是地球演化到一定的程度，地球表面的密度达到一定的程度时，自然而然产生出来的。水是如此，其他物质也是如此。它们的原料只有 H，是 H 的聚集产生了多种元素，进而产生了多种分子、多种物质、多种生命，产生了绚丽的万千世界，产生了我们人类以及宇宙中最高

的精神花朵——能够理解宇宙的思维!

### 5. 人类的历程

人类是如何诞生的?为什么会有四种不同的人种?人类为什么要大迁徙?为什么东西方的文化差异如此巨大,甚至很多地方是相反的?是什么原因使我们人类的祖先下地走路的?这是几百年来一直萦绕在我们人类头脑中挥之不去的谜团。过去历史上是有一些答案,但也总让人感觉有些误导之嫌,无法让人满意。

今天科学已深入到 DNA 的层面,科学家已通过大量的研究得出结论:我们全世界的各族、各色人种的祖先都来自非洲,那里有我们人类共同的老祖母。这是一个伟大的胜利。

人是猴子变的,这点在大家的头脑中似乎没有太大的疑义。但接下来的疑问是为什么单单非洲的猴子在那个时代变成了人?其他地方的猴子呢,今天世界上各地方的猴子呢?这里包括今天非洲的猴子,怎么再也见不到变成人了呢?猴子为什么要变成人?是有上帝在指导它们,还是它们产生了要革命要发展的意识?这些生长在非洲的猴子们在树上有吃有喝,不愁温饱,又为什么想起下地走路,而且一直走向全世界的呢?

"世界上的一切事情都是逼出来的。"是伟人的一句话打开了我们的思路。如果不是上帝的原因,那究竟是什么原因呢?肯定是那些可怜的猴子们生存环境的变化逼迫它们向人类的方向转化的。那么我们就要考虑一番,它们的生存环境究竟起了什么样的变化,才使这些猴子们采取了如此革命性的行动。

人类的祖先诞生在非洲的中东部,再具体一点就是诞生在今天的肯尼亚和坦桑尼亚附近。那里是东非大裂谷的地带,是赤道附近的区域。在本书前面我们已经讨论过非洲的板块漂移,那时的非洲正处于南半球,处于清气上升的中心点。在大西洋开裂的同时,非洲东部也开裂了一条长达几千公里的大裂缝。但是这条大裂缝还未开裂到形成两块大陆的地步,它基本上就停止了。这是为什么呢?

因为那时非洲是一个正在较快北移的大陆,那条被称为东非大裂谷的裂缝由南半球移到了赤道。我们知道,在地球上赤道是密度最高的区域,这里是收缩的地带。东非大裂谷就此失去了继续开裂的动力,所以就形成了今天这个模样。人类的诞生也恰好发生在这个动荡的时期。准确地说,当时生活在赤道以南的非洲猴子们正处于清气上升的顶点。

那里的猴子为什么要下地走路？要知道这种改变绝对是一个艰难的过程。在学生时代老师解释说，猴子下地走路是为了腾出两只手，因为它们要使用工具，开始要靠劳动征服自然。这就怪了，它们不愁温饱，舒服度日，凭什么像着了魔似的要劳动、使用工具、征服自然呢？真正使这里所有的猴子们感到在树上已经不太舒服的环境，不是气候，不是洪水猛兽，而是冉冉上升的清气。是密度的降低使它们感到立起来比爬行更舒服一些。现在地球上有三处密度最低，这就是南北两极和澳大利亚。在这三处都有典型的动物来印证此观点。

第一是北极圈内的北极熊，它虽然是用四脚走路，但休息时却常常采取坐姿。

第二是澳大利亚的袋鼠，明明知道四脚跑路最快，可偏偏愿意用两条后腿跳着跑路。

第三是南极的企鹅，趴着它可以很快地运动，但却非要立着用两条后腿慢慢地挪步。真是不可思议！

其实这都是清气上升的力量。使它们不得不采取直立的姿势生活，对于人类的祖先应该也是如此。猴子下地的问题解决了，接下去的问题是其他地方的猴子为什么再也没有变成人呢？因为人类的诞生地只有这一处，其他地方没有这种地质环境的变化。这是一处清气上升后又向赤道移动，密度又上升的过程。没有这个变化的外部环境，别处的猴子也就没有这个条件了。不要以为这是个舒服的过程，人类祖先是经过艰难痛苦的折磨和奋斗才得以生存下来的。东非大裂谷决定了它的经度，赤道决定了它的纬度，所以这里就成为我们人类祖先的诞生地。

那么，人类为什么要从非洲向北向东进行大迁徙呢？是他们的首领号召大家要去征服全世界么？为什么他们要从不愁温饱的非洲迁往更为寒冷、更为贫穷的地方？要知道，寒冷造成了人类生活的很大困难，要用衣服来避寒，要用房子来休息，要用打猎来补充食物的不足，这都是难上加难的事情。

因为那时非洲向北移动了，人类的诞生地由南半球移到了赤道附近。原本清气上升的力量又逐渐消失，代之而来的是密度的上升。人类刚刚习惯站立的身躯又要倒下去。我们的祖先不愿回到过去，后来他们惊奇地发

现离赤道越远,他们站立得越舒服。于是大批的人类祖先开始大迁徙。在这个过程中,祖先们经历了千辛万苦,但他们始终不愿走回头路。因为回到爬行的时代是他们更为忍受不了的苦难。在漫长的迁徙年代中,他们学会了避寒的方法,不管是洞穴、兽皮、保存火种,还是打猎、耕种,他们一直是一步一个脚印地不屈不挠地走向现代,走向文明。

在人种问题上,我们不但发现有白种人、黄种人、红种人和黑种人,而且发现不少的过渡人种。在人种地域的分布上,似乎有这样一个规律,人种颜色的深浅与地球纬度有很大的关系。越是生活在高纬度的人群肤色越白,越是生活在低纬度的人群肤色越黑。而在他们之间纬度生活的人群,则是黄色和红色的人种。所以我们认为人类的肤色是纬度的不同造成的,是光照强度的不同造成的。这好像也与上帝无关。四个人种的确立不过是标出了他们的典型,使科学家易于分析研究罢了。这其中白色人种格外喜爱太阳,一有机会人们就会聚集在广场、沙滩尽情享受阳光。大概他们如果找不到机会晒太阳,身体是会很难受。

下面要谈到的问题是很多人都十分关心的问题。为什么东西方文化差异如此巨大,在很多方面甚至是完全相反的思想和作为?两者之间有无对错之分,哪一方更先进?对此问题我们思索过很长时间,也很头疼。虽然很多文献都指出了两者之间的差异,但始终找不出根本的原因在哪里。至于对错之分,先进落后之分,更是有很多人认为西方文化是最先进的,因为他们的坚船利炮一度战胜了我们,他们的技术、他们的思想都是我们学习的榜样。

西方人的性格比较张扬。他们要人权,要自由、平等,要扩张、要独立,要征服自然界,征服全世界。而东方文化与之完全相反。我们是收敛的、含蓄的,我们崇尚谦虚,追求和谐、统一。我们不但追求社会的和谐、家庭的和谐,也一直在追求与大自然的和谐。我们从不想征服自然,而只想与自然成为朋友。

如此大的文化差异,有人说那是因为我们是东方,他们是西方。我们白天的时候,他们是黑夜。他们过着与我们完全颠倒的生活,所以文化思想就完全相反了。在东方文化中有五行生克一说,东方属木,是生命的象征,所以众生都枝繁叶茂、兴旺发达。而西方在五行中属金,是肃杀之象,所以打打杀杀不断,所以人口少。但五行中金克木,所以他们总是欺负我们。

但这还不是本质，五行的说法与实际并不矛盾，但是有点太东方化了，西方人不服，或者说不懂。真正的原因我们也是最近才悟到的。前面说过人类诞生的各种行为，直立行走、大迁徙，都与密度的变化有关。其实人的性格、思想也与密度的变化有着不可分隔的关系。我们常说"一方水土养一方人"，其实真正的水土不仅包括了当地的地质条件、气候条件，也应包括密度的变化和当地偏向力的变化。而且后者往往是更重要的条件，它们更多地决定了当地人的性格、风俗习惯，甚至思维方法。

哪里是西方？欧洲是典型的西方地域。其实大西洋才是西方的中心，不过大西洋上的人数极少，就不论及了。美洲尤其是北美洲，在大西洋西岸附近的区域，也属于西方的地带。西方人是生活在大西洋两岸的地域中，而这两个地带是随着大西洋不断地扩张也不断扩张的地带，西方人几千年生活在一个扩张的土地上，所以他们张扬的性格就不能说与这片土地毫无关系。其实这就是当地人性格和风俗习惯的来源。风俗习惯不只是像人们所说的是代代相传的结果，更重要的是他们生活中代代不变的自然环境维持了他们不变的风俗习惯。这是"天人合一"的结果，是"天不变道亦不变"的生动事例。

与之相反的是东方，包括中国和东南亚一带，这里的大地是受到多方挤压的大陆，因此这里的人们的性格就必然是收敛的、含蓄的、不爱张扬的，这与他们几千年来生活的大地状况相一致。有人开玩笑说："再过几十年干脆把美国西海岸的旧金山、佛罗里达州一带划给中国算了。"这话表明一种现状，在美国西海岸东南亚侨民较多，他们愿意生活在美国西部。而美国白人则在美国东部生活的较多。美国西部是太平洋东岸，而美国东部是大西洋西岸。太平洋是一个收缩的大洋，所以东方人愿意生活在太平洋沿岸。大西洋是扩张的大洋，所以西方人愿意生活在大西洋两岸。这是自然的选择，也是人们不由自主、下意识地选择了适合自己性格的生存地带。这是天意。而大部分人是不愿违反天意的吧！

既然"一方水土养一方人"，不同水土滋养出的人的习惯、思维就会有差别，有时还会有很大的差别。这些差别，也只能看作是差别，而不应该分什么优劣。他们的思想必然是适应当地风水的，这本质上是老天的功劳，又有什么可指责的呢？东西方文化的巨大差异导致了西方推崇个人的

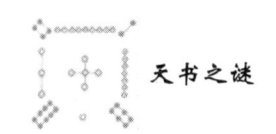

自由、平等、独立；东方推崇谦虚、含蓄、和谐、统一。这些都对，都是有利于当地的社会的。东西双方相互之间不应该把自己推崇备至的观点去不惜余力地强加给对方，西方文化已经错误地干了许多年，这是违反天意的行为。

大西洋沿岸的人们是极具扩张思想的，他们要自由、要独立、不愿意听从别人的指挥，因此他们的民族也带有强烈的独立色彩。浩瀚的大西洋是一个长条状的S形的大洋，在地图上像一个丰腴的女人。拉丁美洲地区是她的胸部，几内亚湾是她的臀部，而地中海地区则是她飘逸的长发。这三个大西洋的突起的地区，大概是大西洋扩张最为明显的地区。因此那里的民族就格外不喜欢统一而要求独立。突出的表现就是这三个地区的小国特别多，而且拥挤在一起。它们是世界的奇观。

在拉丁美洲、加勒比海地区，有危地马拉、伯利兹、萨尔瓦多、洪都拉斯、尼加拉瓜、玛斯达黎加、巴拿马、巴哈马、古巴、海地、多米尼加、牙买加、多米尼克、圣卢西亚、巴巴多斯、格林纳达、特立尼达和多巴哥，共有17个国家，这还不包括美、英、法、荷各自占领的8个殖民地区。外加南美洲北端的厄瓜多尔、哥伦比亚、委内瑞拉、圭亚那、苏里南、法属圭亚那等6个国家，共有31个独立的地区、国家。

在西非的几内亚湾地区，包括有塞内加尔、冈比亚、几内亚比绍、几内亚、塞拉利昂、利比里亚、科特迪瓦、加纳、多哥、贝宁、布基纳法索、尼日利亚、喀麦隆、赤道几内亚、加蓬、刚果，共有16个国家。

地中海北岸的南欧地区，包括瑞士、意大利、奥地利、匈牙利、斯洛文尼亚、罗马尼亚、保加利亚、阿尔巴尼亚、捷克、斯洛伐克、土耳其、希腊、马耳他、梵蒂冈、安道尔共16个国家，还包括由前南斯拉夫分裂出的7个国家：塞黑、克罗地亚、斯洛文尼亚、波斯尼亚、马其顿、科索沃和黑塞那维，共有24个国家。

大西洋女人的长发还波及苏联。苏联分裂成了15个国家，俄罗斯占据欧亚大陆的中东地区，那14个小国则占据了苏联的西南地区，它们大部分与地中海北岸的国家接壤。

这说明"清气上升"，地域扩张明显影响到这些民族的意识，他们更愿意自由独立，哪怕一时担当分裂的罪名。大西洋在地图上像一个巨大的S形，曲线的转折点正好在赤道附近。如果从南极出发，向北前进，在南半球大西洋是逆时针弯曲的,在北半球大西洋是顺时针弯曲的,这与偏向力在地球南北的分布规律是一致的。它说明大西洋也是受到地球偏向力的影响才形成今天的弯曲形状的。

最后,我们再次提出万物之源的问题。答案是简单、单一的,绝不是五花八门的。如果是那样,说明我们根本没有找到万物之源,找到的只是之端末节而已。比如科学界一直不明白,我们认为的生命的源头——生命之汤是如何变浓的?他们认为生命之汤是在水中的晃荡、撞击中变浓的。其实这也是密度变化的功劳。当地球在演化中密度不断增加时,才会有更多的分子聚集在一起。因为密度会改变其中团块的规格,规格变大时,无机物分子才会聚合成有机物分子,生命才得以诞生。

生命是如此,那些无机物分子呢?那些在元素周期表上颇为有序地排列成方阵的元素呢?起码它们是无中生有的吧。宇宙大爆炸理论虽然并不完善,但起码它从一个侧面证明了万物的来源。爆炸当初不要说生命,就是无机物分子也没有一粒啊。大爆炸了才有了宇宙,有了天体,世界万物哪一样不是创造出来的呢?现在地球上的一切都是怎么来的,科学界还在四处寻找原因。其实,大地、海洋、空气、生命都是无中生有,都是宇宙用"简并"这一种方法创造出来的。

### 6. 密度增大后的世界

地球在漫长的历程中,一直不断地减小着自己的体积,同时也在不断地增加着自己的密度。但这个变化并不是均匀的,也有时而加快的时候。密度的增加,必然会影响到地球上各层构造的变化,进而不可避免地会影响到地表生命的变化。其方式就是一些或大部生命的灭绝和新一拨儿生命的诞生。这是地球在被压缩中适时更换着自己的外衣,以适应这个不断变化的宇宙。旧的生命的灭绝,基本上是不适应密度增加的环境,感到疲惫不堪而死亡的。对于这种现象,海陆空都有经典的事例。

(1)陆地:恐龙的灭绝

恐龙是地球上曾经称霸几亿年的动物,但在6500万年左右却突然灭绝了。是什么原因导致了恐龙的灭绝?多年来大家众说纷纭,争论不休,一直也没有一个统一的答案。恐龙生活在一个植物高大繁茂的时代,自己也长得异常高大。一旦地球密度增加得稍稍快了一点,植物变矮了,恐龙也感到自己身躯日益加重,活动越来越不方便。当它们不堪重负,便大批死

亡了。这就是恐龙灭绝的根本原因。由此我们也得到一个推论，如果科学家再让恐龙复活的话，恐龙是绝对适应不了今天地球表面的高密度的。所以恐龙不能复活！

（2）海洋：鲸鱼集体自杀之谜

鲸鱼是海中最大的动物，但它不是真正的鱼类。鲸鱼是海洋中的哺乳类动物，它必须在水面呼吸换气。但是近年来地球密度增加比较明显，鲸鱼就像当年的恐龙一样，它们感到肉大身沉，再游弋在原来的水层就有些力不从心了，就需要花费更多的力气。沉下去，当然会舒服一些。但这样一来呼吸又成问题了，它必须要花费更多的力气游到水面来换气。如何解决这个问题呢？如果这样下去，而又得不到食物的补充，那不累死也得饿死。于是鲸鱼们成群结队地游往地球密度分布较低的澳大利亚和新西兰，在那里它们找到了天堂。但即使如此它们还要集体一字排开地卧在那里的海滩上，因为那是天堂的天堂。它们身下是柔软的海沙，托住自己沉重的身躯；头上是蔚蓝的天空，呼吸多么畅快！但它们的这种天堂生活是危险的，它们谁也没有意识到海水不是只有涨潮，也有退潮的时候。一旦海水退潮到来，灾难也就来临了。海水退潮了，鲸鱼们集体躺在海滩上，眼望着退去的海水，那慢慢失去的赖以生存的海水大家谁也动弹不了。集体自杀开始了。在这种集体自杀行动中，也有较少的海豚，它们也是海洋的哺乳动物，身躯也比较巨大。

恐龙和鲸鱼是陆地和海洋中体积最大的动物，这说明一旦地球密度增加较快时，首先灭绝的是体积最大的动物，也许下一个就是大象了。

（3）天空：群鸟集体自杀

北京青年报 2011 年 1 月 17 日报道："1 月 7 日在意大利北部小镇法恩札，八千只斑鸠从天而降，下落时已经断气，喙部还带着奇怪的蓝色斑点。"最近此事类渐多，原因有地磁变化说，气候严寒、食物匮乏、中毒说，人类活动干扰说。但文中说地磁变化可以排除。

我们原以为生物灭亡只有鲸鱼集体自杀与密度有关，飞鸟那么自由，不应受此干扰。现在看来因为密度的增加导致地表的塌陷，它上面的海洋、空气都有塌陷现象，就连空中的飞机、高层的卫星，遇过此地时都会出现马鞍式飞行路线。因此鸟也不会例外。同高度的密度变化趋势不是增大而是减小，所以恐龙、鲸鱼、飞鸟都会感到肉大身沉，不堪重负而灭亡。

飞鸟在迁徙过程中，不管是短途几百公里，还是长途上万公里，它们都会在今天犯同一个错误。那就是依然低估了每一阶段的行程距离。于是它们不得休息，连续作战，强行飞行，氧气不够，体力不支，因而集体死亡。

（4）PM2.5微尘的根源

PM2.5对世界环保的危害成为当今的一个热门话题。不知地球上的动物们感觉如何，反正人类是受不了了。一些大城市，尤其是中国的一些大城市，经常出现雾霾天气，让人们很是痛苦。于是人们盼望大风的来临，因为大风一来，雾霾就会一扫而光。这在20世纪80年代，绝对是件怪事。因为那时北方的春天时常有沙尘暴，大风一来飞沙走石，昏天黑地，好像《西游记》中的黄袍怪来了一样。但是大风过之后，风平浪静，空气还是不错。而现在一旦风平浪静雾霾就来了，所以原来我们怕风，现在我们盼风来。

PM2.5从何而来？世界科学界已有公论：是人类烧煤做饭的炊烟，外加汽车排放的尾气造成的。那么人类要想空气好，就必须在这两方面狠下功夫。衣食住行将会受到很大的限制。2014年2月25日我们在手机微信上看到PM2.5在世界的分布地图，现描述分析如下。重灾区主要是中国华中平原、华北平原外加四川盆地。稍轻一点的灾区是新疆的塔里木盆地和北非、阿拉伯半岛，外加伊朗、阿富汗和印度北部。

PM2.5专家一直说雾霾是由汽车尾气和燃煤引起的，而且重灾区都在亚非不发达国家。现在奇怪的是，新疆是塔克拉玛干大沙漠，北非更是世界闻名的撒哈拉大沙漠，这两处都是人烟稀少之处，每平方公里不足1人，应该说既没有炊烟，也没有汽车尾气排放。那么，浓重的PM2.5是如何形成的呢？

我们以中国举例说明，首先分析中国的地形。塔克拉玛干沙漠地处塔里木盆地，四川也是盆地，这些地区都是密度较高之处，平原也是如此。这些密度较高的地区，不仅地壳密度高，连带地表空气密度也相对高一些。这就好比一锅汤，清汤时一切蔬菜末、蛋花等漂浮物都会沉入锅底。但当加入勾芡汤变浓时，那些漂浮物就不能沉入锅底了。比如八宝粥，恐怕表面放上一个元宵，一时也沉不下去的。

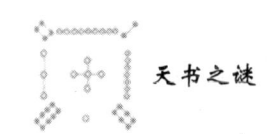

地球是人类的家园，但这个家园越来越有点不适合人类居住了。它的密度在不断增加，就像那锅汤，浓度越来越高，于是在空气中能够停留不沉的漂浮物也越来越多了。这是太阳系中的天体必然会遭遇的变化，完全是一种天灾。平原、盆地的 PM2.5 严重，只因为密度高于沙漠地区，可达到 60 以上的指标。这个指标是老天给的，与中国人无关。即使中国从此空无一人，情况丝毫不会有所好转。西方 PM2.5 指标在 5~10 的范围内，他们认为这是他们治理的功劳。那么好吧，请你们来治理一下中国的塔克拉玛干大沙漠，如何？

如果太平洋从此无水，那么大洋的海盆之底污染肯定比平原又严重得多。因为那里的密度太高了。中国是超级大陆板块旋涡的中心，这里汤浓，漂浮物自然较多。中国是世界地质旋涡的中心，人种、宗教、文化、智慧、重金属都在这里汇集，污染当然也不会例外！

## 二、我们的祖国

### 1. 世界的旋涡

我们的祖国是一个幅员辽阔的国家，是一个多灾多难的国家，也是一个饱受多方压迫的国家。祖国的山水养育了世界最多的人口，保留了世界历史上连续历史记载的最长纪录。在中国我们有两条"龙"，一条是黄河，一条是长江。为什么我们把它们称作龙呢？

几千年来我们华夏民族崇拜龙，一直骄傲地自称为龙的传人。龙是我们祖先的图腾，但仅仅一个图腾就能说明问题么？它总要说出点原因吧。中国人讲"龙凤呈祥"，为什么？民间讲这是指男女婚姻，是人间最大的好事，所以"呈祥"。但如果我们说龙凤不能成婚，它们又不是成对的龙或者是成对的凤，总之有点不大对头。

其实，文化中有一个特点，任何事物开始总是先有名称，后有相应的文字。当文字出现后，则很可能音相同而意不同了。通过我们的研究，"龙"很可能是"拢"的别称，"凤"很可能是"风"的别称，这样"龙凤呈祥"就成为"拢风呈祥"了。在宇宙中能把氢气拢成万物的风，当然是最好的事情了，必是"呈祥"之事！呈祥的是那颗宝贝之珠，戏珠者当然非二龙莫属。这就是民间常作为吉祥之物的"二龙戏珠"，也是宇宙的根本规律，同时它也是太极图的化身。我们是龙的传人，其根本意义在于我们并不崇拜任何神仙、上帝或外星人，我们从祖先那里崇拜的就是老天，就是宇宙的根本规律。

我们既然把太极图中的阴阳鱼化身为黑白二龙，那么中国大地上有龙吗？我们把陆地之龙称为白龙，把海洋之龙称为黑龙，那么在地球上整个东半球的大陆板块移动就明显的是一条龙的行为。这条龙概括了非洲和欧亚大陆。从非洲南端的好望角，到北非的埃及，这是巨龙的尾部。从阿拉伯半岛经伊拉克、伊朗到土库曼斯坦，再经乌兹别克斯坦进入中国，这是巨龙的身子。中国境内的巨龙是龙头。沿着汉朝就开启的丝绸之路，一直到黄土高原。然后沿着时断时续的山脉转到四川盆地的南端。这是大陆板块之龙——白龙。

黑龙是水龙。地球赤道上有一股很强的由东向西的洋流，这股洋流经过印度尼西亚、马六甲海峡，在北印度洋产生出巨大的顺时针洋流，它直冲印度板块，再经中国的青藏高原，直达四川盆地的北端。黑白两条龙在中国大地上这么一转，就形成了世界上最大的旋涡地带。这是一个势力范围最大的旋涡，处于它的势力范围内的一切，都将卷入进来，滑下到中心去。我们的民族为什么叫华夏民族，也许与此现象有关。四川成为地质上大陆板块旋涡的中心，中国成为世界的中心，原因盖出于此。

自远古中国成为大陆旋涡的中心后，万物开始滑向中国。正像苏三在他的长篇小说里喊出作为书名的口号《向东，向东，再向东！》(青海人民出版社，2004年) 一样，人类从东非大裂谷开始了向世界各地的大迁徙，迁徙路线图就是白龙方向。世界宗教从西亚的耶路撒冷也是沿着白龙指出的道路向世界传播。印度的佛教同样按照印度板块的漂移方向传到中国。

整个地球大陆板块漂移路线图，无疑地成为人类种族、宗教、文化的迁徙路线，最后都归结聚集在中国。在旋涡之中化为一个综合体，一个整体。这就是中华民族，一个包容天下的民族。如此高度的聚集，多笔画的文字也聚集成一个个的方块字。这是聚集的结果，更是中国独一无二的地理条件造成的。这里是旋涡的中心，叫"中国"。天经地义！

2. 一方水土

我们常说一方水土养一方人，大概是感慨各地水土的不同才养育出了风俗习惯的不同、人种的不同。但是水土怎样的不同，又是怎样具体地影

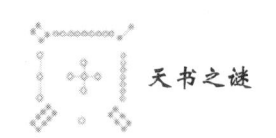

响着人种和风俗习惯的呢？这里起主要作用的是山、是水，还是另有其他更重要的东西？高原山地人的粗犷豪爽，江南的小桥流水人家，陕西的秦腔……性格的巨大差异、韵律格调的天壤之别，无非是受到当地水土的滋养。山有山的性格，水有水的情调，但有些我们常称之为风俗习惯的东西，是有必要从更大的方面去寻找原因的。比如说密度，它曾经是宇宙变化中的主角，其实它也是地球演化的主角。它决定了地球表面的许多变化，包括了自然界的方方面面，也不可避免地影响着人类。

在自然界，冬天与夏天、阴天与晴天、高山与平原、高纬度与低纬度、陆地与海洋等等，前者是密度较低的方面，后者是密度较高的方面。在我国，北方与南方相比密度较低，所以北方人大多长得高大魁梧，南方人就身材矮小。盆地的密度要大于平原、大于山地，所以四川人就较为矮小。我们说广东人瘦小，他们说，"你们去看看越南人，他们更矮小"。说北方人高大，再看看俄罗斯人、北欧人，个子更高大。据科学发现，世界上还有一种侏儒矮人族，平均身高1米左右。我们应该到哪里去寻找他们呢？根据密度原理，我们肯定不会把寻找的区域定在欧洲，唯一可能的地区就是在赤道附近，因为那里是密度最高的地区。果然，人们在印尼、菲律宾附近找到了他们。

从南北的地质差异来看，也因密度的不同而有着质的不同。北方是盐碱地多，南方是酸性土壤多。北方是黑土、黄土，南方大部分是红土。北方土壤沙质土多、水位低，打井要打得深；而南方是红黏土、质密，地下水位高。北方矿产中煤多，南方矿产中铁多，铜矿、稀土矿都在南方。北方土壤肥沃，基本不缺氮磷钾，但南方的红黏土氮磷钾都缺，还会出现因锰、钴、镍过多而引起的植物中毒现象。这里的根本原因是什么？是密度，是密度的差异。

在化学中酸碱的区别在哪里？在 pH 酸碱度上，pH 酸碱度小则酸度大，pH 酸碱度大则碱度大。碱根是 OH，原子量为17，而酸根比如 $CO_3$ 原子量为60，$SO_4$ 原子量为96，$NO_3$ 原子量为62，无论哪一种酸根，原子量都大大超过碱根。所以北方密度低，土壤就是原子量小的碱性土；南方密度高，土壤就是原子量大的酸性红黏土。

北方煤矿多，南方铁矿多。因为煤的成分是 C，原子量是12。铁 Fe 的原子量是56，比 C 大多了。所以原子量小的矿物就多在北方，原子量大的

第五篇 人类的家园

矿物就多在南方。在安徽省的长江南岸的一个城市铜陵，这里几千年前就是南方铜矿的主要矿区。在那里如果发现铁矿苗，常常下面就有铜矿。他们把这种铁矿叫做铁帽。因为这种铁矿苗常像一顶帽子那样戴在铜矿的头上。铁矿铜矿在一起，这叫共生现象。而铁矿在上，铜矿在下，又说明地下比地表密度更高。因为 Fe 的原子量为 56，Cu 的原子量为 64，较大，所以铜矿在下，铁矿在上。又因为两种元素原子量极为接近，所以共生在一起。

南北两种土壤的比较也与密度有关，北方是沙质土多密度低，渗水性好，透气也好。但保水性稍差，所以地下水位低，水井就深，吃水就困难。不知土壤沙化是否也是密度降低的结果。南方土壤是红黏土，自然密度就高，高得发黏，高得不透水，所以地下水位高，打井容易，但土地贫瘠，缺少肥料，还容易引起重金属中毒，不能算作好土壤。

这里专门要提到的是红壤问题。因为这牵扯到宇宙中元素生成的大问题。过去我们一直认为各种元素是宇宙大爆炸时形成的，后来科学家又认为大概是恒星自己在内部制造出来的。可是对于像地球这样的行星，各种元素是如何产生的呢？过去大家一直认为地球上的各种元素是地球在形成时把超新星爆炸产生的多种元素聚集起来的，地球是没有资格自己制造各种元素的，只有能力去聚集。但是聚集在开始时会较均匀，而且浊气下降，它们又会按原子量的大小分别沉入地球不同层次的内部，那我们也得不到具有开采价值的富矿了。铜陵地区的铜铁矿叫做共生矿。正是这个共生的"生"字说明它们还是从无到有的。至于它们是由什么东西生出来的？那可就无论如何也说不清楚了。

如果我们说它们是在长期的高压下由低于铜、铁的原子量的元素变来的，岂不要吓死人吗！这不等于说，神仙点石成金是真有其事么？但如果不是如此，那遍布全球低纬度的红黏土又是如何产生的呢？

红黏土的红色大家都知道那是含铁的缘故，化学成分是四氧化三铁。这么广泛的铁分布在低纬度的地表，什么原因呢？它们可能是天上掉下铁粉雨，全又落在低纬度么？它们怎么不形成铁矿呢？原因只有一个，它们是因为低纬度的高密度而产生的，大地是它们的母亲，离开了高密度就不会有这种现象。

去庐山旅游时我专门考察了红壤问题。结果发现，在平原土壤是红

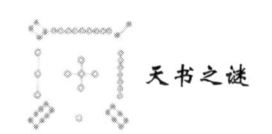

色，在山上土壤就变成黄色了。这其中原因很简单，因为平原密度高，而高山密度低，所以高山上土壤的密度就相当于北方平原的土壤密度，所以土壤就是黄色，并不随南方平原的土壤而变化。简单说就是密度决定颜色，地球能够自己制造元素。地球上丰富多彩的物质，眼花缭乱的大自然都是地球在外部环境的引导下自己千变万化地制造出来的。这是真理。

南方红黏土中含铁，于是在这种大密度下，氮磷钾这些小原子量的元素就生不出来了。相反，具有大原子量的锰钴镍元素就共生出来。倒霉的是没有多少植物的生长需要它们，于是它们就转化为毒素了。

其实比水土重要的因素中还有一个就是地球的偏向力。偏向力是在中学地理课本中就讲过的科普知识。它是说由于地球的自转运动，在地球表面运行的物体都会受到一个偏向力。在北半球时，这个力是右向力，它的旋向是顺时针方向。在南半球，这个力是左向力，它的旋向是逆时针方向。对于不同纬度的情况，是越靠近两极，偏向力越大，越靠近赤道，偏向力越小。在赤道处偏向力为零。

在中国是东北人高大、肾气足，男人常把女人养在家中，不让她们干重活。他们是真正的大老爷们。但是一到南方，就变了。妇女越来越能干，里里外外一把手，男人反而待在家里。到云南那里阴气最重，男人甚至不外出干活，女人要背着孩子在街头做买卖，男人反而被养在家里……

谈到南北差异还有一点，就是饮食上南甜北咸。北方人口重，吃盐多；南方人口轻，爱吃食物的原味。北方人吃盐多，有力气，肾气足。但吃盐多，排盐也多。南方人吃盐少，排盐的能力也弱。北方人这种口重的习惯与北方偏向力大也许有一定的关系。

再有，北方土壤碱性大，植物就偏碱性。南方土壤酸性大，植物就偏酸性。北方人吃碱性植物多了，自然雄性激素多，生的孩子中男孩就多。南方人吃的酸性植物多，自然雌性激素多，生的孩子中女孩就多。这种男女比例的差异在赤道地区的菲律宾达到1∶3的程度，那里的成年男子法律上是允许娶四个老婆的。

密度还影响着人类的语言。在山西晋南地区，当地有这样一种说法，当地东西部说话口音是一样的，而南北相差不过几里的村庄人们口音就有区别。这使我联想到我的姥姥家，在河南安阳以西的山区，那是太行山脚下，西高东低，几个自然村大体是东西排列。相邻几里的村庄，人们的口音也有差别，我都分得出来。

在晋南地区东西几乎是在同一等高线上，南北方向是北高南低。看来是密度的不同造就了语言的不同、口音的不同。也许这是一个特例，也许今后会有更多的读者从他们的亲身经历中证明这个规律。这也是前所未闻的道理呢！在民间有"三里不同音，十里不同俗"的说法，也许还是很有道理呢！

以上由于密度引起的差异，过去我们一直是归结于人种的不同、风俗习惯的不同，但几千年来他们为什么那么矢志不渝地保持着这种习惯？其中必有深刻的道理。俗话说"天不变道亦不变"，天就是指他们自古以来生活地区的自然环境。这些外在的条件一直没有改变，当然这里人们的道——习惯风俗也就不会改变了。

### 3. 五行的天下

五行是中华古代文化的结晶，在中国连三岁孩童都知道"一二三四五，金木水火土"，五行主管着人们生活的方方面面，归于哪一行，它都会管你一辈子，逃都逃不脱。本来以为西方是例外，后来稍加分析，竟丝丝入扣，越加坚信五行的力量。

在地理位置上，西方属金，东方属木，中心属土，所以中国属土木。我们看东西两方是如何在五行的严密控制下发展起各自的风俗文化的。

过去我们一直认为，南北方向是绝对的，而东西方向是相对的。地球是一个圆球，凭什么中国就是东方呢？后来我们才发现正是白龙使我们确定了方位。这是东半球整体大陆的坐标范围，欧洲为西方，中国为东方。

现在五行开始发号施令了。

（1）饮食

西方属金。金在四季属秋天，主肃杀。所以西方人喜欢打打杀杀，并且把金属兵器带到餐桌上来，继续用类似兵器的金属刀叉对食物打杀一番。但中国不同，中国属木，木属春天，万物生机勃勃。所以中国吃饭只用木制的筷子，这是与大自然和谐的表现。西方讲征服，东方讲和谐，这也是相反的理念所为。

五行中金表于外，土藏于内。于是欧洲人的食品要让你看得明明白白，纯，是他们的追求。典型的如三明治，里面的花样一定要叠加起来，让你看得见，就是叠成巨无霸，让你无法下嘴，也得如此。其次是比萨

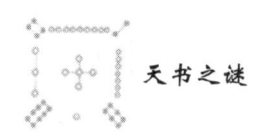

饼，不同的内容就是把不同的东西放在饼的表面。比萨饼还有个小名，叫糊塌子，这显然是中国食品。其实类似比萨饼的中国食品是馅饼，不同的面和不同的馅就可烙成不同的馅饼。西方人不干，你让我看不见里面是什么东西，我可不敢吃。

类似的还有中国的包子、饺子、烧麦、馅饼、馄饨、元宵等等，都是馅货，大概都不合西方人的习惯。金冷而土热，所以西方人爱喝冰水，东方人没有热食品是不行的，总喝凉水是要拉肚子的。

在饮食方面，西方是绝对比不过中国的。但在生活环境上，中国是绝对比不过西方的。为什么？因为西方属金，金在五脏中为肺，在头为鼻。所以在西方并不特别注重吃，饮食很简单，很单调。但他们特别注重生活环境好，这是身心的享受，更是鼻子和肺的享受。中国属土，人体五脏中脾胃属土，在头为嘴。所以中国人特别讲究吃，各方菜系五花八门。"人以食为天"，千好万好不如吃到肚子里好。这与西方对鼻子的追求，真是相差太大了。

（2）建筑

西方属金，金为石，所以西方建筑多以石头为建筑材料。这种建筑所需周期较长，但建筑的寿命也很长。中国属土木，所以中国的建筑叫土木工程。中国发明了秦砖汉瓦，因此土木工程的建筑叫砖混结构。中国的宫殿几年就可建成，而西方的教堂等大型建筑甚至需要几百年才可建成。但西方人说我们是在为人盖房，而他们是为神盖房，不怕慢。你看，此差别也与五行有关。

（3）服装

金主纯而土主混。在西方常作为礼仪交往的西服，分析起来就很有意思。为了合体，西服上衣真是做到了极点。虽然很好地显示出体型的优美，但却几乎成了不能动作的服装架子。当人取立正姿势时，服装最美。当开车两手握方向盘时，后肩发紧。所以常见到的现象是，司机上车前把西服脱掉，下车后再把西服穿上。当上公交车需要手扶车上的横杆时，必须要把西服扣子全部解开，否则会被拉扯得很难受。当我们要坐下时，也必须解开全部扣子。所以有人就说西服平常穿着是可以不系扣的。不系扣，肚子就要露在外面。也许西方人以肉食为主，热量偏大，肚子肉厚，也就不怕冷。但感到冷时怎么办呢？于是西方人又发明了坎肩，但只是肚子凉，后背并不凉。如果只护着肚子，那东西也不好穿在身啊。于是西服坎肩就做得后背很薄，前身较厚。肚子是不凉了，但开怀的脖子又有些凉，怎么办？于是聪明的人又系上一条围巾。围巾不太好看，后来就变化为美丽的领带了。西服坎肩领带的增补过程就是一个类似打补丁的过程。中国没有走这条打补丁的路，而是由我们的国父——孙中山发明的中山服。中山服不必开车时又脱又穿，也同时护住了肚子和脖子。这就是集合的作用。

（4）医疗

金要纯，土要混。西药的方向是纯之又纯，找不到特效药，这病我没法治。至于药物的副作用，反正我告诉你了，你定期检查因副作用而伤害的脏器到了不正常的时候没有。到了，你再治疗因副作用引起的疾病。西药副作用常损害肝脏和肾脏，因此西医开药首要考虑这个药物伤害最好由哪个脏器来承担这个任务。

中国属土木，于是我们的药物就是从植物、矿物中提取，而且多种相互配合，共同调理病人。这样来提高病人的身体素质和免疫能力。这是综合的疗效，并不特别强调某一味药物的作用。

（5）思维理念

西方属金，讲科学。中国属土木，所以讲综合、讲效果。西方的科学中分科研究是主要任务，逻辑推理是基本手段。如果哪个事物逻辑推理上没有理顺，他们就不会认可它是科学的。

在中国不是这样，我们崇拜实践是检验真理的唯一标准。药物好不好，看疗效。效果不好，那就不管其他一切原因，必须修改药方。以新的组合来关照身体的方方面面。这才是中国的思维理念。

（6）种族

金在五行中属白，西方属金，所以欧洲人是白色人种。中国属土，土在五行中属黄，所以中国人属黄色人种。亚洲是世界的旋涡，在这个旋涡中的人种基本上都属于黄色人种。

有什么办法呢？五行是中国的文化特色，本不想去关照其他地方，可一旦分析起来，中国的五行却调控了东西方人类的方方面面。从地理、人文、风俗习惯，到思维理念，风卷残云般都归五行管了。那些西方的从不相信中国一直被冠以封建迷信帽子的五行文化的人们，是否也会从上述几方面的描述体会到一点点五行文化的奥妙呢？

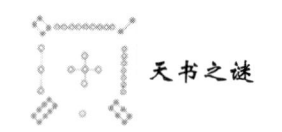

### 4. 沙堆社会

亚洲是世界的旋涡，中国是旋涡的中心。世上万物均随大陆板块的移动而移动，并向中国滑下来。万物聚集于此，连人口也是如此。几千年来中国一直是世界人口最多的国家，这与中国的旋涡地理情况绝对密不可分。连年的战争、灾荒、疾病也没能改变这个格局。可见想改变这个格局的任何想法连梦想都不如。老子说："人法地，地法天。"大地的聚集行为就是人口聚集行为的根本动力。"天人合一"，人类能违抗天命么？这里我们用沙子来比喻社会可能是一种很好的方法。

西方人生活在一个扩张的大陆板块上，因此像一盘散沙。每一个沙子与沙子之间都有很大的空隙，每一个沙子都站在同一个平面上，没有高低之分，是自由平等的。若要起跑，他们永远是在同一起跑线上。若要打官司，法律面前人人平等。谁想高人一头、特权多多，对不起，根本办不到！他们是平等的，也是独立的。独立的人格不可侵犯，反对民族的独立，天理不容。那么中国呢？与欧洲相反的是一个沙堆的社会。

沙堆，顾名思义就是在一块较小的地盘上堆上大量的沙子。平铺是不可能了，只能聚成一堆，好像一个由沙子堆成的金字塔。于是出现很多不同于散沙的特点。首先，沙子分为很多层次，高人一头在这里是处处可见的现象。谈平等在这里类似痴人说梦。无论是谁，只要看一眼沙堆，马上想到的就是不平等。想平等，可以，到那盘散沙那里去，立刻就能实现。在这里，不成。既然平等不了，那么谁不想高人一头呢？这是光宗耀祖的行为，是流芳百世的荣耀。在沙堆面前要做的就是往上爬。这已成为沙堆里的人们世世代代刻在骨子里的座右铭。

但是沙堆必须讲和谐，讲包容。如果大家都有能力爬上来，又都行动起来，沙堆岂不变成一座严重喷发的火山了，那社会将变得永无宁日。在几千年的封建社会中，统治者提出过对平民百姓的一个标准："甘其食，美其服，安其居，乐其俗。"

这里我们准备做一个全世界的游戏。这就是假设为美国增加 10 亿人口。为什么我们要选择美国？因为美国与中国领土面积差不多，而且美国平原面积比中国还大，为美国增加 10 亿人口才接近中国。美国是一个国力、文化科技都最强的国家，是一个比较理智的国家。因此他们国家的决策必然会对中国有极大的参考价值。但要达到此目的，最好的方法就是让美国的人口与我国相当。

我们假设这10亿人口都是白人,而且是美国各项指标取均值的标准人,他们的年龄由美国选择。太小了,抚养教育成问题;太大了,老龄化成问题。这10亿人不能出国,不能死亡,他们的住宅由上帝在一天内解决。在这种条件下,美国政府会改变哪些原有政策呢?

美国政策改变后的部分,也许正是我们应该坚持的东西。全世界将告诉中华民族,在天人合一的宗旨下,什么是我们必须世世代代坚持的,什么是我们可以大张旗鼓地值得旗帜鲜明地去捍卫的文化!

## 三、东方文化

### 1. 文化的断残

什么是神秘?有人说我们不知道的东西就是神秘,搞不懂的东西就是神秘。照此说来世上我们不知道、搞不懂的东西太多太多,哪一种事物当我们不断深入地研究下去,把它分解成许许多多的细节时,我们都会提出无数的问题来。但这只能算是问题,并不具有神奇的意义。尤其是对于历史的遗迹,问题会提得更多,但大部分问题没有答案。

为什么西方的文化没有冠以"神秘"二字?因为西方的文化连续传承得太短,几百年前的知识、技能现在看来只不过是小儿科的东西,一目了然,没有一点儿神秘感。再以前的历史因为文字的断裂,全然不知,只是一种永远解不开的疑问,也无神奇可言。正像余秋雨在《千年一叹》(长江文艺出版社,2000年,第71页)一书中所说:"我想,所谓文化的断残首先不是古代城廓的废弛,而是一大片一大片黑黝黝的古文字完全不知何意。"

再有,东方文化是黑箱理论的典范。"黑箱理论"的特点是我们对一个系统关注的重点放在对一个系统输入一个信息时,系统会输出什么。也就是说,我们的重点放在"学以致用"上。如何把它用到极致,而对系统内部却不予太大的关心和研究。我们是从大处着眼,用处着手。只要是与天合一的理论,我们就把它用于天下万物,因为万物一理。我们是"天人合一",不是"人天合一"。天意是我们历代时时收益的恩赐,也是我们处处得以成功的保证。"天时,地利,人和"是古人认为的凡事得以成功的三大要素。天时是时间,地利是空间,人的因素只占三分之一。还有"谋事在人，成事在天"一说，客观条件同样占有着极大的比重。

西方文化不是这样。一个系统当基础理论搞不清楚，逻辑上不完善，许多细节搞不明白时，我干脆不干。"西方重数，东方重理"，西方一切都要量化、数字化、公式化，否则不能用于实践。而东方重理，只要此系统的道理与大道相通，我们就着重去用。如何用好，才是真正值得我们全力以赴的事业。东方的武器是天授的，而西方的武器是人间千回百转从公理逻辑推理出来的。西方认为这才是扎实的东西，而东方认为天授的东西会更合天意。上帝保佑不如上天保佑更为可靠一些。"是以自天祐之，吉无不利。"(《易经·系辞下》)

正因为如此，东方文化历史悠久，保存了大量的黑箱理论实例。这在实践中是行之有效的，在根本理论上是与大道相通的，我们因实践的成果而辉煌于世界。当西方接触到这些东方文化时，他们感到了东方文化的力量，进而想理解东方文化。但他们因为思维方法的不同，对黑箱理论的不认可，非要从公理出发，以西方的思维方式去研究它，因此碰了大钉子。

他们发现，自己掌握的自以为可以征服世界、与上帝同样思考的理论武器，却无论如何也解不开东方文化之谜。为此他们大部分人退却了，进而极力否定东方文化，斥为迷信、不科学。但他们始终不明白的是，他们自认为的极为完善的、先进的科学技术、科学理论，是否合于天意。

东方文化的神秘在于我们从古代传下来的许许多多行之有效的理论、技术，甚至民间自古传下来的成语、食品、玩具、乐器，无一不是与大道相通的。它们还在蕴含着极大的神秘感，威力无比却又深奥难懂。别说西方人闹不明白，东方人也还在神秘之中，用了千百年时间也还不知何意。

要把握一个事物，把握世间万物，把握宇宙，就要有一个能与万物相通的大道，一个至简的大道，一个像爱因斯坦梦寐以求想知道的"上帝是怎样创造这个世界的"的大道。而这个大道现在看来，最接近它的大概是东方文化，而不是西方。

中华民族世世代代生活在大地的中心，世界的中国。"二龙戏珠"，那"珠"就是我们的祖国。中华民族是龙的传人，龙的精神早已溶化在我们民族的血液中。因此我们民族的文化不可能不围绕着这旋涡的大地而展开、而发展。我们的民俗、我们东方的思维，也不可能脱离这个世世代代生活其中的客观环境。因此，我们的世界观、我们对宇宙的研究角度有异于西方，但不一定不能正确地解释宇宙，就是天经地义的。西方人生活于大风之尾，那里没有中国这样复杂的地理环境。他们的思维简单一些，也是可以理解的。简单加少因素，才是数学能够建立模型的地方。但是解释宇宙是一个逻辑行为，并不需要那么多的数学公式。需要知道的天体未来，也不过是几种环境条件的满足而已。

### 2. 行星的名称

我国古代文化是从天文、历法繁衍出来的。夜观天象是一些学者的主要工作。他们所做的种种努力都是为了一个目的：摸清世界运行的规律。这规律主要是地球运行的规律。因为人类诞生在地球上，至今没有脱离地球，万物也是如此。所以，自然界的规律、人类社会发展的规律，无疑都从根本上受到地球运行规律的影响。所以抓住地球，抓住天体对地球的各种影响，就是抓住了根本。我们的祖先正是这样做的，而且取得了举世辉煌的成就。至今我们的生活，现代科学的发展都还在受益着祖先的福荫。

对于古代可以观察到的行星，古人都为它们起了恰当的名称，这本无可非议。可引起我们奇怪的是它们的顺序。太阳系中最大的行星叫做岁星，又叫木星；像一个草帽的第二大行星叫做镇星，又叫土星；我们把地球外的颜色稍微有红色的行星叫做荧惑，又叫火星；与地球陪伴最多的，颜色有些发白的行星叫做太白星，又叫金星；那一颗离太阳最近的行星叫做辰星，又叫水星。

在这几颗当时可以观察到的行星中，古人用五行之名为它们命名了。这是何时的事情我们不知道，总之是几千年前的事情。我们唯一可以断定的是，一定是先有了五行的理论，然后才有了五颗行星的名称。因为在为五行配色时，古人规定红为火、白为金、青为木、黄为土、黑为水，所以略显红色的行星为火星，略显白色的行星为金星。这还有些道理，但其他三颗行星呢？大概再用颜色定位就说不过去了。但木星却与人类的肝脏对应，木星大冲时，东方人的转氨酶就普遍升高。在五行中肝为木，所以就定岁星为木星。但其他的行星又看不到如此明显的特征来。

在五行之中水是生命的象征，奇怪的是，行星顺序中，从木星开始向内排列，是火星、地球、金星、水星，而在五行中这恰好又是五行相生的排列顺序，木生火、火生土、土生金、金生水，其中地球在五行中自然属于土了。

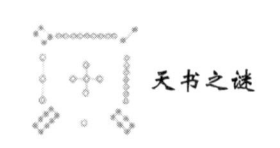

这是什么意思？古人当时是怎么想的，因为这些没有文字记载，我们自然不知道。但是这种向内的五行相生的排序，是否在暗示人类什么？也许古人已经知道了这些行星年龄的大小，知道了火星是我们地球的过去，金星是我们地球的未来，其中每一颗行星都是由它外围的行星演变而来？尤其是木星会演变成火星的形态，这使我们大为惊讶！

我们说过，木星属于气球，而火星属于泥球。这表明木星在演变成火星形态时，要脱掉它那厚厚的棉衣——大气层，要穿越万石纷飞的小行星带，要甩掉大部分的卫星，要大幅度地减慢自己的自转速度，这都是一些不可思议的、惊天动地的大变化。难道它们在天体的演变历史上真的发生过吗？

据科学家考证，地球原来的自转速度很快，曾经达到4小时自转一周。正是根据这一点，我们坚信我们的家园——地球，也曾经是一个类似木星的大气球。而且我们的地球也曾经有过穿越小行星带的经历。因此在古代神话中多次出现的光怪陆离的事件，都可得到合理的解释。此为后话。

在中国古代历法中一直采用干支计时。天干为：甲乙丙丁戊己庚辛壬癸，共10项；地支为：子丑寅卯辰巳午未申酉戌亥，共12项。地支还代表12个月，四个季节，其中寅卯辰为春，巳午未为夏，申酉戌为秋，亥子丑为冬。12地支中又有五行所属，其中每一季的最后一个月，春为辰、夏为未、秋为戌、冬为丑。此为四季土，占总数的1/3。

在行星中，土星、地球都属土。在6颗行星中也占1/3。这两个1/3是否也有一定的相关性呢？总之，古人用行星的名称告诉后人这样一条行星演变的规律，这不是很有些神秘的味道么！？

### 3. 五色演变

与中国古代五行相对应的是五色，木—青、金—白、土—黄、火—红、水—黑。排列起来就是青白黄红黑。世上万物大多就是按这五色规律演变的。

（1）宇宙天体的发光，有不同的颜色。新生的恒星发蓝光，也就是青色光。然后随着历史的发展，发光演变的阶梯是蓝白光、白光、黄白光、黄光、红光，最后演变成红外线、电磁辐射，也就是黑色光了。

（2）人种的肤色。在智利安第斯山脉海拔6600米处发现过蓝色皮肤人种。在高纬度的人种是白色人种，但他们的眼睛是蓝色的。到中纬度温带地区，生活着的是黄色人种。随着纬度的降低，人种的肤色也越来越深，这就是红色人种和黑色人种了。当然，在这四色人种之间还有许多中间色、过渡色的人种，并不十分绝对。科学的这种区分，只不过是为了更方便分类与研究。

（3）我们眼睛中眼白的变化也合此规律。小孩的眼白中常带有微微的蓝色，待长到青少年时就成为纯白色了。到壮年时，眼白开始微微带黄，之后颜色越来越深。于是民间有一句成语叫"人老珠黄"。年岁越大，黄色越重，并有红色元素在内发展了。待到人老耳也聋、眼也瞎时，那就是黑色了。

（4）社会上人们对世间的认识，似乎也有同样的规律性。青少年时，求知欲强，什么事都想搞清楚，都要"打破砂锅问到底"，追求"小葱拌豆腐，一青二白"。待进入社会，发现许多事物与原先的理想、原先的认识大不相同，到处是"公说公有理，婆说婆有理"，当初一直坚信真理只有一个，而现在"清官难断家务事"了，究竟谁有理说不清，这叫"跳进黄河也洗不清"了。这是黄色，又可称为混沌阶段。待到壮年时，"四十而不惑"，才发现"公说公有理，婆说婆有理"，其实都有理，只不过常常是因为观察事物的角度不同罢了。此事管不了，顺其自然吧。这叫看破红尘，此为红色。凡看破红尘之人，多不爱再过问人间之破事，于是出家为僧，"遁入空门"，此为黑色。

（5）五色与方向也有精确的对应，东为青、西为白、南为红、北为黑、中为黄。在北京的中山公园就有五色土的祭坛。我们常常挂在嘴边的"东西南北中"，恰好也就是这五色的排序。

五色的排序与天体的发光，与人种的肤色，与我们眼睛的变化，与社会上人类认识的发展、与大地的方位，都有着密切的联系。从宇宙到自然，从人类到社会，几乎无所不包，这不能说不是一种普适性很强的规律。"大道至简"，大道至宽，这是我们不得不钦佩的地方。也许还有更多的领域具有与此相同的规律性，那有待于我们未来的探索。

4. 三生万物

提起"三生万物"，我们知道这是老子在《道德经》中的一句名言："道生一，一生二，二生三，三生万物。"但为什么是三生万物，而不是一生万物，二生万物呢？不少人并没有深究其中的道理。有人提出中生万

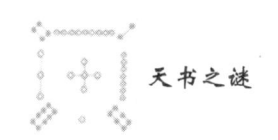

物，认为这才是抓住了事物的根本。而古人还有句话："万物生于有，而有生于无。"这岂不是更为根本的理论？无中生有，无生万物，也抓住了根本。但这与老子的三生万物是从不同的角度来谈论世界的，并无根本的不同。

无中生有的无，现在看来就是指星际物质H云了。但H在这里不称为一种元素，而只是构成宇宙的基石。满天的星辰、世间的万物，无一不是由H构成的。更精确一点说，无一不是由质子和电子所构成。由H而成就万物，其理只有一个，那就是简并。在古代没有这个名词，所冠之名称叫作"道"。其实"道"是简并的代表，更应该是旋涡的代表。东方文化中的女娲就是神仙化的规律。女娲为涡，为阴，为形成实体的运动形式。就连H原子不也是电子在质子形成的旋涡中运动而成为H原子的么？电子与质子的距离大小决定了该原子的清与浊，大则为清，小则为浊。"清升浊降"就是它们变化的结果了。

道生一，说的就是H原子的形成，一就是基石。但为什么"一生二，二生三"呢？这里老子强调的是"代"。我们不是常说"代代相传"么，就是这个意思。但代代相传并不能真的传与万代，相反，历史一再证明"富不过三代"，"三世而斩"。谁想违背此规律，也是难上加难。三代或三代之后，一定要起变化。所以"一生二，二生三"时，强调的是遗传，三代之后变异较为明显了，所以说"三生万物"。

在中国民间有"人无千日好，花无百日红"之说。千日大约是三年，百日大约是三个月，其界限又都是三。民间还有"伤筋动骨一百天"一说，其道理也是如此。对于孩子，老人们常说"三岁看大，七岁看老"，就是说从三岁大的孩子行为中，我们已可看出孩子的性格，当然也就可以大体预测到孩子成年以后的命运了。因为性格决定态度，态度决定行为，而行为自然就决定了命运。

在生活中一旦遇到别人做错事而我们不太能容忍时，常说的一句话是"事不过三"。因为当对方"一而再，再而三"地犯同一种错误时，已表明这样做使已成为他的一种习惯，同时也表明了这样对待事物是他性格的一种反映。不是说"江山易改本性难移"么，所以我们会认为他这种类似的错误是不易改正了。

在过去我们常称那些没有正经职业的人为"不三不四"之人。在"文

## 第五篇 人类的家园

革"时期，北京的中学生因为政治观点的不同分为"四三派"和"四四派"，而那些对两派观点都不同意的同学，我们称"不三不四派"，其实他们是中间派，也叫逍遥派。在音乐中也有"不三不四"的影子，那个音阶中的4，其实就是一个货真价实的"不三不四"派。因为在音乐中大家一直采用12音律模式，是12个半音阶，而发音时却又采用7个音阶，于是只好有二个半音阶的音符。一个是3、4之间是半音阶，另一个是7和高音1之间是半音阶。升3＝4，而升7＝高音1。但为什么3、4之间是半音阶？恐怕绝大多数人是回答不出这个问题的。大家所能回答的是4只有这样唱，才好听。为什么这样唱才好听呢？那大概只有天知道了。其实"天人合一"，人们的这种感觉是上天赐予的，与天同步的，它与"三生万物"是同一个道理。

"不三不四"其实就是3.5，也就是3之外的4，要被压缩，只有如此办理才合天意。天意是什么？天意反映在何处才最为准确呢？这就是东方文化中最古老的一幅图——太极图。它的内涵极其深奥，它的外延包括了世间万物。它的图形与星系相同，它还严格控制了太阳系内所有行星与太阳的距离。比如天王星因在太阳系的三环之外，受到"三生万物"的调控而横滚。海王星则因为4环的被压缩，而显得距离太阳过于近了。这都是天意所为。自然界永远都是对的，不对的只有我们人类对宇宙的错误认识。

现代科学近来提出混沌理论，提出"周期三意味着混沌"的著名论断。要知道这才是几十年前的事情，而三生万物则是几千年前的事情了。混沌就是无序、无规律，什么事情都可能发生，这与万物是同一个道理。"不三不四"也有不务正业，不守规矩之意。

太极图分为宣传太极图（也叫经典太极图），古太极图和莱知德太极图。如按功能则又可分为理论太极图，八卦太极图和自然太极图三种。从这三种太极图中我们可以导出"上帝之心"，导出最合天意的思维方法，导出许多天文规律来。比如：

（1）以小行星带为界为环，环内阳风（即太阳风）为主，则形成泥球（太极图中白鱼的黑眼，类地行星）。环外阴风为主（即宇宙风），则形成气球（太极图中黑鱼的白眼，类木行星）。

（2）导出先天八卦，这是宇宙的象形图。还可导出具有可操作性的数学模型。

（3）自然太极图中的易旋线又可导出黄金分割之数 0.618 来，导出三生万物，并且导出地球南北回归线的纬度 23.5 度和晨昏矇影线 18.5 度来。

0.618 是黄金分割的一个尾数，也是一个 DNA 因子。0.618—1.618—2.618—4.236，618 在三处彰显出它的遗传个性，但第四项尾数变成 0.236 了，也就是变异之数，三生万物了。在数学中这是唯一具有如此特征、极为符合大自然规律的一个数列。因此 0.618 又称为自然率。

在周易中有一种互卦现象，据说是卦象分析中的放大镜，可以展示更多的细节。但互卦只能进行三次，事不过三么，再互下去只有乾、坤、既济、未济四卦之间的变化了。对于预测天气来讲，乾为晴天，坤为阴天，而后两卦就只有"天有四时不测风云"的一种结论了。这其实就是一种混沌了。

$2^0 = 1$，$2^1 = 2$，$2^2 = 4$，$2^3 = 8$

道生一，一生二，二生三，三生万物。道就是底数 2，这是变化的基础，$Y = 2^x$，x 是自变量，也就是那个"代代相传"x 的代。变化到第三代成为 8 时，那就是八卦之数了。万物都可论及，不过八卦而已。

再有一些民间有趣的三生万物，千为 10 的三次方，万为 10 的四次方，不也是三生万物了么。

在天体发光的序列中也有三生万物的现象。可见光由什么颜色组成？大家张口就来，"赤橙黄绿青蓝紫"七色光么。七色光是由白色光经三棱镜分解出来的，也可以说白色光是由七色光混合而成的。天体发光的颜色顺序是蓝、蓝白、白、黄白、黄、红、黑。并没有天体发绿光，它由白光代替了。在七色光中不论从哪边排列，绿色均在第四位，它都在中间的位置。又是这个 4 起了大变化，由绿色变成七色混合的白色光了。这岂不又是三生万物的一个特例么。

在宇宙中星云生银河系，此为一。银河系生太阳系，此为二。太阳系生地球，此为三。地球生万物，也是三生万物啊。

我国民间还有一种"三五成群"的成语。三为群，变异在四。五为群，变异在六。三、五之面，合不成一个闭合体，所以为群。而四、六之面均可合成一个闭合体。四面可合成一个正四面体，每面为正三角形。六面可合成一个正方体，每面为正方形。它们均由群变异为更高一级的个体。周易更是如此，加倍的"三生万物"合为六爻之体，64 卦 = $2^6$。这个

## 第五篇 人类的家园

升级后的六合之体就可"类万物之情"了。

这里还有一个"三生万物"的典型例子，就是化学元素周期表。它有很多奇妙的性质，细致地玩味，发现了很多有趣的现象。

化学元素周期表不是一个规矩的矩形结构，而是一个澡盆结构。随着元素周期的增加，不时地要增加不少的元素。从第一周期到第二、三周期，增加了 6 个元素；从第三到第四、五周期增加了 10 个元素；从第五周期到第六、七周期，增加了 18 个元素。这个澡盆左边的厚度不变为 2 层，而右边却要厚得多。因为怕周期表格太难看，把锕系和镧系共 36 个元素分离出来单独占领了表格下的两行来显示。

化学元素周期表为七个周期，其中第一族为碱金属。H 是气体，除 H 外其他均为软金属。因此有的化学元素周期表把 H 与 He 另列一类，它们是宇宙的基石。可如果按宇宙大厦的基石来算，质子、中子、电子更可称为基石。因此我们仿化学元素周期表的第一周期，把质子放在 H 元素之上，把中子放在 He 元素之上，可称为第 0 周期。此表就更显完美了。化学元素周期表就可分为四个大周期，每个大周期由二个小周期组成。这四个大周期定名为基础元素周期、主族元素周期、副族元素周期、系族元素周期。两个小周期之间的元素数目是相同的，它体现的是遗传。相邻两个大周期之间的元素数目是增加的，它体现的是变异。如按小周期的排列顺序，那就是三生万物。这与黄金分割数 0.618 也是一致的。

大周期元素数目的变化，就是 K、L、M、N 层的变化。K 为 2，L 为 8，M 为 18，M 为 32。初看起来，这几个数除逐层增大外，似乎没什么规律性。但我们现在做一个推论：1、2、3、4，这是顺序排列的 4 个自然数，我们把它们各自平方，结果为 1、4、9、16；然后我们再都加倍，结果为 2、8、16、32。大家看，这其中不就体现出一种规律性吗？!

元素中 4 种电子轨道 s、p、d、f 中的最大电子数，也一样有着明显的规律性，s 为 2，p 为 6，d 为 10，f 为 14。我们把它们都除以 2，就得到 1、3、5、7。这不就是奇数数列的排序吗！

化学元素周期表不但在周期上体现着三生万物的规律性，在元素表中的族上也是如此。每当周期中有元素的数量要增加时，它都从第三列开始增加。主族是如此，副族是如此，系族同样也是如此。真是有天条在此，敢有不服从么！

· 253 ·

## 四、宇宙之道

大道至简在于形，形而上者谓之道。这是天道文字形式的描述。形而下者谓之器，这是天道物质形式的描述，是世间万物形成过程的总结。形而变者谓之八卦，这是天道化为可操作的数学模型的描述。形而化者谓之河洛，这是天道告诫人类天体基本规律的描述。而处于中心位置的形，则是太极图。这是一个天道运行的形象图，其中不同的变种则表示其太极图侧重点的不同。

在天道中，文字、图形、实物、数学模型是深刻探索宇宙不可缺少的基础。佛说万事万物都是无数无量因缘所组成，它严格影响着个体的方方面面。环境决定物质，物质决定精神，这才是辩证法的本质。因缘创造事物，因缘也改变着事物。变化的核心是周期，是宇宙中天体运行的周期，也是万物的周期。而变化中的事物又会化作因缘去时时刻刻影响着其他的事物。这才是宇宙的本质。

我们远看苍穹，"散则成气，聚则成形"。这是无中生有的变化。近看时是"二龙戏珠"，这是天体漩涡的描述，其形象代表是女娲。若仔细看，"天旋地转"，这是天体运行的根本动力。从内看"清升浊降"，这是天体演化的根本法则。其形象大使是盘古。从里看，"在地柔与刚"，这是天体演化的方向。发展看"人老珠黄，地老天荒"，这是恒星演化时天体辐射光度的变化和天体周围空间以太分布的变化。

在太阳系中万有引力理论正确，但在宇宙更广阔的空间中它让位于普世性更强的漩涡理论。在两个平级漩涡之间，万有引力理论无效。电子的运动产生磁力线，但磁力线的聚集与否却改变着以太物质的分布状态。磁力线聚集而形成的强磁场与高密度的以太状态相对应，而以太的高密度状态又是天体电磁辐射的高速通道。

宇宙中的变化周期差别太大，有的万年亿年都嫌短，有的又瞬间就结束了，人们不易观察。所以对无穷小者，我们认为是零，对于无穷大者我们认为是恒。虽不精确，但却是人类的常态。宇宙中波的传播离不开介质，因此介质的不同状态必然会调控各种波的性质。爱因斯坦说："在大质量天体周围的空间是弯曲的。"这是对大质量天体周围空间以太状态的形象描述，是学习漩涡理论的基础。

## 第五篇 人类的家园

人类对于宇宙的变化状态绝大部分是在描述，当用数学描述时，距离可说，周期可说，但我们达不到，等不起。我们真正感兴趣的还是天体变化的原因和天体变化的机制，而这些又多与数字无关，与理论有关。如果我们的天文学、量子力学、高等数学所推衍的结果与地球无关，那么它们的应用就比较有限了。

道理的本质是"天道"之理，离开"天道"的理论多半是没有根基的理论。

宇宙是什么？
宇宙是电子环变化的尺寸，
宇宙是密度改变的阶梯，
宇宙是盘古和女娲的劳动，
宇宙是简并与爆炸的交替。

老君抛太极，
风卷满天星。
转出大宇宙，
层层有神通。

从氢转到铁，
从雨转到风。
一旦身先老，
气爆万里虹。

大风起兮云飞扬，
阴阳二气造四方。
盘古开出天与地，
女娲造人万物昌。
漩涡喷出六合彩，
谱线红移七色光。
八星演化天亦老，
九变生死密度洋。

# 后　记

**内容小结：**

一、天条

所有天体都曾经是风卷漩涡的中心。

天体演化，清升、浊降、简并、膨胀。

高密度排斥高温，排斥电磁场。

电子变轨而生光，速度、频率与场密度成正比。

宇宙是天旋地转、人老珠黄、地老天荒。

二、天体

远看——聚则成形、散则成气。

近看——二龙戏珠、龙凤呈祥。

内看——天旋地转、清升浊降。

长远看——人老珠黄、地老天荒。

三、基础参数

$e$ 与时俱进——无穷也——$e = 2.718$

$\pi$ 天天向上——可比也——$\pi = 3.142$

$\Psi$ 代代相传——突变也——$\Psi = 1.618$

四、基本规律

站在漩涡外，别想往里拽。——万有引力

清升和浊降，天地要分开。——简并、塌缩

发光靠电子，没有就歇菜。——磁场、以太

时间中子衰，他快我也快。——密度、衰变

## 后　记

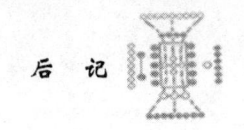

### 五、原子之变

原子因加热而电离，又因电离而聚为电场。电子流动而生磁，又因磁场变化而产生磁力线的不均匀。磁力线的不均匀将会调控电磁波，而形成紫外线、可见光、红外线、电磁波、甚至引力波。

### 六、涡论

古人说"形而上者谓之道，行而下者谓之器。"我说中间形者谓之太极。此为宇宙之形，是原图，很形象。形之上是文学描述，虚为道，我实之，为漩涡六大特点。形而下是万物生成，发展，变化之道。其中最为要紧的当然是三生万物，是黄金分割率了。

### 七、太极图

阴阳太极图——太阳系生成图。

来知德太极图——天体生成图。

经纬太极图——磁力线分布图。

每个人都是以自己的经历、思维方式和知识来认识世界的，但总的来说分成两大派，西方和东方。西方是认识世界，改造世界，做自然界的主人。而东方是认识世界，顺应自然，与大自然和谐相处。

要想很好地认识世界，必须得有一个很好的思维方式，它既能照顾全局，又能钻研到每一个角落。可惜的是两者不能兼顾，一个照顾到方方面面，搞清来龙去脉，重点在外部环境，就以为能够把握住事物的发展、结局了。另一个则是分兵数路，长期钻研战斗在每一个细节的岗位上，直至量子世界。一种是直线思维，一种是曲线思维。

直线思维的西方人生活在大陆漩涡的尾部，是欧洲西风带区域。曲线思维的东方人生活在大陆漩涡的中心，亚洲是旋风的涡眼区域。在"天人合一"的长久影响下，西方人与西风相同而习惯于直线思维。他是单因素法，一多就乱，逻辑关系说不清，公式也就总结不出来了。就是单因素，科学家研究的也常常是浅波（注：浅波指近似直线的波动变化）、小温度梯度和低幅振动。因为离开这一个研究段，情况将会变得复杂起来。那样没有了适合的数学模型来表现它，如何研究呢？

东方人是曲线思维，这与风旋、地旋是一致的。东方不是人类的发源地，也不是人类文明的发源地，但却是大陆漩涡的中心。于是就成为世界万物汇聚的中心，物质的精神的都会汇聚于此。连不好的东西也是如此。中国人讲究"谋事在人，成事在天"。是非常重视天的作用的。这是东方几千年来的经验总结，是血的教训方自成一体的。它在探索"天人合一"的规律，本身并不符合西方的逻辑关系，倒与西方流行的星象学有相通之处。可惜的是西方科学完全不理会星象学的成果，连相信星象学的科学家也决不把星象学与科学并行研究。

本书破译的四大天书之谜（河图、洛书、太极、八卦）均是无字天书，每个天书的名字，八卦的卦名都是后加上去的，因为那时还没有文字。断裂文化的传播估计也只能如此。而河洛天书经过几千年文人的研究竟成了中华文化的源头，于是东方文化就从此离不开苍天大老爷了。

在宇宙中风卷满天星，当然大风也在不停地卷动着地球。地球之风由西向东刮，于是大风带动着洋流，洋流冲击着海岸，大陆缓缓地漂移。人类也随着地面的移动，伴随着人类的一切，物质和非物质的文化，向东、向东、再向东。中国是漩涡的中心，是所有一切的归宿，所以必然是以包容、和谐为其主要的特色。

本书"涡论"的产生，当然源于牛顿、笛卡儿的漩涡理论。是他们在长期研究中特别注意到天体的漩涡现象。这是天体最常见的，也是天体最形象的运动状态。由此出发，本可以总结出天文、物理中很多有用的定理来。他们做出了自己最大的努力和研究，但可惜的是在他们的头脑中一直有一条无法触动的原则。因为伽利略说过"数学是上帝书写宇宙的文字。"而数学对漩涡的研究恰恰又是无可奈何。作为物理学家，仰望头顶的星空，却使不上劲儿。可不用数学，只用语言，那还研究个什么劲呢！于是他们只好抛弃了漩涡。

其实认识宇宙需要数学也需要文学的描述。天文学家想知道宇宙的现状，因为历史看不见，将来不知道。既然只把握近期的观测数据，那就仔细研究好了。可大众不一样，他们希望了解宇宙是怎么回事，它是如何变成今天这个样子的。它的来龙去脉是什么，它和周围环境的关系如何。而这些问题，只需要一个合理的描述，合乎逻辑的说法而已。这些成果只要认真研究漩涡即可，完全不用那么多的数学知识就可以得出。它是可以满足大众的了解宇宙的渴望，还是有一些用处的嘛。

直线思维是想不到那么多的事情，曲线思维又得不出那么多定理、公

# 后 记

式、数据来。两者各有所长，又各有所短，只有联合起来才能成为一种全面的研究方法。东方曲线思维是生存环境复杂的结果。一个斗士的成长，一定有一个强大的敌人。没有战争是锻炼不出一支钢铁的军队的。同样的没有复杂多变的战争环境，中华民族也出不了《孙子兵法》和《三十六计》的光辉著作。

我们没什么可骄傲的，因为上苍给了我们大陆漩涡中心的生存环境。"一方水土养一方人"这是一种天人合一的必然现象。如果我们祖祖辈辈生活在欧洲，那头脑必然会与欧洲人一样。我们已经向西方学习了几百年，他们的研究也开始向东方思维模式靠拢。这的确是一件天大的好事。

本书是作者几十年的研究结晶，是想证明无字天书是东方的有系统的描述宇宙的工具。它具有最高普世性的太极图，有万物一理的道之理论。这是万物生存的法则，也是各种断裂文明之间唯一可传递的模式。我们关心宇宙，主要是关心宇宙变化对地球的影响。因为人类只有一个地球，虽然"万物生长靠太阳"，"一方水土养一方人"，但我们毕竟害怕改变这一切。古人曰"天不变道亦不变"，但近来天已经变了。虽然物理上的变化很微小，但人类的感觉却异常强烈。地球将走向哪里？我们拭目以待，同时也希望人类能有所准备才好。

陈安临

2018 年 1 月 30 日